ENTSCHEIDUNGEN

des

Oberseeamts und der Seeämter

des

Deutschen Reichs.

Herausgegeben

im

REICHSAMT DES INNERN.

Erster Band.

5. Heft.

Hamburg.

Druck und Verlag von L. Friederichsen & Co.

1880.

Inhalt.

(Fortsetzung folgt auf der dritten Seite des Umschlags.)

172. Spruch des Seeamts zu Bremerhaven vom 11. August 1879, betreffend den Seeunfall der deutschen Bark „F. Reck“ von Bremen.

Schiff im Hafen von Point Breeze bei Philadelphia durch Feuer zerstört.

In Sachen, betreffend den Verlust des Schiffes »F. Reck«, hat das Seeamt folgenden Spruch verkündet:

Das Schiff »F. Reck«, welches vor etwa 14 Jahren erbaut und vor Antritt der letzten Reise neu bekupfert, sowie auf vier Jahre zu A 1 von Neuem klassifizirt war, langte am 11. Juni 1879, nachdem es zuvor eine Ladung Marmor nach Philadelphia gebracht hatte, in dem nahe bei dieser Stadt belegenen Hafen zu Point Breeze an, um daselbst eine Ladung Petroleum einzunehmen. Dasselbe befand sich unter Führung des Kapitän Waltjen, welcher ebenso wie Steuermann Reimers bereits zehn Jahre auf dem Schiffe fuhr, davon ersterer acht Jahre als Kapitän, letzterer die gleiche Zeit als Steuermann. Da die für das Schiff geeigneten Ladeplätze bereits durch vier andere am Hafendamm liegende Schiffe eingenommen waren, so legte der »F. Reck« vorläufig längsseit eines dieser Schiffe, des russischen Schiffes »Fa«, um das Freiwerden eines der Plätze am Hafendamm abzuwarten. Dasselbe wurde vorn und hinten durch Leinen am »Fa« befestigt, ausserdem wurden, da es keinen Ballast hatte, zum Gradehalten desselben an den Seiten Spieren ausgebracht.

Gleich nach der Ankunft in Point Breeze begab sich der Kapitän von Bord, um die Schiffsangelegenheiten zu ordnen. Bald darauf kam ein heftiges Gewitter zum Ausbruch, bei welchem ein Blitz in eins der am Hafendamm liegenden Schiffe, eine italienische Bark, sowie in den am Hafendamm befindlichen Petroleumschuppen einschlug und dann auf dem Hafendamm hinunter lief. Wenige Minuten später standen Schuppen, Hafendamm und die italienische Bark bereits in hellen Flammen und nach Verlauf einiger weiterer Minuten waren auch schon die übrigen am Hafendamm liegenden Schiffe, welche sämmtlich bereits Petroleumladung eingenommen hatten, in Brand. Dabei floss das dem Schuppen entströmte brennende Petroleum auf dem Wasser umher.

Auf dem Schiffe »F. Reck« wurden gleich nach dem Einschlagen des Blitzes auf Anordnung des Steuermanns die das Schiff mit dem »Fa« befestigenden Leinen gelöst und sodann versucht, das Schiff abzusetzen, die desfallsigen Versuche misslangen jedoch vollständig, weil Wind und Strömung konträr waren und das Schiff gegen das russische Schiff trieben. Die Situation wurde noch verschlimmert und das Abkommen mit dem Schiffe noch aussichtsloser, als die hinter dem Schiffe »Fa« liegende italienische Bark herumgetrieben wurde und sich quer vor den »F. Reck« legte. Letzterer hatte inzwischen auch Feuer gefasst und die Hitze, welche von den umliegenden Schiffen auf dasselbe ausströmte, wurde mehr und mehr unerträglich. Abgesehen von Feuereimern waren Vorrichtungen zum Löschen des Feuers auf dem Schiffe nicht vorhanden, auch würde bei dem raschen Umsichgreifen des Feuers und ausserdem gegen das brennende Petroleum voraussichtlich mit solchen nichts auszurichten gewesen sein. Das zum Zweck der Rettung der Mannschaft ausgebrachte Boot kenterte, das andere noch vorhandene Boot stand bereits in Flammen. In dieser Lage und nachdem die Hitze auf dem Schiffe inzwischen vollständig unerträglich geworden war, benutzte die Mannschaft die sich ihr darbietende Gelegenheit zur Rettung, indem sie auf einen hart hinter dem Schiffe vorbeitreibenden kleinen Schooner hinübersprang. Von dem Einschlagen des Blitzes bis zum Verlassen des Schiffes »F. Reck« durch die Mannschaft war eine Zeit von 10 bis höchstens 15 Minuten verflossen.

Es wurde noch der Versuch gemacht, mittelst eines Bootes an das Schiff heranzukommen, um ein Loch in dasselbe zu schlagen und es so zum Sinken zu bringen, dieser Versuch musste aber aufgegeben werden, weil wegen der in der Nähe des Schiffes treibenden Schiffstheile, sowie wegen der Hitze nicht an das Schiff heranzukommen war. Schleppdampfer, welche das Schiff hätten abbringen können, kamen erst, als es zu spät war. Eine von Bord eines Schleppdampfers in Thätigkeit gezetzte Spritze arbeitete ohne allen Erfolg.

Das später auf den Strand gesetzte Wrack des vollständig heruntergebrannten »F. Reck« wurde einige Tage nachher von Besichtigern in Augenschein genommen und, abgesehen von einigen Kupfer- und Eisentheilen, für vollständig werthlos erklärt. Das noch brauchbare Kupfer und Eisen wurde durch die Mannschaft in Sicherheit gebracht.

Auf Grund der obigen, durch die Vernehmung der vernommenen Personen klar gestellten Thatsachen ist als Ursache des

Verlustes des Schiffes »F. Reck« der Umstand anzunehmen, dass der Petroleumschuppen und ein Schiff, welche sich in der unmittelbaren Nähe des »F. Reck« befanden, durch einen Blitzstrahl in Brand gesteckt wurden, und dass der Brand sodann auf das hier fragliche Schiff übertragen wurde. Die von der Mannschaft zur Rettung des Schiffes vorgenommenen bezw. versuchten Maassregeln — Lösen der Taue und Versuche des Absetzens — waren den Umständen nach angemessen, und wenn dieselben keinen Erfolg hatten, so lag der Grund hierfür lediglich in der entgegenstehenden Richtung von Wind und Strom. Die Vornahme weiterer Maassregeln war bei dem raschen Umsichgreifen des Feuers nicht möglich. Das Verlassen des Schiffes seitens der Mannschaft war behufs Rettung derselben geboten.

173. Spruch des Seeamts zu Hamburg vom 14. August 1879, betreffend den Seeunfall der deutschen Schoonerbrigg „Catharina" von Hamburg.

Schiff im atlantischen Ozean leck geworden und aufgegeben.

Die deutsche Schoonerbrigg »Catharina« — KBQD —, Kapitän Pickenpack, von Hamburg, wurde am 16. Juli 1879, nach Annahme des Kapitäns auf 17° 8' N. B. und 24° 53' W. L., in sinkendem Zustande verlassen und von der Mannschaft, welche sich in den Booten in der Nähe des Schiffes gehalten hatte, sinken gesehen. Die »Catharina« befand sich mit einer Ladung Stückgüter, bestehend aus einer geringen Quantität Eisenbahnschienen, Maschinentheilen, Cement, Steinkohlen, Oel in Fässern etc. auf der Reise von London nach Santos und hatte während der Reise vom 18. Juni bis 16. Juli bei stürmischem Wetter stets etwas Wasser, jedoch nach Aussage des Kapitäns nicht mehr als auf der vorigen Reise gemacht.

Am Morgen des 16. Juli nahm das Wasser plötzlich zu und liess sich durch die Pumpen nicht mehr wie bisher bewältigen, auch schaffte der Versuch, durch Werfen von Ladungstheilen das Schiff zu erleichtern, keine Veränderung in der Lage des Schiffes; man gab schliesslich die Versuche, das Schiff zu retten, auf und überliess dasselbe seinem Schicksal.

Das Schiff war im Jahre 1868 in Brake aus Eichenholz, metallfest und mit Metallhaut erbaut, hatte eine Länge von 32,93 m, eine Breite von 7,63 m, eine Tiefe von 3,85 m und besass eine Ladungsfähigkeit von 233,16 Register-Tons.

Wie das Certifikat des Bureau Veritas ergiebt, war das Schiff im November 1875 neu gekupfert und hatte die Klasse 3/3, A. 1. 1. auf 4 Jahre erhalten; es war sodann am 7. März 1877 in Glasgow im Trockendock und am 30. November 1878 in Hamburg von Neuem besichtigt und in beiden Fällen die Klasse bestätigt worden. Es liegt keine Veranlassung zu der Annahme vor, dass das Schiff nicht in vollständig seetüchtigem Zustande London verlassen habe.

Die Verhandlung vor dem Seeamte hat keinerlei Anhaltspunkte dafür ergeben, welchen Ursachen das plötzliche Leckwerden des Schiffes zuzuschreiben ist.

Dass das Schiff bei dem plötzlichen Steigen des Wassers im Raum mit den vorhandenen beiden Pumpen auf die Länge nicht zu halten gewesen wäre, ist nach den Aussagen der Mannschaft und den Angaben des Journals anzunehmen und ebenso erscheint es mindestens zweifelhaft, ob weitere Versuche, das Schiff durch angestrengtes Pumpen wenigstens für eine Zeit lang über Wasser zu halten, zu einer Rettung des Schiffes und der Ladung geführt hätten, wo die Möglichkeit mit dem lecken Schiffe unter den gegebenen Witterungsverhältnissen St. Vincent zu erreichen nahezu ausgeschlossen war. Die Entfernung von St. Vincent muss grösser gewesen sein als nach den Schätzungen des Kapitäns anzunehmen sein würde, und es muss nach Ansicht des Seeamtes die Annahme des Kapitäns über seine Position unrichtig gewesen sein, weil er anderenfalls bei Tage das hohe Land von San Antonio zu der fraglichen Zeit in etwa 3 Seemeilen Abstand hätte sehen müssen, was nicht der Fall war.

Nichtsdestoweniger erachtet das Seeamt das frühzeitige Aufgeben der Versuche, durch Pumpen seitens der Mannschaft das Schiff über Wasser zu halten, für nicht richtig, zumal nur eine der Pumpen regelmässig im Gange gehalten und auch meistens nur durch einen Mann zur Zeit bedient worden ist, während doch bei Entfernung der, der gleichzeitigen Benutzung der zweiten Pumpe hinderlichen Nagelbank und bei Anstellung der gesammten Mannschaft an den Pumpen mehr Aussicht auf Bewältigung des Wassers im Schiffe vorhanden gewesen wäre, und wenigstens der Versuch alle vorhandenen Mittel zur Rettung von Schiff und Ladung zur

Anwendung zu bringen, selbst dann von der Mannschaft nicht unterlassen werden darf, wenn die Aussichten auf einen Erfolg nicht allzugross sind.

Demnach giebt das Seeamt seinen Spruch dahin ab:

dass die seeamtliche Untersuchung keine Anhaltspunkte dafür ergeben hat, dass der Untergang des Schiffes »Catharina« durch andere Ursachen als die gewöhnlichen Gefahren der See herbeigeführt worden ist.

174. Spruch des Seeamts zu Tönning vom 14. August 1879, betreffend den Seeunfall des deutschen Schooners „Heinrich" von Barth.

Schiff in der Eidermündung durch Aufstossen auf Seetonnen beschädigt und leck geworden.

In der Untersuchungssache, betreffend den Unfall des Schooners »Heinrich«, hat das Seeamt den folgenden Spruch abgegeben:

Am 4. August 1879 ging der Schiffer Johann Joachim Person mit dem ihm gehörigen, im seetüchtigen Zustande befindlichen Schooner »Heinrich« aus dem Hafen von Geestemünde, um von hier eine Ladung Petroleum nach Ystadt zu bringen. Das Schiff gelangte bei nordwestlichem Winde bis zur Eidermündung und befand sich am 6. August 1879, Nachmittags, in der Ausseneider nahe bei Vollerwiek, als durch ein plötzliches Umspringen des Windes von NNW nach NO das Schiff steuerlos wurde und der Schiffer bezw. Steuermann die Gewalt über dasselbe verlor. Das der Einwirkung des Steuers entzogene Schiff wurde alsdann von der starken Strömung mit Gewalt gegen das südliche Eiderufer getrieben. Der Schiffer Person hat unterlassen, als das Schiff steuerlos wurde, sofort den Anker auszuwerfen, hat dies vielmehr erst in der Nähe der Seetonne gethan, wobei nur 4 bis 5 Faden Kette ausgesteckt wurde; das Schiff noch rechtzeitig zu Anker zu bringen, gelang nicht. Es hat nicht bestimmt ermittelt werden können, ob der steinige Grund in der Nähe der Seetonne, oder der Umstand, dass bei dem übrigens ordnungsmässig erfolgten Herablassen des Ankers die Kette sich verwickelte, es unmöglich machte, das Schiff noch zu Anker zu legen. Das Schiff stiess nun gegen die beiden Seetonnen an. Gleich darauf bemerkte die aus dem Schiffer, einem Bestmann und einem Jungmann bestehende Mannschaft, dass das Schiff beschädigt sei und einen bedeutenden Leck habe. Unter beständigem Pumpen gelang es, das Schiff am Abend des 6. August bis auf die Tönninger Rhede und am folgenden Tage unter Herbeiziehung von Hülfsmannschaften in den Tönninger Hafen zu bringen, woselbst die Ladung gelöscht werden musste, um das Schiff der nöthigen Reparatur unterziehen zu lassen. Dem Schiffer Johann Joachim Person ist ein Verschulden allerdings insofern beizumessen, als er, nachdem das Schiff steuerlos geworden war und den Tonnen an der südlichen Seite der Eider zutrieb, nicht früher als geschehen, den Anker hat auswerfen lassen, und ist es anzunehmen, dass hauptsächlich durch dieses Versehen das Aufstossen des Schiffes auf die Tonnen bezw. die Beschädigung desselben erfolgt ist. Da jedoch nach dem erfolgten Auswerfen des Ankers die Ankerkette sich verwickelt hat und ein Verschulden hieran dem Schiffer und der Mannschaft nicht nachgewiesen ist, durch diese Verwickelung der Kette aber es wahrscheinlich verhindert ist, dass der Anker Grund fasste, so ist die Annahme nicht ausgeschlossen, dass zum Theil auch in Folge dieses, von dem Schiffer und der Mannschaft nicht verschuldeten Umstandes das Schiff aufstiess und leck wurde. Mit Rücksicht hierauf und da das zu späte Auswerfen des Ankers ein Versehen ist, welches bei der Lage in der sich das Schiff befand auch einem sonst tüchtigen und umsichtigen Schiffer passiren kann, sieht das Seeamt davon ab, dem Person die Befugniss zur Ausübung seines Schiffergewerbes zu entziehen. Im übrigen erklärt das Seeamt, dass nichts ermittelt ist, was darauf schliessen lasse, dass Mängel in der Bauart, Beschaffenheit, Ausrüstung, Beladung oder Bemannung des Schiffes oder Mängel des Fahrwassers oder der für die Schifffahrt bestimmten Hülfseinrichtungen, oder Handlungen oder Unterlassungen der zur Handhabung dieser Einrichtungen bestellten Personen den Unfall oder dessen Folgen herbeigeführt haben.

175. Spruch des Seeamts zu Königsberg vom 22. August 1879, betreffend den Seeunfall des russischen Gaffelschooners „Maria“ von Dondangen.

Strandung und Verlust des Schiffes unweit der holländischen Mütze bei Memel.

In Sachen, betreffend den von dem Gaffelschooner »Maria«, am 8. August 1879 erlittenen Seeunfall, hat das Seeamt seinen Spruch dahin abgegeben:

> dass der am 8. August 1879 an der Ostseeküste bei der holländischen Mütze erfolgte Seeunfall des russischen Gaffelschooners »Maria«, Kapitän Schultmann aus Dondangen, durch elementare Ereignisse (Sturm) verursacht worden sei, und dass nicht mit Sicherheit festgestellt werden könne, ob durch eine ordnungsmässige Belastung des Schiffs und durch Befestigung der Ankerkette der Seeunfall hätte vermieden werden können.

Gründe. Der im Eigenthum des Kapitäns Schultmann stehende, nicht versicherte Gaffelschooner »Maria«, ein breit gebautes hölzernes Fahrzeug von etwa 100 Last, vor 6 Jahren neu gebaut, unternahm am 8. August 1879, Morgens, seine zweite Reise in diesem Jahre, indem er, ohne Ballast oder Ladung einzunehmen, nach Memel abging, woselbst Rückfracht genommen werden sollte. Gegen die Seetüchtigkeit des Schiffs, welches bei seiner ersten diesjährigen Reise durch den geprüften Steuermann Ottomer nachgesehen worden war, und gegen seine Ausrüstung waren Bedenken nicht zu erheben gewesen; insbesondere waren die vorhandenen beiden Anker der Grösse des Schiffs angemessen, die Ketten aber auf Deck nicht befestigt. Die Bemannung mit 7 Mann einschliesslich des Kapitäns war ausreichend. Der Kapitän Schultmann, Eigenthümer der »Maria«, hat eine Prüfung nicht abgelegt, ist aber nach russischen Gesetzen berechtigt, die Ostsee mit eigenem Schiff als Kapitän zu befahren, wenn er einen geprüften Steuermann an Bord hat. Kapitän und Steuermann sind russische Unterthanen.

Die Reise ging ohne Unfall von statten; bei leichtem südwestlichen Wind und südlichem Kurs erblickte man gegen Abend den Leuchtthurm von Memel, konnte jedoch den Hafen, welchen keiner von der Mannschaft kannte, nicht mehr vor Dunkelheit erreichen und kreuzte deshalb. Um 11 Uhr Abends begann starker

Seegang; man steuerte nach Westen und halste gegen 12 Uhr, als die See immer stärker wurde, nach Südosten. Um 1½ Uhr kam plötzlich ein heftiger Orkan aus Westen auf. Beide Klüver wurden vom Sturm zerrissen, Gaffeltop- und Stengenstagsegel von der Mannschaft festgemacht und Stagfock, Gross- und Schoonersegel gerefft. Aus Furcht an die Küste getrieben zu werden, welche nicht deutlich erkennbar, aber doch wie ein Nebel sichtbar war, wurde gegen 2 Uhr nach Norden umgelegt und gegen Wind gesteuert; nichtsdestoweniger aber trieb das Schiff doch der Küste zu, ein gegen 4 Uhr gemachter Versuch, nochmals nach Süden zu halsen, blieb erfolglos, weil das Schiff dem Steuer nicht mehr folgte; der Anker wurde von Steuerbord-Seite ausgeworfen, doch gelang es bei der Heftigkeit der Bewegungen des Schiffs und bei dem Sturm nicht, die Kette am Mast zu befestigen, sie lief vielmehr aus, und ehe noch der nunmehr von Backbord-Seite geworfene zweite Anker fasste, sass das Schiff schon etwa 30 Faden vom Lande auf. Ein sofortiges Flottwerden war nach Lage der Sache nicht zu erwarten; es wurden daher die Segel aufgesetzt, um das Schiff ganz an's Land zu treiben. Das Manöver gelang und das Schiff trieb so nahe an den Strand, dass man es demnächst fast trockenen Fusses erreichen konnte. Vom Land herbeigeeilte Hülfe nahm die Mannschaft auf; abgebracht konnte das Schiff nicht mehr werden, da die Backbord-Seite gebrochen, auf Steuerbord-Seite die Nähte geplatzt waren und das Wasser durch den Raum trieb. Das Inventar des Schiffes konnte später geborgen werden, während das Wrack selbst zum Verkauf gestellt wurde.

Dieser Sachverhalt ergiebt, dass nur der unvermuthet aufgetretene Orkan, während dessen die getroffenen Maassnahmen korrekt erscheinen, als direkte Ursache der Strandung angesehen werden kann. Allerdings ist die Thatsache befremdend, dass ein Schiff von der Grösse der »Maria« ohne Ballast und ohne Ladung eine Seereise über ein anerkannt gefährliches Wasser, die Ostsee, hat unternehmen können. Es ist jedoch, wie durch die vernommenen Mitglieder der Schiffsbemannung, sowie durch den Fischer Schuschell aus Mellneraggen festgestellt wurde, in Russland üblich, Schiffe wie die »Maria« unbelastet über See gehen zu lassen, und in vielen Fällen gelingt es auch unter Stürmen ohne wesentlichen Unfall das Reiseziel zu erreichen. Man scheut die Kosten der Einnahme und des Ausladens von Ballast und geht lieber das Risiko ein, welches die Nichtbelastung des Schiffes mit sich bringt.

Allerdings muss dies als ein Fehler gerügt werden, da bei dem geringen Tiefgang unbelasteter Schiffe und weil nicht genug Segel geführt werden können, die Abtrift bei nur einigermaassen starkem Sturm und Seegang zu gross wird. Indessen liess sich doch nicht mit Sicherheit erkennen, ob dieser usancemässige Fehler im vorliegenden Fall direkt oder indirekt das Stranden der »Maria« herbeigeführt hat, da der vorgefallene Unfall nach Lage der Umstände in gleicher Weise auch einem ordnungsmässig belasteten Fahrzeug hätte zustossen können, und nicht festzustellen ist, ob das stattgehabte Abtreiben des Schiffes gegen Land bei ordnungsmässiger Belastung vermeidbar gewesen wäre. Auch hat sich das Seeamt nicht dafür entscheiden können, dass eine vorherige Befestigung der Ankerkette an Bord, deren Unterbleiben allerdings ebenfalls als Fehler erscheint, das Schiff gerettet haben würde. Denn bei der Heftigkeit des Sturms bleibt ungewiss, ob bei einem Grundfassen des Ankers, selbst wenn gleichzeitig der zweite Anker gefasst hätte, das Schiff auf See sich hätte halten können.

Hiernach muss die Frage, ob Handlungen oder Unterlassungen des Kapitäns oder Steuermanns den Unfall oder dessen Folgen herbeigeführt haben, verneint werden, ohne dass die weitere Frage entschieden zu werden braucht, wer für die begangenen Fehler verantwortlich bleibt, ob der nicht geprüfte und nur bei Zuziehung eines geprüften Steuermanns zur Fahrt berechtigte Schiffsführer, oder der seemännisch ausgebildete aber das Schiff nicht führende Steuermann.

176. Spruch des Seeamts zu Emden vom 23. August 1879, betreffend den Seeunfall des deutschen Lootsenschooners „Ems“ von Emden.

Schiff verschollen.

In der Untersuchungssache wegen des seit dem 8. März 1878 verschollenen Lootsenschooners »Ems« hat das Seeamt den folgenden Spruch verkündet:

Der Untergang des Lootsenschooners »Ems« von Emden mit seiner gesammten Besatzung während des Sturmes vom 7/8. März 1878 ist nicht zu bezweifeln, die Ursachen dieses Seeunfalles sind jedoch nicht zu ermitteln.

Der der Emder Emslootsengesellschaft gehörig gewesene Emslootsenschooner »Ems« ist am 3. März 1878, nachdem er in Delfzijl verzimmert und verproviantirt war, von dort aus in See gegangen, um den während des Winters auf der Station befindlich gewesenen, derselben Gesellschaft gehörigen Lootsenschooner »Borkum« abzulösen. Seine Besatzung bestand aus dem Schiffer B. L. Ruyl, 5 wirklichen Lootsen, darunter der Lootse Klöfkorn, 4 Reverselootsen, darunter Ruyl und Vaartmann, sowie einem Koche. Mit dieser Besatzung ist die »Ems« denn auch auf der Station wirklich angekommen und zufolge Mittheilung des niederländischen Lootsen-Kommissars zu Delfzijl am 7. März 1878, etwa um 3 Uhr Nachmittags, in der Peilung Schiermonnikoog SSW von dem niederländischen Lootsenkutter »Eems No. 1« bei Sturm und hoher See der Küste zusegelnd gesehen worden. Am Morgen des 8. März 1878, etwa um 4 Uhr, ist ferner auch vom Feuerschiffe »Borkumriff« ein Lootsenschooner bemerkt worden und vermeint der Führer des Feuerschiffes, dass letzterer die »Ems« von Emden gewesen sein müsse, da nach den von ihm später bei den Elb- und Weserlootsen eingezogenen Erkundigungen Schiffe der letzteren sich um die fragliche Zeit nicht in der Nähe des Feuerschiffes befunden haben sollen.

Wie nun das an Bord des Feuerschiffes »Borkumriff« geführte Journal ergiebt, ferner aber auch ein von der deutschen Seewarte beigezogener Witterungsbericht ausweist, herrschte am 7. und 8. März 1878, insbesondere aber am Morgen des letztgenannten Tages in dem hier in Frage kommenden Theile der Nordsee ein orkanartiger Sturm mit schwerer See und ist sodann am Morgen des 9. März 1878 am Nordstrande der Insel Juist eine zerbrochene Schifferkiste mit dem Namen »L. U. Ruyl« angetrieben, während in der Ostermarsch eine Gaffel mit Segel, in welchem letzteren der Name »Ems« gestanden hat, auf Norderney ein mit Grünkohl gefüllter, mit dem Namen »Chr. Klöfkorn« gezeichneter Beutel, auf Spiekeroog ein kleiner mit Mehl gefüllter, mit dem Namen »Vaartmann« gezeichneter Sack, auf Juist ein halbes Schiffsboot, ein Schiffshaken, eine Lukenkappe und zwei Stücke eines Lukenmarkes und auf Wangeroog ein zerbrochener Mast, sowie der Bügel eines Schoonerbaumes in den nächstfolgenden Tagen bezw. zu späterer Zeit aufgefunden wurden.

Sämmtliche vorerwähnte Schiffsstücke sind mit Ausnahme der Gaffel von einem früheren Lootsen besichtigt und die von ihm besichtigten Stücke als von dem Emslootsenschooner »Ems« herrührend wieder erkannt, im übrigen aber ist seit dem 8. März 1878 weder von der »Ems« selbst noch von ihrer Besatzung, die sich noch vollständig an Bord befunden haben muss, da seit dem Auslaufen der »Ems« überall keine Schiffe eingelootset waren, etwas vernommen und ist auch der durch verschiedene Zeitungen bezw. durch Aushang an den Börsen zu Bremen und Hamburg seeamtsseitig erlassene Aufruf völlig resultatlos geblieben.

Unter solchen Umständen kann es einem Zweifel nicht wohl unterliegen, dass die »Ems« mit ihrer ganzen Besatzung untergegangen ist; für die Ursachen dieses Unterganges liegen indessen weitere Anhaltspunkte nicht vor, als diejenigen, welche die stattgehabten Ermittelungen über die Witterungsverhältnisse bieten. Ob in den letzteren die alleinige Ursache zu suchen ist, oder noch andere Umstände mitgewirkt haben, insbesondere ob etwa eine Uebersegelung stattgefunden haben möchte, lässt sich übrigens nach dem Ergebnisse der seitherigen Untersuchung nicht übersehen und finden namentlich auch die an den wieder zu Tage gekommenen Schiffstrümmern vorgefundenen Beschädigungen, wenngleich dieselben vielleicht auf eine Uebersegelung hindeuten könnten und die Annahme einer solchen auch durch den Umstand, dass, soweit die »Ems« während der Tage des 7. und 8. März 1878 bemerkt worden ist, andere Schiffe in ihrer Nähe nicht wahrgenommen wurden, nicht unbedingt ausgeschlossen sein dürfte, auch durch ein etwaiges Kentern des Schiffes möglicherweise ihre Erklärung.

Somit scheint denn aber bei Lage der Sache eine sichere Feststellung der Ursachen des der »Ems« widerfahrenen Seeunfalles überhaupt nicht thunlich und ist daher so wie geschehen erkannt worden.

177. Spruch des Seeamts zu Emden vom 23. August 1879, betreffend den Seeunfall der deutschen Kuff „Ernte" von Grossefehn.

Schiff in Ballast auf der Reise von der Weser nach Hernösand leck geworden, bei Alt-Skagen absichtlich auf den Strand gesetzt und wrack aufgegeben.

In der seeamtlichen Untersuchungssache, betreffend die Strandung des Schiffes »Ernte«, hat das Seeamt den folgenden Spruch verkündet:

Der Verlust des Schiffes »Ernte« — KBPF —, Kapitän Zimmermann, ist auf die stürmische Witterung während deren letzter Reise in Verbindung mit dem hohen Alter des Schiffes zurückzuführen.

Dass der Schiffer Zimmermann in irgend einer Weise seine Pflicht vernachlässigt habe, liegt nicht vor und ist demselben daher die Befugniss zur ferneren Ausübung seines Gewerbes zu belassen.

Thatbestand. Das zu Grossefehn heimathberechtigt gewesene, im Jahre 1845/46 auf der Meyer'schen Schiffswerft zu Papenburg erbaute und seit dem 26. Februar 1877 im Alleineigenthum des Schiffers Harm Gerhard Zimmermann zu Boekzetelerfehn stehende Kuffschiff »Ernte« — KBPF —, welches zu einem Netto-Raumgehalte von 215,0 cbm = 75,90 britischen Register-Tons vermessen und bei einem Versicherungswerthe von 4 485 *M.* zu 4 035 *M.* bei dem Kompakte in Grossefehn versichert war, ist am 22. Juli 1879 unter Führung seines Eigenthümers mit einer einschliesslich des letzteren aus 4 Personen bestehenden Besatzung und einer aus feinem Sande bestehenden Ballastladung von der Weser aus in See gegangen, um eine wieder für die Weser bestimmte Ladung Dielen von Hernösand zu holen. Beim Aussegeln aus der Weser hat sich die »Ernte«, die nach Angabe des Kapitäns seit ihrem Ankaufe im Jahre 1877 nur einmal im Frühjahre 1879 in Newcastle nachgesehen und dort bis an die Kimmkiele neu kalfatert war, die danach aber im Laufe des Jahres 1879 zunächst von Newcastle eine Ladung Steinkohlen nach Sonderburg gebracht hatte, von dort mit Feldsteinen nach Memel, und von hier nach Absersiel mit Holz befrachtet gewesen war, den übereinstimmenden Aussagen der Besatzung zufolge in dichtem Zustande befunden, und sind auch im übrigen Mängel in der Beschaffenheit und Ausrüstung des Schiffes nicht weiter hervorgetreten, als dass der Kapitän Zimmermann selbst zugiebt, es sei das Boot der »Ernte« nicht mehr von der Beschaffenheit gewesen, um in offener See gebraucht werden zu können.

In der Nacht vom 23./24. Juli 1879 wurde wahrgenommen, dass die »Ernte« mehr als gewöhnlich Wasser mache. In Folge zunehmenden Windes und Seeganges und des dadurch veranlassten heftigen Schlingerns des Schiffes verschlimmerte sich der Leck der »Ernte«, den man aufzufinden sich vergeblich bemühte, immer mehr und mehr und hatte, nachdem man am Abend des 25. Juli etwa um 10 Uhr Hanstholmen passirt hatte, das Wasser im Raume bald nach Mitternacht so stark zugenommen, dass die Pumpen nicht mehr lens gehalten werden konnten. Am Morgen des 26. Juli fanden sich zwei Fuss Wasser im Raum vor, so dass der Ballast zu treiben begann; um 9 Uhr Morgens war das Wasser auf drei Fuss gestiegen, und sah sich die Mannschaft, als bald darauf sich die Hinterpumpe verstopfte, genöthigt, das Wasser mit Eimern aus dem hinteren Theile des Schiffes herauszuschöpfen. Damit erzielte man jedoch nur einen geringen Erfolg, und wurde daher, nachdem noch die Nothflagge — deutsche Flagge mit einem Knoten — im Want aufgesetzt, inzwischen aber das Wasser im Raume so stark gestiegen war, dass es dem mit dem Ausschöpfen beschäftigten, auf dem Kielschweine stehenden Schiffsmanne bereits bis zur Brust hinan reichte, beschlossen, die »Ernte« bei Alt-Skagen auf den Strand zu setzen. Hier stiess die »Ernte« am 26. Juli, Mittags 12½ Uhr, auf; die Mannschaft wurde, nachdem zuvörderst der Raketen-Apparat von Alt-Skagen ohne Erfolg in Thätigkeit gesetzt war, durch ein Fischerboot abgeholt, und ist das Schiff selbst, von welchem nur einige Segel und das an Bord befindlich gewesene Reservegut geborgen wurde, als Wrack aufgegeben.

Wegen der Witterungsverhältnisse wird auf den von der deutschen Seewarte beigezogenen Witterungsbericht, sowie das Journal der »Ernte«, dessen Eintragungen jedoch erst nach der Strandung zu Alt-Skagen erfolgt sind, Bezug genommen, übrigens aber noch bemerkt, dass seitens des Reichskommissars zum Schlusse der Antrag gestellt wurde, dem Schiffer Zimmermann die Befugniss zur ferneren Ausübung seines Gewerbes zu entziehen.

Entscheidungsgründe. Vom Seeamt ist sodann das Folgende erwogen:

1. Nach den stattgehabten Verhandlungen kann es als völlig zweifellos nicht angesehen werden, dass die »Ernte«, als dieselbe am 22. Juli 1879 von der Weser aus in See ging, sich in vollständig seetüchtigem Zustande befunden habe und muss insbesondere die im Frühjahre 1879 zu Newcastle stattgehabte Kalfaterung des Schiffes, da sie sich nur bis an die Kimmkiele erstreckte, mit Rücksicht auf das hohe Alter des Schiffes um so mehr für ungenügend erachtet werden, als der Regel nach für Schiffe derartigen Alters eine mindestens alle zwei Jahre zu wiederholende sorgfältige Revision geboten erscheint. Daneben ist nach demjenigen, was der Kapitän Zimmermann selbst über die Beschaffenheit seines

Bootes angegeben hat, insoweit auch die Ausrüstung der »Ernte« eine völlig unmangelhafte nicht gewesen, während übrigens aber sonstige Mängel in der Beschaffenheit des Schiffes, oder seiner Ausrüstung, bezw. seiner Beladung und Bemannung nicht hervorgetreten sind.

2. Dabei ist jedoch bezüglich der gerügten Mängel anzuerkennen, dass die ordnungswidrige Beschaffenheit des Schiffsbootes für den hier in Frage stehenden Seeunfall von einer weiteren Bedeutung überall nicht gewesen ist und bleibt ferner zu berücksichtigen, dass, nachdem die «Ernte« im Laufe dieses Jahres die gefährlichen Ladungen von Steinkohlen und Feldsteinen glücklich übergeführt hatte und danach auch noch eine spätere Reise von derselben ungefährdet zurückgelegt war, für den Schiffer selbst wohl keine genügende Veranlassung vorlag, der Seetüchtigkeit seines Schiffes für die von ihm beabsichtigte fernere Reise zu misstrauen. Konnte daher von ihm auch nicht wohl erwartet werden, dass er sein Schiff gerade während der der Schifffahrt günstigsten Jahreszeit einer weiteren Reparatur unterziehen lasse, ohne dass besondere Anzeichen der Nothwendigkeit einer solchen bestimmt hervorgetreten waren, so scheint gleichwohl der vorliegende Fall doch einen weiteren Beleg dafür zu bieten, dass es bei älteren Schiffen der sorgfältigsten Revision in kürzeren Zwischenräumen bedürfe und muss es als besonders erwünscht bezeichnet werden, dass diesem Umstande seitens der Versicherungsgesellschaften, namentlich aber seitens der auf Gegenseitigkeit beruhenden Kompakte eine grössere Berücksichtigung geschenkt werde, als solches bisher geschehen ist.

3. Denn nach demjenigen, was über die Witterungsverhältnisse konstatirt ist, wird anzunehmen sein, dass die letzteren bei einem weniger alten bezw. doch in sorgfältigerer Reparatur gehaltenen Schiffe nicht die im vorliegenden Falle eingetretenen nachtheiligen Wirkungen hätten ausüben können und scheint mithin der in der Nacht vom 23./24. Juli 1879 entstandene Leck der »Ernte«, welcher schliesslich den Verlust derselben zur Folge hatte, durch die ungünstige Witterung eben nur in Verbindung mit dem Alter des Schiffes seine Erklärung finden zu können.

4. Die Auffindung des entstandenen Leckes bot mit Rücksicht auf die eingenommene Ballastladung besondere Schwierigkeiten, auch war zu solchem Zwecke nur die wirklich vorgenommene Durchsuchung des Raumes thunlich und erscheint im übrigen, als die Anstrengungen der Mannschaft, des Wassers im Raume

Herr zu werden, sich als erfolglos erwiesen, das schliessliche Aufstrandsetzen der »Ernte« um so mehr gerechtfertigt, als es bei der Unmöglichkeit, einen Nothhafen anzulaufen und bei dem Mangel aller Aussicht auf fremde Hülfe, die einzige Möglichkeit gewährte, das Leben der Besatzung zu retten.

5. Dass dem Kapitän, wie die Verhandlung herausgestellt hat, die Vorschriften der Kaiserlichen Verordnung vom 14. August 1876 über die Nothsignale seither noch völlig unbekannt geblieben sind, ist zu tadeln. Nicht weniger erscheint es, wenngleich anzuerkennen ist, dass nach Entstehung des Leckes in der Nacht vom 23./24. Juli 1879 eine fortlaufende Journalführung nicht thunlich war, inkorrekt, wenn dieselbe auch in der vorhergehenden Zeit unterblieben ist und, wie geschehen, nur Notizen zur demnächstigen Eintragung nach beendeter Reise gesammelt wurden.

6. Somit hat das Resultat der seeamtlichen Untersuchung allerdings in mehrfachen Beziehungen zu Erinnerungen Veranlassung gegeben, indessen ist doch nicht erwiesen, dass der in Frage stehende Seeunfall oder dessen Folgen vom Schiffer durch den Mangel solcher Eigenschaften, welche zur Ausübung seines Gewerbes erforderlich sind, verschuldet sei, und ist aus allen diesen Gründen so, wie geschehen, erkannt worden.

178. Spruch des Seeamts zu Stralsund vom 30. August 1879, betreffend den Seeunfall des deutschen dreimastigen Schooners „Mönchgut“ von Stralsund.

Strandung und Verlust des Schiffes auf Fair Hill bei Sumburgh Head.

In Untersuchungssachen, betreffend den Seeunfall des Schooners »Mönchgut« am 30. Mai 1879 auf Fair Hill, hat das Seeamt seinen Spruch dahin abgegeben:

dass der Unfall theils durch die in den betreffenden Gewässern herrschende, nicht genau bekannte Meeresströmung theils durch die ungenaue Längenbestimmung veranlasst worden ist, welche letztere vermuthlich dadurch entstanden ist, dass der Stand und Gang des Chronometers vor Antritt der Reise nicht genau bestimmt worden ist,

dass aber hieraus weder dem Kapitän noch dem Steuermann ein Vorwurf erwächst, dass vielmehr das unerschrockene

Verhalten des Steuermanns nach der Strandung behufs Rettung der Mannschaft Anerkennung verdient.

Gründe. Am 25. Mai 1879 ging der deutsche dreimastige Schooner »Mönchgut« von Stralsund, Kapitän Kliesow, mit einer Ladung Holz und Theer nach Thorshavn auf den Faröern bestimmt, aus dem Hafen von Gothenburg in See. Die Fahrt ging Anfangs bei gutem Wetter und Wind glücklich von Statten. Man bekam Skagen in Sicht, später die Küste von Norwegen und peilte Thorungen. Am 29. Mai Nachmittags und um Mitternacht befand sich das Schiff, der Angabe des Kapitäns zufolge, nach Observations-Breite und -Länge, welche mit der Besteckrechnung in Breite und Länge fast ganz übereingestimmt haben soll, nach dem Kompass SO 30 Seemeilen von Sumburgh Head entfernt, bei steifer Kuhlte aus NO. Um Mitternacht wurden die Bramsegel festgemacht. Am 30. Mai, Morgens, war die Luft dick von Nebel, die Fahrt des Schiffes betrug 6,5 Seemeilen in der Stunde. Um 1 Uhr 45 Minuten Morgens — der Kapitän war in der Kajüte — bemerkten der wachehabende Steuermann und die an Deck befindlichen Leute einen hohen düsteren Gegenstand voraus und fast in demselben Augenblick stiess das Schiff auf Grund, blieb stehen und legte sich auf die Backbord-Seite. Das Schiff befand sich, wie sich herausstellte, an einer kleinen Felseninsel auf den Klippen. Es gelang der Besatzung von dem Schiff, welches bei dem heftigen Seegang auseinander zu brechen drohte, auf die Klippe zu entkommen, von wo sie gegen Mittag, als es klarer wurde, nach der nahegelegenen Insel Fair Island von deren Einwohnern gerettet wurden.

Das ungünstige Wetter der nächsten Tage machte eine Bergung der Ladung unmöglich, überdies verweigerten die Einwohner jede Hülfeleistung bei der Bergung, so dass der Kapitän sich schliesslich genöthigt sah, Wrack und Ladung zu verkaufen.

Dieser Thatbestand, welcher den Hauptinhalt der von dem Kapitän und der Mannschaft am 20. Juni 1879 vor dem Handelsgericht zu Hamburg abgelegten Verklarung bildet, ist von dem Kapitän Kliesow und dem Steuermann Zander in der mündlichen Verhandlung vor dem Seeamt am 30. August 1879 bestätigt worden; das Schiffsjournal ist bei dem Unfall verloren gegangen.

Nach Aussage der beiden genannten Zeugen, welche auf Beschluss des Seeamts vereidigt worden sind, ist die Strandung auf der südlich von Sumburgh Head belegenen Insel Fair Hill erfolgt und ihrer Auffassung zufolge dadurch herbeigeführt worden, dass das Schiff in der Nacht vom 29. zum 30. Mai von dem auf Sumburgh Head gesteuerten Kurse in südöstlicher Richtung durch die Meeresströmung abgetrieben worden ist. Kapitän und Steuermann behaupten auf ihrer ganzen Reise genaue Besteckrechnung geführt zu haben, auf welche sie sich um so mehr verlassen zu dürfen glaubten, weil sie einerseits bei andauernd günstigem Wetter gut segelten, und andererseits die Besteckrechnung mit der von ihnen wiederholt, zuletzt noch am Nachmittage vor dem Unfall festgestellten Observations-Länge und -Breite fast ganz genau übereingestimmt habe. Allerdings haben dieselben zugeben müssen, dass das hierbei von ihnen benutzte Chronometer wohl nicht ganz zuverlässig gewesen ist, da die letzte genaue Regulirung desselben im Jahre 1875 erfolgt ist.

Wenngleich diese mangelhafte Beschaffenheit des Chronometers dem Kapitän allerdings zum Vorwurf gereicht, so konnte doch die Ursache des Seeunfalls darin oder doch wenigstens allein darin nicht gefunden werden, vielmehr war nach Lage der Sache die Strandung hauptsächlich auf die in den betreffenden Meeresgewässern notorisch herrschenden, vielfach wechselnden Meeresströmungen zurückzuführen und dabei zu berücksichtigen, dass der dicke Nebel in der fraglichen Nacht eine Vermeidung der Gefahr, welche sonst wohl zu erwarten gewesen wäre, unmöglich machte.

Anträge auf Konzessionsentziehung sind demgemäss auch weder gegen den Kapitän noch gegen den Steuermann gestellt worden.

Was den letzteren anlangt, so hat ihm das Seeamt vielmehr für sein kühnes und unerschrockenes Verhalten bei Rettung der Schiffsmannschaft, welche er dadurch ermöglichte, dass er mit Gefahr seines Lebens vom Schiff durch die Brandung schwimmend die Insel erreichte und eine Schiffsleine dort befestigte, volle Anerkennung aussprechen zu müssen geglaubt.

179. Spruch des Seeamts zu Emden vom 30. August 1879, betreffend den Seeunfall des deutschen Schooners „Deborah" von Karolinensiel.

Strandung und Verlust des Schiffes auf der Tegeler Plate in der Wesermündung.

In der Untersuchungssache wegen Strandung des Schooners »Deborah« hat das Seeamt folgenden Spruch verkündet:

Der Verlust des Schooners »Deborah« — KFJL —, Kapitän Haak, von Karolinensiel, ist auf die stattgehabte Verwechselung der Tonnen zurückzuführen, übrigens aber nicht anzunehmen, dass der Unfall der »Deborah« oder dessen Folgen durch den Mangel solcher Eigenschaften auf Seiten des Kapitäns oder Steuermannes veranlasst sei, welche zur Ausübung ihres Gewerbes erforderlich sind, und ist daher sowohl dem Kapitän als dem Steuermann die Befugniss zur Ausübung ihrer Gewerbe zu belassen.

Thatbestand. Das zu Karolinensiel heimathberechtigt gewesene, im Jahre 1873 neu erbaute, zu einem Netto-Raumgehalte von 252,4 cbm = 89,10 britischen Register-Tons vermessene Schiff »Deborah« — KFJL —, welches nach vollendetem Bau beim Germanischen Lloyd die Klasse A I auf die Dauer von 10 Jahren erhalten hatte, im Alleineigenthum des Schiffers Julf Janssen Haak zu Karolinensiel stand und bei einem Versicherungswerthe von 24 754 ℳ. bei verschiedenen Versicherungs-Gesellschaften für im Ganzen 22 280 ℳ. versichert war, hat, nachdem es im Herbst 1878 zu Karolinensiel einer Reparatur unterzogen war und danach ausweislich des Journals im Laufe des Sommers verschiedene Reisen zurückgelegt hatte, in den Tagen vom 10. bis 12. Juli 1879 in St. Petersburg eine für Bremen bestimmte Ladung Roggen von im Ganzen 1 022 Tschetwert eingenommen und ist mit derselben unter Führung seines vorgenannten Eigenthümers, sowie mit einer Besatzung von im Ganzen 5 Personen am 16. Juli 1879 von Kronstadt in See gegangen.

Mängel in der Beschaffenheit oder Ausrüstung des Schiffes zur Zeit seiner Ausfahrt sind nicht hervorgetreten, bezüglich seiner Beladung aber ist zu bemerken, dass zur Befestigung der Ladung Querschotten gesetzt waren und die »Deborah« nach Angabe des Kapitäns in beladenem Zustande — einschliesslich 12 Zoll Kiel — einen Tiefgang von 8½ Fuss vorn bezw. 9½ Fuss hinten mit einer Auswässerung von 16 Zoll gehabt hat.

Ueber den Verlauf der Reise ergiebt das Journal, dass am 24. Juli bei stürmischer Witterung unter Bornholm die Ladung überging, in Folge dessen vor dem Winde auf Hela abgehalten wurde und es hier gelang, die Ladung wieder zu befestigen. Sodann wurde am 28. Juli die Reise fortgesetzt und kam man am 11. August ohne weitere besondere Vorkommnisse vor der Weser an, passirte um 4½ Uhr Nachmittags das Aussenfeuerschiff der

Weser, um 6 Uhr die Aussentonne und segelte, übrigens ohne Lootsen, die Weser auf. Um 8 Uhr Abends wurde das zweite Feuerschiff passirt und von hier der Kurs auf den Leuchtthurm zu genommen, indem der Kapitän die Absicht hatte, im Dwarsgat zu Anker zu gehen. Inzwischen wurde es bei bedeckter Luft und regnerischem Wetter finster. Um 9½ Uhr meldeten die beiden Matrosen und der Koch, welche auf dem Vorderschiffe standen, eine Tonne, in welcher sowohl die genannten Schiffspersonen, als der hinzugekommene Kapitän und Steuermann, die auf dem Hinterschiffe sich befunden hatten, eine schwarze Tonne zu erkennen glaubten. Die bis dahin stattgehabten Lothungen hatten einen Wasserstand von 8 und zuletzt 7 Faden ergeben.

Bald darauf stiess die »Deborah« auf und blieb etwa zwei Stunden vor niedrigster Ebbe sitzen. Versuche zum Wiederabbringen des Schiffes wurden nicht gemacht, man liess jedoch die Segel stehen, indem man annahm, dass die »Deborah« beim Wiedereintritt der Fluth von selbst wieder werde flott werden. Statt dessen stellte sich aber, nachdem das Schiff beim Wiedereintritt der Fluth mehrere Stösse gemacht hatte, heraus, dass dasselbe leck geworden war. Die Pumpen vermochten bald das eindringende Wasser nicht mehr zu bewältigen, gegen 12 Uhr war das Wasser im Raume im Verlaufe von etwa 5 Minuten von 18 Zoll auf 3 Fuss gestiegen und wurde danach bald nach 12 Uhr, als die Brandung bereits hoch über das Mittelschiff hinwegschlug, die »Deborah« von der Mannschaft im eigenen Schiffsboote verlassen. Mit demselben ruderte man zunächst dem Leuchtthurm zu und wurde nun dabei gewahr, dass man in der Dunkelheit auf die Seite der weissen Tonnen gerathen war.

Bis zum Wiederanbruch des Tages verblieb die Besatzung der »Deborah« auf dem Leuchtthurm, sah alsdann aber von hier, dass das Schiff vollständig untergesunken war, insbesondere nur noch die Masten aus dem Wasser hervorragten, und ruderte unter solchen Umständen mit ihrem Boote nach ihrem Heimathshafen Karolinensiel, wo sie am Abend des 12. August 1879 eintraf.

Bezüglich der Witterungsverhältnisse wird auf den von der Agentur der deutschen Seewarte in Emden herbeigezogenen Witterungsbericht Bezug genommen. Endlich wird noch bemerkt, dass seitens des Reichskommissars der Antrag gestellt ist, sowohl dem Schiffer, als auch dem Steuermann die Befugniss zur ferneren Ausübung ihres Gewerbes zu entziehen.

Entscheidungsgründe. Vom Seeamte ist sodann Folgendes erwogen:

1. Aus den stattgehabten Verhandlungen, insbesondere aber auch aus dem Inhalte des an Bord der »Deborah« gehaltenen Journals ergiebt sich, dass die von der »Deborah« auf der letzten Reise geführte, aus Roggen bestehende Ladung durch Querschotten befestigt worden, sodann aber bei stürmischer Witterung unter Bornholm übergeschlagen ist, und ist in Folge dessen zur Frage gekommen, ob die Befestigung der Ladung durch Querschotten als genügend habe angesehen werden können, oder aber nicht vielmehr auch der Gebrauch von Längsschotten habe für erforderlich gehalten werden müssen. Da gleichzeitig feststeht, dass es der Mannschaft der »Deborah« gelungen ist, die Ladung wieder zu befestigen und die »Deborah« danach die beabsichtigte Reise bis vor die Weser auch ungefährdet fortsetzte, so ist nun freilich jene Frage für den später eingetretenen Unfall zweifellos direkt nicht von Bedeutung, erscheint gleichwohl aber für die Beurtheilung des Schiffers selbst nicht ohne Interesse. Sie ist indessen zu Gunsten des letzteren zu beantworten. Denn erfahrungsmässig ist zwar für grössere Schiffe bei Ladungen der hier fraglichen Art der Gebrauch von Längsschotten zu erfordern, für kleinere Schiffe, insbesondere solche von der Grösse der »Deborah«, jedoch deren Werth um deswillen ein durchaus zweifelhafter, weil dieselben hier dem Einstampfen der Ladung Hindernisse bieten und ein Nachfüllen der durch das allmälige Setzen der Ladung sich bildenden Lücken erschweren. Für Schiffe von geringerer Grösse ist daher die Verkleinerung des Laderaumes durch Querschotten vorzuziehen, vorausgesetzt, dass der ausserhalb der letzteren untergebrachte Theil der Ladung in angemessener Weise gesichert wird, und ist daher, und da auch dieser eben erwähnten Voraussetzung im vorliegenden Falle nach den übereinstimmenden Angaben des Schiffers und Steuermannes genügt worden ist, das Verhalten des Schiffers für ein völlig zweckentsprechendes zu erachten.

2. Im weiteren ist durch die übereinstimmenden Aussagen der gesammten Besatzung der »Deborah« festgestellt, dass am Abend des 11. August 1879 beim Aufsegeln der Weser eine weisse Tonne für eine schwarze angesehen worden ist und kann es, wie auch seitens des Reichskommissars angenommen wird, einem Zweifel überall nicht unterliegen, dass in diesem Irrthum der eigentliche Grund des der »Deborah« zugestossenen Seeunfalles wird gesucht

werden müssen. Dabei entssteht dann selbstverständlich die Frage, ob sich jener Irrthum bei pflichtmässiger Vorsicht und Aufmerksamkeit habe vermeiden lassen, in deren Ermangelung mithin der Schiffer oder Steuermann für jenen Irrthum verantwortlich gemacht werden könne.

3. In dieser Beziehung ist nun zunächst zu berücksichtigen, dass der Schiffer die Einsegelung der Weser ohne Assistenz eines Lootsen unternommen hat. Unbedingt wäre er einer groben Nachlässigkeit zu zeihen, wenn er das gewagt hätte, ohne sich eine genügende Bekanntschaft des zu besegelnden Reviers zutrauen zu können, da der Schiffer jedoch nicht blos behauptet, dass er mit dem Fahrwasser der Weser genau bekannt sei, sondern diese Behauptung auch durch den Umstand Bestätigung findet, dass seine Angaben über das Ergebniss seiner Lothungen mit den in der Karte verzeichneten Wassertiefen übereinstimmen, so scheint zu einem Vorwurfe um so weniger Grund vorzuliegen, als einestheils auf der Weser ein Lootsenzwang nicht besteht und anderntheils von kleineren auf der Weser fahrenden Schiffen der Regel nach in gleicher Weise verfahren wird.

4. Die Uebereinstimmung des Ergebnisses der Lothungen mit den nach der Karte vorhandenen Wassertiefen war nun ferner aber auch nicht blos geeignet, den Schiffer in der irrigen Annahme, dass die von seiner Mannschaft gemeldete und von derselben für eine schwarze angesehene Tonne eine solche wirklich sei, noch mehr zu bestärken, sondern lässt auch den aus der unterlassenen Vergleichung der Karte mit den gelotheten Wassertiefen hergeleiteten Vorwurf als hinfällig erscheinen. Denn wenn von dem wirklichen Lootsen eine derartig genaue Bekanntschaft der örtlichen Verhältnisse beansprucht werden muss, dass sie sich ohne Karte durch das Fahrwasser hindurchzufinden im Stande sind, so wird auch für den Schiffer, der sich getraut, die Funktionen des Lootsen selbst übernehmen zu können, der Gebrauch der Karte als Bedürfniss nicht anzuerkennen sein.

5. Uebrigens steht der im Vorstehenden begründeten Annahme, dass es dem Schiffer Haak an einer genügenden Bekanntschaft der örtlichen Verhältnisse nicht gefehlt habe, auch die späterhin erfolgte Verwechselung der Tonnen nicht entgegen. Letztere ist vielmehr lediglich der am Abend des 11. August herrschenden finsteren Witterung zuzuschreiben und würde unter gleichen Verhältnissen zweifellos auch einem Lootsen haben passiren können.

Somit bietet

6. der vorliegende Fall dann einen neuen Beleg für die Gefahren, mit welchen das Einsegeln in die Flussmündungen zur Nachtzeit verbunden ist und kann es einem Bedenken nicht unterliegen, dass dasselbe auch hier besser unterblieben wäre. Wenn indessen der Schiffer beim Passiren des Aussenfeuerschiffes mit Rücksicht auf den ihm günstigen Wind sich überzeugt halten zu können glaubte, dass er noch vor Eintritt der Dunkelheit den von ihm in Aussicht genommenen Ankerplatz werde erreichen können, so fehlte es auch an jedem Grunde, welcher ihn hätte bestimmen können, die ihm gebotene günstige Gelegenheit unbenutzt vorübergehen zu lassen und war er, als er sich späterhin in seinen Erwartungen getäuscht sah, die einmal unternommene Fahrt um so mehr fortzusetzen so lange gezwungen, als es ihm an einem genügend sicheren Ankerplatze fehlte.

7. Hiernächst ist ferner festgestellt, dass, nachdem die »Deborah« am Abend des 11. August unweit der weissen Tonne No. 5 auf der Tegeler Plate festgerathen war, weder Nothsignale gegeben, noch auch irgend welche Versuche gemacht sind, das Schiff wieder abzubringen, der Schiffer vielmehr in der Erwartung, dass nach dem Wiedereintritt der Fluth die »Deborah« von selbst wieder werde flott werden, sämmtliche Segel hat stehen lassen. Diese letztere Maassregel erscheint nun, so lange der Schiffer seine Lage als ungefährdet ansehen konnte, völlig gerechtfertigt und fehlte ebenso lange für ihn auch jede Veranlassung, Nothsignale zu zeigen, oder Versuche zur Abbringung zu machen, während, nachdem die Gefahr seiner Lage hervorgetreten war, dieselbe sich zugleich auch so dringlich erwies, dass von Nothsignalen ein Erfolg nicht mehr erwartet werden konnte, weitere Versuche zur Abbringung des Schiffes seitens der Mannschaft aber von selbst ausgeschlossen waren. Ueberdies wird dem Schiffer wegen der anfänglich unterlassenen Abbringungsversuche noch um so weniger ein Vorwurf gemacht werden können, weil es einestheils zweifelhaft erscheint, ob das Ausbringen eines Warpankers von genügender Stärke bei einer sonst der Grösse des Schiffes entsprechenden Mannschaft von nur 5 Personen überhaupt möglich gewesen wäre, und anderntheils ein solcher Versuch bei der starken Strömung und hohen Dühnung während der tiefgehenden Ebbe mit Lebensgefahr für die betheiligten Schiffspersonen verbunden gewesen sein würde. Letzteres ist nun freilich seitens des Reichskommissars aus dem Grunde bezweifelt, weil die Mannschaft später-

hin auch im eigenen Boote die »Deborah« wirklich verlassen habe, dabei wird indessen übersehen, dass sich mit dem Wiedereintritt der Fluth nicht blos die Verhältnisse geändert hatten, sondern damals auch der Zustand der »Deborah« den weiteren Verbleib der Mannschaft auf derselben völlig unmöglich machte.

8. Weiter ist festgestellt, dass der Schiffer Haak, nachdem er am Morgen des 12. August vom Leuchtthurm aus gesehen hatte, dass von der »Deborah« nur noch die Masten aus dem Wasser hervorragten, übrigens aber die telegraphische Mittheilung des Unfalles der »Deborah« nach Bremen von ihm veranlasst war, mit seiner Mannschaft, ohne sich weiter um das Schicksal seines Schiffes zu kümmern, nach Karolinensiel gefahren ist. Dabei wird immerhin anzuerkennen sein, dass mancher andere Schiffer nicht in gleicher Weise verfahren haben würde, andererseits liegt indessen kein Grund vor, zu bezweifeln, dass der Schiffer, als er am Morgen des 12. August nach Tagesanbruch den Leuchtthurm wieder verliess, sich schon von dort aus über die Unmöglichkeit weiterer Rettungsversuche habe überzeugen können und scheint unter solchen Umständen sein Verfahren zu besonderem Tadel Veranlassung nicht zu bieten.

9. Dagegen ist es zweifellos, dass der Schiffer Haak sich eine Pflichtwidrigkeit dadurch hat zu Schulden kommen lassen, dass er am Abend des 11. August während der Fahrt der »Deborah« nach Sonnenuntergang die vorschriftsmässigen Seitenlichter nicht hatte anzünden lassen, andererseits steht jedoch ebenso auch wieder fest, dass diese Pflichtwidrigkeit für den der »Deborah« zugestossenen Unfall in keiner Weise von Einfluss gewesen ist.

10. Den vorstehenden Ausführungen nach, kann denn schliesslich nicht angenommen werden, dass der Unfall der »Deborah« oder dessen Folgen von dem Schiffer Haak durch den Mangel solcher Eigenschaften, wie sie zur Ausübung seines Gewerbes erforderlich sind, verschuldet worden sei. Noch viel weniger aber ist diese Annahme bezüglich des Steuermanns Heeren begründet. Denn ist auch festgestellt, dass am Abend des 11. August um 8 Uhr dessen Wache wieder begann, so ist doch zu berücksichtigen, dass mit dem Einsegeln in Flussmündungen der regelmässige Wechsel der Wachen aufhört und überdies für den vorliegenden Fall konstatirt, dass der Schiffer sich auch nach jenem Zeitpunkte fortwährend auf Deck befunden hat und die getroffenen Maassnahmen von ihm selbst ausgegangen sind. Somit kann denn die Verantwortlichkeit

für die letzteren, ebenso wie für etwaige Unterlassungen auch nur den Schiffer, nicht auch den Steuermann treffen und ist aus allen diesen Gründen so, wie geschehen, erkannt worden.

180. Spruch des Seeamts zu Bremerhaven vom 5. September 1879, betreffend den Zusammenstoss des deutschen Schraubendampfschiffes „Rhein" von Bremen und der britischen Bark „Joseph Hickmann".

Zusammenstoss bei dichtem Nebel. Das Segelschiff wurde derart beschädigt, dass es von der Besatzung verlassen werden musste. Kaiserliche Verordnung zur Verhütung des Zusammenstossens der Schiffe auf See vom 23. Dezember 1871, Art. 16.

Vor der den Gegenstand der Untersuchung bildenden Kollision, welche am 20. August 1879 etwa 10½ Uhr Vormittags stattfand, war der Kurs des Lloyddampfers »Rhein« OzN, der der Bark »Joseph Hickmann« etwa WNW½W beim Winde. Der Wind wehte aus SW und war mässig. Es herrschte zur fraglichen Zeit sehr starker Nebel, so dass man nach Schätzung der Mannschaft des Dampfers »Rhein« nicht die volle Länge des letzteren weit, nach Schätzung der Mannschaft des »Joseph Hickmann« nicht weiter als zwei bis drei Längen des letzteren sehen konnte. Von beiden Schiffen wurden Nebelsignale gegeben, vom Dampfer mit der Dampfpfeife in Zwischenräumen von etwa einer Minute, vom Segelschiffe mit einem Nebelhorn in Zwischenräumen von etwa zwei Minuten. Ausguck und Steuer waren auf beiden Schiffen besetzt, auf dem Dampfer doppelt. Auf der Kommandobrücke des letzteren befanden sich der Kapitän Sander und der erste Offizier Bruns, während das Kommando auf dem Segelschiffe durch Kapitän Bishop geführt wurde. Der Dampfer, welcher bei voller Kraft etwa 58 Umdrehungen an der Maschine und einen Fortgang von etwa 14 Knoten hat, fuhr mit etwa 49 Umdrehungen und hatte etwa 11 Knoten Fortgang, er führte Untermarssegel und Stagsegel; der »Joseph Hickmann« fuhr unter vollem Marssegel, Fock und Klüver und hatte etwa 2½ Knoten Fortgang. Von Seiten der Bark wurden die Nebelsignale des Dampfers schon einige Minuten vor dem Erblicken desselben und zwar von vorn auf Backbord-Seite gehört, während auf Seiten des Dampfers das Hören der Nebelsignale des Segelschiffes und das Erblicken des letzteren ungefähr in denselben Augenblick zusammenfiel. Dies erklärt sich theils aus dem stärkeren Schall der Dampfpfeife, theils daraus, dass der Wind dem Segelschiffe schräg entgegenkam. Nachdem das Nebelsignal des Dampfers auf dem Segelschiffe gehört war und der Kapitän sich überzeugt hatte, dass es von einem Dampfer herrühre, gab er das Kommando »hart Steuerbord-Ruder« und sprang, als der am Ruder befindliche nur der spanischen Sprache mächtige Matrose Latorre das in englischer Sprache gegebene Kommando missverstehend, das Ruder Backbord legen wollte, selbst hinzu, um das Ruder Steuerbord zu legen. Es leitete ihn seiner Angabe nach hierbei der Gedanke, dem Dampfer eine bessere Möglichkeit, um vor dem Segelschiffe vorbeizufahren, zu verschaffen. Gleich darauf wurde der Dampfer bereits vorn auf Backbord-Seite erblickt und zwar in so unmittelbarer Nähe, dass die Möglichkeit der Vermeidung einer Kollision völlig ausgeschlossen und zur Vornahme irgend welchen Manövers überhaupt keine Zeit mehr vorhanden war. Seitens des Kapitäns des »Rhein« wurde zwar, als das Nebelsignal des »Joseph Hickmann« gehört und gleichzeitig letzterer erblickt wurde, noch sofort das Kommando »hart Steuerbord-Ruder« und nach der Maschine die Kommandos »stopp« und »volle Kraft rückwärts« gegeben, bevor jedoch diese Kommandos wirksam ausgeführt werden konnten, fand bereits die Kollision statt, indem das Vordertheil des Dampfers in den Bug des Segelschiffes auf dessen Backbord-Seite einschnitt, bis zum Ende des Bugspriets eindrang und erhebliche Beschädigungen verursachte. Auch der Dampfer erlitt einige, jedoch nicht erhebliche Beschädigungen.

Nachdem die Schiffe von einander freigekommen waren, wurde vom Dampfschiff aus sofort ein Boot ausgesetzt, welches unter Führung des ersten Offiziers nach dem »Joseph Hickmann« hinüberfuhr, um den Schaden zu besichtigen und Hülfe anzubieten. Letztere wurde auch durch Schleppen des Schiffes, Hülfe beim Pumpen und schliesslich durch Aufnehmen der Mannschaft des Segelschiffes, als diese sich andern Tags zum Verlassen des Schiffes entschlossen hatte, geleistet.

Unter Berücksichtigung des Hervorgehobenen hat das Seeamt die Ueberzeugung gewonnen, dass auf beiden Schiffen Kommandobrücke, Ruder und Ausguck ordnungsmässig besetzt waren, dass Nebelsignale genügend häufig gegeben wurden und dass auch die von den Schiffen kurz vor der Kollision zur Anwendung gebrachten bezw. versuchten Manöver nicht zu tadeln sind bezw. den Umständen nach angemessen waren. — Zu bemerken ist hinsichtlich des auf dem Segelschiffe gebrauchten Nebelhorns, dass dasselbe zwar von der auf Segelschiffen leider oft zur Anwendung kommenden Beschaffenheit ist, jedoch den zu stellenden Anforderungen an sich nicht genügt. Wäre dasselbe von anderer Beschaffenheit gewesen, so dass ein stärkerer und deshalb weiter schallender Ton dadurch hätte hervorgerufen werden können, sei es durch Blasen mit dem Munde, sei es auf mechanischem Wege, so würde der Dampfer möglicher Weise die Nebelsignale des Segelschiffes früher gehört, in Folge dessen gestoppt haben, und würde die Kollision dann vielleicht vermieden worden sein. Sodann ist hervorzuheben, dass der Dampfer zwar seine Geschwindigkeit von voller Kraft (etwa 58 Umdrehungen und etwa 14 Knoten) auf etwa 49 Umdrehungen bezw. etwa 11 Knoten Fortgang gemässigt hat, eine solche Mässigung der Fahrgeschwindigkeit kann aber in Hinblick auf die Bestimmungen der Verordnung zur Verhütung des Zusammenstossens der Schiffe auf See vom 23. Dezember 1871 und bei Berücksichtigung der besonderen Umstände des vorliegenden Falls als ausreichend nicht betrachtet werden. Wenn auch durch Art. 16 der gedachten Verordnung nur im Allgemeinen vorgeschrieben wird, dass die Dampfschiffe bei Nebelwetter ihre Geschwindigkeit mässigen sollen — ohne vorzuschreiben, in welchem Grade dies geschehen soll — so kann doch diese Bestimmung bei rationeller Auslegung und bei Mitberücksichtigung der weiteren Vorschriften in den Artikeln 19 und 20 der Verordnung nur so gedeutet werden, dass das Dampfschiff je nach den Umständen die Geschwindigkeit stärker oder weniger stark, überhaupt aber stets so sehr mindern soll, um nach Kräften einer Kollision mit andern Schiffen vorzubeugen. Bei dieser Auffassung und bei Berücksichtigung des Umstandes, dass der Nebel so dick war, dass man nur auf eine ausserordentlich geringe Entfernung sehen konnte, war die Minderung der Fahrgeschwindigkeit eine nicht ausreichende, dieselbe musste vielmehr bei derartig dichtem Nebel, zwar nicht mehr als zulässig ist, damit der Schiffsführer das Schiff noch in der Gewalt behält, im übrigen aber so weit wie möglich herabgemindert werden. Ob im vorliegenden Falle bei einer stärkeren Minderung der Fahrgeschwindigkeit die Kollision vermieden wäre, muss dahin gestellt bleiben, eine grössere Wahrscheinlichkeit für das Vermeiden von Seeunfällen überhaupt würde aber dadurch herbeigeführt sein, und kann daher das Seeamt die falsche Anwendung der gedachten Verordnung seitens des Dampfers nicht ungerügt lassen. Dem Kapitän Sander kann einigermaassen zur Entschuldigung dienen, dass — wie dem Seeamte bekannt — die mehrgedachte Bestimmung des Oeftern von seemännischer Seite die Auslegung erfahren hat, dass durch eine jede, auch die geringste, Minderung der Fahrgeschwindigkeit auf Seiten des Dampfers der Bestimmung der Verordnung genügt werde. — Rühmend hervorzuheben ist das Verhalten des Dampfers nach der Kollision, indem seitens desselben dem Segelschiffe alle nur mögliche Hülfe geleistet und auf diese Weise der Verordnung über das Verhalten der Schiffer nach einem Zusammenstoss von Schiffen auf See vom 15. August 1876 nach Kräften entsprochen wurde.

181. Spruch des Seeamtes zu Hamburg vom 8. September 1879, betreffend den Seeunfall des deutschen Schooners „Elise" von Krautsand.

Schiff bei Struysbay an der afrikanischen Küste von den Ankern getrieben, auf den Strand gesetzt und wrack geworden.

Der Krautsander Schooner »Elise« — KLSV —, Kapitän Rettmer, nach Ausweis des Handbuchs für die Deutsche Handels-Marine im Jahre 1868 erbaut und 108,90 Register-Tons haltend, ist im Juni 1879 in der Nähe von Struysbay gestrandet und total wrack geworden.

Nach den von einem Theil der Besatzung, nämlich Kapitän Rettmer, Steuermann Heinrich, Matrosen Hansen und Behrens, vor dem deutschen Konsul in Capstadt bezw. dem dortigen Notar Scanlen abgegebenen Erklärungen ist dieser Unfall dadurch herbeigeführt, dass das Schiff, während es auf der Rhede von Struysbay vor Anker lag, um eine Ladung Gerste einzunehmen, durch einen schweren Sturm ins Treiben gebracht und der Küste zugetrieben ist. Die Angaben der genannten Personen stimmen darin überein, dass es unmöglich gewesen sei, bei dem herrschenden Winde in See zu kommen und dass man gezwungen gewesen sei, um das Leben der Besatzung und so viel wie möglich von Schiff und

Ladung zu retten, das Schiff auf den Strand zu setzen. Ihrer eingehenden Schilderung zufolge hat die Besatzung Alles versucht, was in ihren Kräften stand, um das Schiff an den Ankern festzuhalten und den Sturm abzuwarten; auch ist der Unfall ihrer Versicherung zufolge weder einer mangelhaften Beschaffenheit des Schiffes noch der Ausrüstung zuzuschreiben. Kapitän Rettmer, welcher allein von der Besatzung nach Europa zurückgekehrt ist, hat in der Verhandlung vor dem Seeamt, unter Berufung auf das von ihm beigebrachte Journal, seine Angaben allen Inhalts bestätigt, auch, unter Vorlegung der an Bord benutzten Seekarte, erklärt, dass es unmöglich gewesen sei, nachdem das Schiff ins Treiben gekommen, sich frei zu segeln; vorher in See zu gehen, habe er keine Veranlassung gehabt, weil das Barometer nicht gestiegen sei und er deshalb einen Sturm aus Süd nicht erwartet habe. Kapitän Rettmer erklärt, die beiden Anker seien jeder etwa 800 ℔ schwer gewesen und seien ebenso wie die Ankerketten in Port-Elizabeth besichtigt und in Ordnung befunden; er habe noch einen dritten Anker an Bord gehabt, ihn aber nicht ausbringen können, weil die ganzen Ketten und das Kabeltau bei den ausgebrachten beiden Ankern bereits benutzt gewesen seien.

Das Seeamt hat keine Veranlassung, die Richtigkeit der obigen Angaben zu beanstanden oder dem Kapitän Rettmer aus seinem Verhalten einen Vorwurf zu machen und giebt deshalb seinen Spruch dahin ab:

> dass, soviel hat ermittelt werden können, der Unfall, der den Krautsander Schooner »Elise« auf der Rhede von Struysbay im Juni 1879 betroffen hat, lediglich den Ereignissen der See zuzuschreiben ist.

182. Spruch des Seeamts zu Bremerhaven vom 9. September 1879, betreffend den Zusammenstoss des deutschen Schraubendampfschiffes „Condor“ von Bremen und der norwegischen Bark „Jenny“.

Zusammenstoss durch die unrichtige Führung des Segelschiffes verursacht; Dampfschiff erheblich beschädigt und gesunken.

Der Dampfer »Condor« befand sich zur Zeit der dem Untergange desselben voraufgegangenen Kollision mit der norwegischen

Bark »Jenny«, welche in der Nacht vom 22./23. Juni 1879, etwa 1½ Uhr, zwischen Oeland und Gothland erfolgte, auf einer Reise von Kronstadt nach Antwerpen und verfolgte zu dieser Zeit den Kurs SW¾W. Es wehte eine steife Briese aus SW. Von 1 Uhr Nachts an herrschte Nebel, doch war derselbe nicht sehr dick, so dass man noch 4 bis 6 Schiffslängen weit voraussehen konnte. Die vorgeschriebenen Lichter brannten am gehörigen Platze; Nebelsignale wurden mittelst der Dampfpfeife in Zwischenräumen von etwa 2 Minuten gegeben. Am Ruder befand sich der Matrose Witt, am Ausguck der Matrose Jacobs, das Kommando führte der Steuermann Rohlfs. Segel wurden nicht geführt. Die Fahrgeschwindigkeit betrug 5 bis 5½ Knoten bei etwa 45 Umdrehungen an der Maschine, während das Schiff bei Anwendung voller Kraft etwa 9 Knoten Fortgang bei etwa 75 Umdrehungen hatte. Mit der genannten reduzirten Kraft war übrigens schon von Kronstadt an behufs Kohlenersparniss gefahren, und wurde es deshalb bei Eintritt des Nebels nicht für erforderlich gehalten, die Fahrgeschwindigkeit zu mässigen.

Nach den vorliegenden, beim Rathhausgericht in Gefle abgelegten Aussagen der Mannschaft der »Jenny« segelte die letztere bei der fraglichen Gelegenheit mit NNO-Kurs, führte alle Segel mit Ausnahme der Leesegel, hatte etwa 7 Knoten Fortgang, hatte Ausguck und Steuer besetzt, führte die vorgeschriebenen Lichter und gab während des Nebels mittelst eines Horns Nebelsignale. Auf Grund der beiderseitigen Aussagen ist übrigens anzunehmen, dass die von beiden Schiffen gegebenen Nebelsignale wechselseitig von dem anderen Schiffe nicht gehört worden sind.

Von Seiten des »Condor« wurde die »Jenny» zunächst als dunkle Masse, ohne dass gleich ein Licht bemerkt wurde, recht voraus erblickt. Der Steuermann gab dann sofort das Kommando »Backbord-Ruder«, dem er jedoch unmittelbar darauf, als ihm das grüne Licht des Segelschiffes zu Gesicht kam, das Kommando »Hart Steuerbord-Ruder« folgen liess. Das letztgenannte Kommando wurde sofort ausgeführt und das Schiff fiel in Folge dessen 4 bis 5 Strich ab. Bei Fortsetzung dieses Kurses wurde fortwährend das grüne Licht des Segelschiffes gesehen, bis plötzlich kurz vor der Kollision auch das rothe Licht für einen Augenblick sichtbar wurde.

Auf Seiten der »Jenny« wurde nach Aussage der Mannschaft derselben zuerst ein rothes Licht gerade voraus erblickt und darauf

— angeblich in der Annahme, dass es ein Segelschiff sei — das Ruder Backbord gelegt. Als jedoch kurze Zeit darauf ein grünes Licht und das weisse Toplicht sichtbar und gleichzeitig bemerkt wurde, dass das nunmehr als Dampfer erkannte Schiff abfiel, wurde das Kommando »Hart Steuerbord-Ruder« gegeben, unmittelbar darauf erfolgte aber schon der Zusammenstoss.

Der letztere fand in der Weise statt, dass die »Jenny« mit aller Gewalt etwa im rechten Winkel mittschiffs in den »Condor« an Steuerbord-Seite hineinrannte, die Schiffswand zerbrach und in das dritte (von vorn) der 6 vorhandenen Compartments ein ungefähr 6 Fuss breites bis unter die Wasserlinie hinabreichendes Loch einriss. Der grosse Mast stürzte in Folge des Stosses sofort längsseit, während das grösste Boot, das Kapitänszimmer und ein Theil der Kajüte total zertrümmert und sonstiger Schaden angerichtet wurde. Gleich nach der Kollision kamen die Schiffe wieder frei von einander und die »Jenny« verschwand, obwohl der »Condor« sofort gestoppt hatte, nach kurzer Zeit aus dem Gesichtskreise des »Condor«, ohne dass irgend eine Verständigung unter den Schiffen versucht war. Auf dem »Condor« wurden nach stattgehabter Kollision die Pumpen sofort in Gang gebracht, der Leck untersucht und die Boote fertig gemacht, da bei der Grösse des eingerannten Loches ein baldiges Untersinken des Schiffes zu befürchten war. Um etwa 2 Uhr Morgens wurde ein fremder Dampfer, der sich nachher als der schwedische Dampfer »Allegro« herausstellte, erblickt, derselbe kam auf gegebene Nothsignale heran, wurde um Hülfe angegangen, nahm den »Condor« ins Schlepptau und gingen sodann beide Schiffe etwa um 3 Uhr Morgens mit voller Kraft vorwärts, da versucht werden sollte, auf diese Weise Karlskrona zu erreichen. Das Pumpen wurde inzwischen unaufhörlich fortgesetzt, der Dampfer sank jedoch mehr und mehr und war um 9 Uhr Vormittags beinahe ganz voll Wasser und so weit gesunken, dass der Wasserspiegel mit dem Deck etwa in gleicher Höhe war und der Augenblick des Unterganges nahe bevorzustehen schien. Es wurde dieserhalb gestoppt und verliess die Mannschaft sodann mittelst Boote das Schiff und begab sich auf den schwedischen Dampfer. Letzterer blieb noch in der Nähe, bis um 11½ Uhr Vormittags der Untergang des »Condor« erfolgte.

In Betreff der »Jenny« ist noch hervorzuheben, dass dieselbe nach der Kollision eine Zeit lang mit den Segeln back gelegen haben will in der Erwartung, dass der Dampfer zu ihr komme, und dass dieselbe ihrerseits dem Dampfer vorwirft, letzterer habe, sich um ihr Schicksal nicht bekümmernd, die Reise fortgesetzt; dieses Backlegen der Segel seitens der »Jenny« kann aber, da der Dampfer sofort gestoppt hat und darauf längere Zeit auf der Unglücksstätte liegen geblieben ist, eventuell erst dann erfolgt sein, als die »Jenny« sich bereits so weit vom Dampfer entfernt hatte, dass sie für letzteren nicht mehr sichtbar war und auch ihrerseits denselben nicht mehr in Sicht hatte.

Das Seeamt nimmt auf Grund des obigen Thatbestandes an, dass das Schiff »Condor« während des vor und bei der Kollision herrschenden Nebels mit hinreichend gemässigter Fahrgeschwindigkeit gefahren ist, dass ferner auf beiden Schiffen ordnungsmässig Nebelsignale gegeben sind und dass die vorgeschriebenen Lichter auf beiden Schiffen gebrannt haben, ohne dass aufgeklärt worden ist, warum das Toplicht des Dampfers vom Segelschiff nicht früher, insbesondere nicht gleichzeitig mit dem rothen Lichte gesehen worden ist. Kommandobrücke, Ausguck und Ruder des »Condor« sind ordnungsmässig besetzt gewesen, dagegen ist aus den vorliegenden Aussagen der Mannschaft der »Jenny« nicht mit Bestimmtheit ersichtlich, in welcher Weise auf dieser die fraglichen Posten besetzt und ob die Besetzung hinreichend war. Was die zur Anwendung gebrachten Manöver anlangt, so war das zuerst vom Steuermann Rohlfs beim Erblicken des fremden Schiffes gegebene Kommando »Backbord-Ruder« zwar ein falsches, mit Rücksicht darauf, dass sofort nachher das veränderte Kommando »Hart Steuerbord-Ruder« gegeben und zur Ausführung gebracht wurde, ist jedoch anzunehmen, dass das erstgegebene Kommando auf die Kollision von Einfluss nicht gewesen ist. Hingegen war, nachdem das grüne Licht des fremden Schiffes erblickt worden war, das Kommando »Hart Steuerbord-Ruder« durchaus richtig und musste auch der Führer des Dampfschiffes, als er nach Ausführung des Kommandos das grüne Licht des Segelschiffs etwa 4 Strich von vorn an Steuerbord-Seite erblickte, annehmen, dass nunmehr die Schiffe frei an einander vorbeifahren würden und eine Kollision nicht mehr möglich sei. Wenn die letztere trotzdem erfolgte, so hatte dies lediglich in einem falschen Manöver des Segelschiffes seinen Grund, darin nämlich, dass seitens desselben beim Erblicken des Dampfschiffes das Ruder Backbord gelegt wurde, während das Segelschiff verpflichtet war, seinen Kurs ruhig beizubehalten. Die nach der Kollision von Seiten des »Condor« angestellten Rettungsversuche, sowie das Verlassen des Schiffes gaben zu Bemerkungen keine Veranlassung. Ob die »Jenny« in der Lage war, in der Nähe des »Condor« zu bleiben bezw. sich demselben wieder zu nähern und ihm Hülfe anzubieten, ist nicht hinreichend festzustellen, jedenfalls musste man aber auf dem Segelschiffe wissen, dass, nachdem letzteres in so erheblicher Weise in den Dampfer eingerannt war, dieser in Folge seiner Beschädigungen nicht im Stande sein werde, das Segelschiff aufzusuchen, vielmehr selbst der Hülfe bedürftig sei.

183. Spruch des Seeamts zu Stettin vom 24. September 1879, betreffend den Seeunfall des deutschen dreimastigen Schooners „A. B. & Hedwig" von Stettin.

Schiff auf einer am 15. Oktober 1878 angetretenen Reise von Riga nach London verschollen.

In Sachen wegen Untersuchung des Seeunfalles, von welchem vermuthlich im Herbste 1878 das Schiff »A. B. & Hedwig« betroffen worden, hat das Seeamt für festgestellt erachtet:

> dass das Schiff »A. B. & Hedwig« (Unterscheidungs-Signal JDNF) Ende Oktober 1878 an der norwegischen Küste mit der gesammten Besatzung untergegangen ist, über die Ursachen dieses Seeunfalles jedoch Nichts hat ermittelt werden können.

Gründe. Der dreimastige Schooner »A. B. & Hedwig« — JDNF — von Stettin, im Jahre 1875 von Eichenholz auf buchenem Kiel in Kravelart erbaut, zu 3/4 im Eigenthum des Kapitäns Otto Friedrich Witt aus Altwarp segelte unter Führung des letzteren am 15. Oktober 1878 mit einer Ladung Hafer von Riga ab, ging am 20. Oktober 1878 auf der Kopenhagener Rhede zu Anker, erhielt anderen Tags die Ordre, die Ladung nach London zu bringen, ging auch am 21. Oktober 1878, Nachmittags, von Kopenhagen nach London in See, ist dort aber nach Ausweis eines Attestes des Seemannsamtes, d. d. London, den 15. Februar 1879, nicht angekommen und am 21. April 1879 in dem Schiffsregister zu Stettin als verschollen gelöscht.

Klassifizirt war das Schiff im Februar 1876 von dem Germanischen Lloyd auf 10 Jahre in Klasse A I. Versichert war das Schiff zur

Taxe von ℳ. 54000 in Höhe von ℳ. 52500, die Frachtgelder mit ℳ. 5000 und die Ladung, bestehend in 2068 Quarter lose geschüttetem Hafer, mit 1643 £. Der letztere Betrag ist am 15. Januar 1879 gezahlt, die ersteren Beträge sollten am 21. April 1879 gezahlt werden. Ob dieses geschehen, ist nicht bekannt geworden.

Die Besatzung bestand ausser dem Kapitän aus dem Steuermann M. Holznagel aus Stettin, den Matrosen R. Mielke und G. Beise aus Neufahrwasser, dem Koch P. Klotz aus Gelingen, dem Jungmann O. Freimann aus Gollnow, dem Kochsmaat G. A. P. Neumann aus Duchow und dem Kajütswächter A. Sprenger aus Altwarp.

Ueber den Verbleib aller dieser Personen ist trotz polizeilicher Recherchen nichts zu ermitteln gewesen.

Auch ein durch die Ostsee-Zeitung, die Hartungsche Zeitung und die Hamburger Börsenhalle veröffentlicher Aufruf »über den Verbleib des Schiffes und der Besatzung Auskunft zu geben« ist fruchtlos geblieben.

Den einzigen Anhalt über das Schicksal des Schiffes gewährt der Umstand, dass von dem Kapitän J. Olsen, Führer der norwegischen Galeasse »Alfen« am 11. November 1878 in Königsberg i./Pr. eine Schiffskiste abgegeben worden, welche er auf der Reise von Stavanger nach Königsberg etwa zwei Meilen von der norwegischen Küste entfernt gefunden haben will. Dieselbe enthielt verschiedene Gegenstände und Briefe und ist von der Mutter des oben erwähnten zur Schiffsbesatzung gehörigen Kochsmaat G. A. P. Neumann, der jetzt verehelichten Arbeiter Wilhelmine Runow geb. Neumann aus Stettin als ihrem genannten Sohne gehörig anerkannt.

Die zu dem am 24. September 1879 anstehenden Termine an den Schiffer und Steuermann erlassenen Vorladungen sind als unbestellbar zurückgekommen.

Hiernach ist für erwiesen zu erachten, dass das Schiff »A. B. & Hedwig« Ende Oktober 1878 an der norwegischen Küste untergegangen ist und dabei die gesammte Besatzung ihren Tod gefunden hat. Ueber die Ursachen dieses Unfalles hat nichts ermittelt werden können, nur soviel ist mit Sicherheit anzunehmen, dass eine Ueberladung des Schiffes und eine fehlerhafte Stauung der Ladung nicht stattgefunden hat.

184. Spruch des Seeamts zu Stettin vom 24. September 1879, betreffend die Seeunfälle des deutschen dreimastigen Schooners „Genitiv" von Stettin.

Verlust von Masten und Segeln im indischen Ozean. Schiff, im Hafen von Grand Port (Insel Mauritius) vor Anker liegend, auf ein Korallenriff gestossen und in Port Louis kondemnirt.

In Sachen wegen Untersuchung der Seeunfälle, von welchen am 11. Februar und 21. März 1879 das Schiff »Genitiv« betroffen worden, hat das Seeamt seinen Spruch dahin abgegeben:

dass die Seeunfälle, welche das Schiff »Genitiv« (Unterscheidungs-Signal JCGF) im indischen Ozean und im Hafen von Grand Port (Mauritius) betroffen haben, durch heftige plötzliche Stürme verursacht worden sind und dass in Folge der Wirkung des ersteren auf das Schiff das Aufsuchen eines Nothhafens und in Folge der Wirkung beider die Abandonnirung des Schiffes erforderlich war.

Gründe. Der im Jahre 1864 von Eichenholz mit buchenem Kiel in Kravelart erbaute, mit einer Kupferhaut versehene dreimastige Schooner »Genitiv« — JCGF — von Stettin, welcher von dem Germanischen Lloyd im Juni 1878 die Klasse A I auf 2 Jahre erhalten hatte, trat in durchaus seetüchtigem Zustande am 29. Dezember 1878 unter Führung des Kapitäns Otto Kuhse, welcher zu $^{38}/_{50}$ Miteigenthümer des Schiffes war, mit einer Ladung von Kakao, Gummi, Kopal, Muscheln, Rohr, Ebenholz etc. die Reise von Taloena nach Falmouth an. Versichert war das Schiff, soweit bekannt geworden, mit $^{43}/_{50}$ in Höhe von 30 000 ℳ.

Bis zum 3. Januar wehte eine leichte NO-Briese; seit diesem Tage traten starke, nach SO treibende Strömungen ein, welche das Schiff in Sicht von Menado-Tua trieben und bis zum 15. desselben Monats anhielten. An diesem Tage trieb das Schiff mit leichter westlicher Briese in die Macassar-Strasse. Am 24. Januar kam Borneo in Sicht, am 24. Poelo Lavet. Die Insel umsegelnd und in die Java-See kommend, traf das Schiff auf widrige Winde und entgegenlaufende Strömung. Dasselbe wurde deshalb bis zum 30. Januar dicht unter der Küste von Borneo gehalten, dann fuhr es mit WNW-Briese durch die Java-See. Am 1. Februar kamen Pandjang und die Lapoedie-Inseln in Sicht, welche im Osten umsegelt wurden, am 2. Februar wurde ein Lootse für die Bali-Strasse an Bord genommen. Vom 3. bis 6. Februar ankerte das Schiff behufs Einnahme frischer Vorräthe und Wasser bei Banjoewangie, setzte dann mit leichten unbeständigen Winden von SW nach West den Kurs fort und segelte um Mitternacht zum 8. Februar mit westlichem frischen und böigen Winde in den indischen Ozean. Bis zum 10. Februar blieb das gleiche Wetter, nur trat noch eine sehr schwere Dühnung von Süd hinzu. Am 10. Februar wurde der Wind bei bewölktem Himmel heftiger, es wurden deshalb alle leichten Segel festgemacht und ein Reff in die Segel gesteckt. Am Mittag des gedachten Tages befand sich das Schiff in 13° 44′ S. B. und 114° 8′ O. L. Der Wind fuhr mit schweren Böen und Regen und bei schwerer verwirrter See zu wehen fort, so dass das Fahrzeug schwer stampfte. Nachmittags stand das Barometer niedrig, auf 29,60 Zoll engl. Von Mitternacht zum 11. Februar nahm der Wind an Heftigkeit noch zu und das Barometer sank noch tiefer, um 4 Uhr Morgens stand es nur noch auf 29,36 Zoll. Es wurde das obere Topsegel festgemacht und um 6 Uhr Morgens alle Matrosen an Deck gerufen, um die stehenden Segel einzuziehen. Ehe sie aber den Versuch hierzu machen konnten, traf eine furchtbare Boe aus SW das Schiff und warf es auf die Seite. Bevor es gelang, die Topsegel-Leinen gehen zu lassen, brach der Vordermast etwa 12 Zoll über dem Decke ab und fiel über die Backbord-Seite, wobei er die Hauptregeling und das oberste Schanzkleid zerschmetterte und den Klüverbaum und die Gross- und Besahn-Stengen fortführte. Die Stengen gingen gerade durch das Grosssegel und rissen dieses in Stücke. Jetzt richtete sich das Schiff auf, rollte aber sehr und hatte das Deck beständig unter Wasser. Während die Matrosen damit beschäftigt waren, das ganze stehende und an demselben befestigte laufende Geräth fortzuhauen, um so schnell wie möglich von dem über Bord liegenden Tauwerk klar zu kommen, trafen verschiedene schwere Seen das Schiff, welche die Hauptregeling, die oberste Schanzkleidung und 4 Stieper an der Steuerbord-Seite zerschmetterten, die Boote füllten, die Jütten losmachten und die Regelingen an der Backbord-Seite zerbrachen. Die Hauptgewalt des Sturmes hielt jedoch nur bis 8 Uhr Morgens an, dann liess er nach und drehte sich nach W., später nach N. Beim Aufräumen des Decks fand sich, dass die Hauptregeling und die oberste Schanzkleidung von der Vorderseite des vorderen Tauwerks bis zu dem Krahnbalken an der Steuerbord-Seite zerbrochen und weggespült, dass der Backbord-Anker auch fort und der Backbord-Krahnbalken gespalten war. Die Pumpen zeigten eine grosse Menge

Wasser im Schiffe und mussten alle 2 Stunden bedient werden. Zunächst wurde sodann der Grossmast, welcher ohne alle Stage stand, gesichert, hierauf 2 Stage an dem Grosstop befestigt und der Klüver an diesen beiden Stagen gesetzt, auch ein anderes Grosssegel festgemacht und dasselbe einfach gerefft gesetzt. Bis zum 13. Februar blieb der Wind stark und das Wetter unbeständig, an diesem Tage drehte er sich ostwärts. Es war jetzt möglich, eine Noth-Raa an dem Grossmaste anzubringen und ein Bramsegel an demselben zu setzen, indess gehorchte das Schiff nur mit Schwierigkeit dem Steuer. Am 14. Februar befand es sich in 17° 45′ S. B. und 113° 40′ O. L. Das Wetter wurde schön, aber mit einer schweren Dühnung von S. Die Mannschaft beschäftigte sich damit, Tauwerk zu befestigen und das Schiff immer nach SW frei segelnd zu halten. Am 18. Februar fand sich jedoch, dass es in 21° S. B. und 110° 31′ O. L. stand, also die ganze Zeit seit dem Unfalle dem Steuer nicht gehorcht hatte. Es musste deshalb der Basahnmast und das Tauwerk heruntergehauen werden. Seitdem gehorchte das Schiff dem Steuer. Am 19. Februar gelang es, noch eine zweite Raa an dem Grossmast hinaufzuziehen und ein Ober-Topsegel daran zu befestigen, ferner eine von den Gaffeln als Grossstenge hinaufzubringen und an derselben ein Bramsegel zu führen. Mit diesen Segeln und in den Passatwinden war es möglich, das Schiff zu lenken, indem es dicht beim Winde gehalten wurde. Nichtsdestoweniger schien es unzulässig mit ihm in seinem gegenwärtigen untüchtigen Zustande die beabsichtigte Reise fortzusetzen, es wurde deshalb der Kurs westwärts mit ihm gehalten, um womöglich Mauritius zu erreichen. An den Pumpen waren alle 4 Stunden 5 bis 6 Zoll Wasser. Am 20. Februar, Mittags, befand sich das Schiff in 19° 46′ S. B. und 108° 5′ O. L. So ging die Reise bei schönem Wetter ohne weiteren erheblichen Unfall fort, nur am 27. Februar fiel der Zimmermann, welcher an Deck die Wache hatte und auf einem Stuhle sitzend, vermuthlich mit den Händen in den Hosentaschen, schlief, in Folge des Schlingerns des Schiffes vom Hinterdeck, an welchem die Regeling fehlte, hinunter und ertrank, da er nicht schwimmen, ihm auch bei der schnellen Fahrt des Schiffes (5 Knoten) von diesem aus ein Beistand nicht geleistet werden konnte. Am 14. März befand sich das Schiff bereits in 20° 40′ S. B. und 65° 7′ O. L., bekam am 17. März, 3 Uhr Nachmittags, Grand Port-Leuchtthurm in WzN, 12 bis 14 Meilen entfernt, in Sicht, passirte denselben 5 Uhr

45 Minuten Nachmittags in 1/4 Meile Entfernung und ging, nachdem es kurz vorher die Insel La Passe umsegelt hatte, um 6 Uhr Nachmittags auf der inneren Seite der Klippenreihe zu Anker. Dort blieb das Schiff in Quarantäne bis zum 18. März, Nachmittags, liegen, dann ging es mit dem Beistande eines Fischers ungefähr 4 Meilen weiter den Hafen hinauf und dort in 4 Faden Wasser bei schlammigem Grunde zu Anker. Am 19. März reiste der Kapitän nach Port Louis weiter, um den Unfall zu berichten. Am 20. März erhob sich eine starke SO-Briese. Als der Wind um Mittag stärker wurde, wurde ein zweiter Anker ausgeworfen und zu diesem 30 Faden Ankertau ausgesteckt, der Steuerbord-Anker hatte 60 Faden. Am Nachmittage nahm der Wind noch mehr zu und während der ganzen Nacht wehte ein vollständiger Orkan. Es wurden an jedem Anker noch ungefähr 10 Faden Kette ausgesteckt, die Nothraaen heruntergeholt und alle an denselben befestigten Taue abgeschnitten. Das Schiff stampfte fürchterlich, das ganze Deck war eine Masse Schaum. Ein 4 1/2 zölliges Manilla-Tau, welches an dem Steuerbord-Tau befestigt war, um zu verhindern, dass dasselbe bräche, zerriss drei Mal während der Nacht.

Am 21. März blieb dasselbe Wetter, nur ging der Wind mehr nordwärts. Mit diesem Winde stiess das Schiff auf Grund und zwar hart auf eine Korallen-Bank. Dort blieb es 2 Stunden liegen, bis am Nachmittage der Wind mehr und mehr nachliess und es der Schiffsmannschaft gelang, indem sie 15 Faden Kette einholte, das Schiff los zu bekommen.

Am 23. März wurde mit dem Hafenmeister von Port Louis ein Uebereinkommen getroffen, wonach das Schiff durch den Regierungs-Schleppdampfer »Victoria« in den Hafen von Port Louis geschleppt wurde. Dies geschah am 24. März, Vormittags, in der Weise, dass sie den Hafen von Grand Port verliessen, in See gingen, südlich um die Insel fuhren und so eine Entfernung von ungefähr 2 Meilen fortfuhren. Um 7 Uhr Nachmittags erblickten sie das Feuerschiff von Port Louis und ankerten um 8 Uhr Nachmittags auf der Rhede.

Bereits im Hafen von Grand Port am 23. März und später im Hafen von Port Louis am 26. März haben Experten die Beschädigungen des »Genitiv« speziell festgestellt, seinen Werth im jetzigen Zustande auf ungefähr 200 £ und nach Vornahme einer gründlichen Reparatur auf 1 000 £ geschätzt. Da jedoch die Kosten dieser Reparatur nach einem genauen Anschlage der Unternehmer auf

2 400 £ zu stehen kommen sollten, so abandonnirte Kapitän Kuhse das Schiff und liess es öffentlich versteigern, wobei es einen Erlös von 1 720 Rs. brachte.

Hiernach sind die Unfälle, welche den »Genitiv« auf seiner Reise von Taloena nach Falmouth betroffen haben, lediglich elementaren Einflüssen zuzuschreiben, gegen welche es keinen Schutz gab, deren üble Folgen aber der Kapitän Kuhse durch sachgemässes Handeln möglichst wenig schädlich zu machen suchte. Ihn wie den Steuermann treffen bei jenen Unfällen keine Schuld, weshalb denn auch seitens des Reichskommissars von Anträgen auf Konzessionsentziehung ihnen gegenüber Abstand genommen ist.

185. Spruch des Seeamts zu Stralsund vom 27. September 1879, betreffend den Seeunfall des deutschen Schooners „A. von Gadow" von Barth.

Schiff auf einer am 26. September 1878 angetretenen, von St. Petersburg nach London bestimmten, Reise verschollen.

In Untersuchungssachen, betreffend den Seeunfall des Schooners »A. von Gadow« auf der Reise von St. Petersburg nach London im Herbst 1878, hat das Seeamt seinen Spruch dahin abgegeben:

dass zwar anzunehmen, dass das Schiff auf seiner Reise von St. Petersburg nach London, welche es am 26. September 1878 angetreten hat, mit seiner ganzen Bemannung gesunken ist, die Ursachen dieses Seeunfalles jedoch, sowie alle damit zusammenhängenden Thatumstände nicht zu ermitteln sind.

Gründe. Der Schooner »A von Gadow« — JPHW — von Barth, Kapitän R. Köppen, verliess, wie die Briefe des Kapitäns an den Kaufmann Wallis in Barth, welche letzterer vorgelegt hat, ergeben, am 26. September 1878 mit Getreide von St. Petersburg nach London bestimmt, den Hafen von Kronstadt und traf am 7. Oktober in Helsingör ein. Seitdem ist das Schiff verschollen. Nach amtlicher Mittheilung des Kaiserlichen General-Konsuls zu London hat dasselbe seinen Bestimmungshafen London niemals erreicht.

Ein seitens des Seeamts erlassenes Aufgebot hat keinen Erfolg gehabt.

Das Schiff war bei dem Assekuranzverein zu Barth zu 42 000 *M.* taxirt und in Höhe dieser Summe versichert.

Nach Auskunft des Experten der Klassifikations-Gesellschaft »Veritas« ist dem Schiff, welches im Jahre 1877/78 in Barth erbaut worden ist, die erste Klasse 3/3, G. 1. 1. auf 12 Jahre vom August 1878 an ertheilt worden. Dasselbe war bei einem Netto-Raumgehalt von 409,2 Kubikmetern bezw. 144,44 britischen Register-Tons nach Angabe des Kapitäns mit 1309 Tschetwert Weizen beladen.

Die Schiffsmannschaft bestand nach der Musterrolle aus 6 Mann.

Die eingeleitete Untersuchung hat, was die Feststellung der Ursachen des Seeunfalles anlangt, nach Lage der Umstände ein Ergebniss nicht gehabt und war dies, wie geschehen, auszusprechen.

186. Spruch des Seeamts zu Stralsund vom 27. September 1879, betreffend den Seeunfall der deutschen Schoonerbark „Marianne" von Barth.

Schiff auf einer am 1. November 1878 angetretenen, von Cardiff nach Kopenhagen bestimmten, Reise verschollen.

In Untersuchungssachen, betreffend den Seeunfall der Schoonerbark »Marianne« auf der Reise von Cardiff nach Kopenhagen im November 1878, hat das Seeamt seinen Spruch dahin abgegeben:

> dass zwar anzunehmen, dass das Schiff auf seiner Reise von Cardiff nach Kopenhagen, welche es am 1. November 1878 angetreten hat, mit seiner ganzen Bemannung gesunken ist, die Ursachen dieses Seeunfalles jedoch, sowie alle damit zusammenhängenden Thatumstände nicht zu ermitteln sind.

Gründe. Die Schoonerbark »Marianne« — JNBV — von Barth, Kapitän J. C. Jahnke, ist nach Angabe des Korrespondent-Rheders C. A. Beug in Barth und amtlicher Auskunft des Kaiserlichen Konsuls zu Cardiff am 1. November 1878 von dem letztgenannten Orte aus mit einer für Rechnung der Herren Johnasser & Wiener in Sunderland eingenommenen Ladung Kohlen nach Kopenhagen in See gegangen. Das Schiff ist an seinem Bestimmungsorte nicht angekommen, so dass sein Untergang zu vermuthen ist. Diese Vermuthung wird noch unterstützt durch eine Zeitungsnachricht, wonach im November 1878 in der Nordsee eine leere Kiste mit dem eingeschnittenen Namen »J. C. Jahnke« aufgefischt sein soll.

Die nach dem Verbleib des Schiffes angestellten Nachforschungen, insbesondere das von dem Seeamte erlassene öffentliche Aufgebot, sind erfolglos geblieben.

Das Schiff war, bei einem Netto-Raumgehalt von 740,0 Kubikmetern bezw. 261,22 britischen Register-Tons, wie die Vernehmung des Befrachters sowie des Empfängers ergeben hat, mit 363 Tonnen Dampfschiffskohlen befrachtet. Versichert war dasselbe bei dem Assekuranz-Verein zu Barth, nach dessen Auskunft, bei einer Taxe von 44 600 Mark mit 48/60 Part zum Werthe von 17 820 Mark. Bei einem Klassifikations-Institute ist das in den Jahren 1857 und 1858 erbaute Schiff, wie der Korrespondent-Rheder angegeben hat, nicht mehr registrirt gewesen, die Experten der Stettiner Versicherungs-Gesellschaften sollen dasselbe in a 2 klassifizirt haben.

Die Besatzung des Schiffes bestand ausweislich der Musterrollen ausser dem Steuermann aus 7 Mann.

Die eingeleitete Untersuchung über die Ursachen des Seeunfalles hat nach Lage der Umstände ein Ergebniss nicht gehabt und war dies, wie geschehen, auszusprechen.

187. Spruch des Seeamts zu Stralsund vom 27. September 1879, betreffend den Seeunfall der deutschen Brigg „Sweadrup“ von Barth.

Schiff auf einer am 14. Dezember 1878 angetretenen, von Grimsby nach Stettin bestimmten, Reise verschollen.

In Untersuchungssachen, betreffend den Seeunfall des Kauffahrteischiffes »Sweadrup« auf der Reise von Great-Grimsby nach Stettin im Dezember 1878, hat das Seeamt seinen Spruch dahin abgegeben:

> dass zwar anzunehmen, dass das Schiff auf seiner Reise von Great-Grimsby nach Stettin mit seiner ganzen Bemannung gesunken ist, die Ursachen des Seeunfalls jedoch, sowie alle damit zusammenhängenden Thatumstände nicht zu ermitteln sind.

Gründe. Die Brigg »Sweadrup« — JLMT — von Barth, Kapitän Dohrn, hat am 14. Dezember 1878 mit einer Ladung Kohlen nach Stettin bestimmt den Hafen von Grimsby verlassen, wie durch Mittheilung des Korrespondent-Rheders C. A. Beug zu Stralsund sowie durch amtliche Auskunft des Kaiserlichen Konsulats zu Grimsby festgestellt worden ist. Das Schiff hat seinen Bestimmungsort nicht erreicht, auch sind seit seinem Auslaufen aus dem Hafen von Grimsby keine Nachrichten seitens desselben eingegangen. Nach einer Mittheilung des Kaiserlichen General-Konsuls zu Kopenhagen ist am 14. Januar 1879 an der dänischen Küste 3 Meilen nördlich von Frederikshavn ein kleines Kistchen an's Land getrieben, in welchem sich eine Anzahl von Papieren, darunter die Musterrolle des »Sweadrup«, das Schiffer-Certifikat des Kapitäns Dohrn und mehrere Briefe des Korrespondent-Rheders C. A. Beug an den Kapitän Dohrn befunden haben.

Weitere Nachrichten über den Verbleib des Schiffes fehlen. Auch ein von dem Seeamte erlassenes öffentliches Aufgebot ist erfolglos geblieben.

Wie die Vernehmung des Befrachters und des Ladungsempfängers ergeben hat, war das Schiff, welches nach dem Schiffsregister einen Netto-Raumgehalt von $639{,}_{2}$ Kubikmeter bezw. $225{,}_{64}$ britischen Register-Tons hatte, mit 373 Tonnen grosser Steinkohlen, im Werthe von 3 000 ℳ. befrachtet. Versichert war dasselbe bei dem Barther Assekuranz-Verein bei einer Taxe von 27 400 ℳ. zu $^{36}/_{60}$ Part zum Werthe von 16 420 ℳ..

Bei einem Klassifikations-Institute ist das in den Jahren 1856 und 1857 erbaute Schiff nach Angabe des Korrespondent-Rheders nicht mehr registrirt gewesen, die Experten der Stettiner Versicherungsgesellschaften sollen es in a 2/3 klassifizirt haben.

Die eingeleitete Untersuchung behufs Feststellung der Ursachen des Seeunfalles hat ein Ergebniss bei den obwaltenden Umständen nicht gehabt und war dies, wie geschehen, auszusprechen.

188. Spruch des Seeamts zu Stralsund vom 27. September 1879, betreffend den Seeunfall der deutschen Bark „Rosa Böttcher“ von Stralsund.

Strandung und Verlust des Schiffes bei White Rock unweit Tschifu an der chinesischen Küste.

In Untersuchungssachen, betreffend den Seeunfall der Bark »Rosa Böttcher« in der Nähe des Hafens von Tschifu am 22. Januar 1879, hat das Seeamt seinen Spruch dahin abgegeben:

dass der Unfall dadurch veranlasst worden ist, dass einerseits das Schiff in Folge von ungünstiger Witterung und Strömungen versetzt worden ist, andererseits Kapitän und Steuermann wegen der Aehnlichkeit der Küste bei Tschifu-Bluff bezw. NW-Rock und bei White Rock und in Folge des herrschenden Schneetreibens über die Lage des Schiffes sich im Irrthum befanden und in Folge davon statt auf Tschifu-Bluff auf die Küste des Strandungsortes — etwa 16 Seemeilen östlich davon — gesteuert sind und nach Einsicht ihres Irrthums bei dem herrschenden ONO-Winde vom Lande nicht mehr haben freikommen können, — dass denselben jedoch ein Verschulden hierbei nicht zur Last gelegt werden kann, wogegen ihnen, insbesondere dem Kapitän aus der ungenauen und unvorschriftsmässigen Führung des Schiffsjournals ein schwerer Vorwurf erwächst, welcher jedoch die Entziehung der Konzession nicht rechtfertigt.

Gründe. Am 22. Januar 1879 ist die Stralsunder Bark »Rosa Böttcher«, Kapitän J. H. Schultz, in der Nähe des Hafens von Tschifu gestrandet und total verloren. Nach der am 28. Januar bei dem deutschen Konsul von Tschifu abgelegten Verklarung war das Schiff am 31. Dezember 1878 mit Ballast und verschiedenen Papiersorten beladen, mit seiner aus Kapitän, Steuermann, drei deutschen und sechs malayischen Matrosen, einem chinesischen Koch und Jungen bestehenden Besatzung von Futschau ausgesegelt und hatte bis zum 21. Januar gutes Wetter gehabt. An diesem Tage wurde die Luft dick mit Schnee. Der Wind wurde immer stärker, ging mehr nördlich und artete um 12 Uhr Nachts zum Sturme aus. Das Schiff bekam viel Wasser; das Tauwerk wurde völlig mit Eis bedeckt. Bis 4 Uhr Morgens am 22. Januar war ONO, 7 Seem., bei 4 Strich Abtrift gesegelt; —

ebenso von 4 bis 7 Uhr Morgens. Es wurde um West gehalst. Die Luft war jetzt oben klarer. Das Schneetreiben hörte auf. Bis 8 1/2 Uhr wurde NWzW bei 3 Strich Abtrift und 1/2 Knoten Fahrt gesegelt. Es wurde nach Tschifu-Bluff abgehalten. Um 10 1/2 Uhr Morgens kam hohes Land in Sicht, welches man für Tschifu-Bluff hielt. Vor dem Abhalten waren 14 Faden Wasser gelothet. Es wurde abgehalten, um in Tschifu-Hafen einzusegeln; hierdurch dem Lande näher kommend, kam ein Felsen in Sicht, welchen man für NW-Rock hielt. Es wurde OSO gesteuert. Nachdem etwa zehn Minuten gesegelt war, überzeugte man sich, dass man nicht Tschifu-Bluff vor sich haben konnte. Das Schiff bekam in Lee und vorn Brandung. Zum Halsen war es zu spät. Man versuchte, das Schiff so schnell als möglich vor den Wind zu bringen. Die Grossraaen wurden aufgebrasst, damit das Schiff abfallen solle. Noch ehe es aber vor dem Winde war, stiess es 7 bis 8 Mal auf, wurde immer weiter hinauf geschleudert und schien es dann aus der gefährlichsten Brandung hinaus zu sein. Es lag ruhiger, stiess aber bis zwei Uhr Nachmittags. Die Seen gingen über das Schiff, das Wasser wurde sofort zu Eis. Hülfe vom Lande kam nicht. Um 3 Uhr wurde die Brandung durch Fallen des Wassers schwächer. Jetzt verliessen Kapitän und Mannschaften das Schiff und retteten sich an den Strand. Der Wasserstand im Schiffe war nicht festzustellen, die Pumpen waren eingefroren. Am nächsten Morgen bei Tages-Anbruch war niedriges Wasser und geringe Brandung. Man ging wieder an Bord, entfernte das Eis von den Pumpen und fand drei Fuss Wasser im Schiff. Dasselbe stand 7 Fuss im Sande. Der grössere Theil der Mannschaft hatte erfrorene Hände. Die noch arbeitsfähigen Leute retteten nach Möglichkeit die Privat-Effekten. Am 25. Januar kam das chinesische Kanonenboot »Taiau«, brachte Hülfe seitens des Deutschen Konsulats und brachte, nachdem der Surveyor sich von der Unrettbarkeit des Schiffes überzeugt hatte, die Mannschaft nach Tschifu.

Diese Angaben, welche den Hauptinhalt der vom Kapitän und der Mannschaft vor dem Konsulat zu Tschifu am 28. Januar 1879 abgelegten Verklarung bilden, sind durch die Zeugenaussagen des Kapitäns und des Steuermanns bestätigt worden. Der Kapitän, welcher auf Beschluss des Seeamts durch das Kaiserliche Konsulat in Amoy als Zeuge vernommen worden ist, hat sodann in Uebereinstimmung mit den Aufzeichnungen des von ihm überreichten Schiffsjournals und den Angaben des Steuermanns eine genaue Darstellung der von ihm gesteuerten und bezw. gefahrenen Kurse vom Morgen des 21. Januar an, wo er den Leuchtthurm von Schantung in SSW bei einem Abstand von 16 Seemeilen peilte, bis zum 22. Januar, Morgens, gegeben. Nach der von ihm aufgemachten Besteckrechnung befand sich das Schiff am 22. Januar, Morgens um 10½ Uhr, als man hohes Land in Sicht bekam, einige Seemeilen nördlich von Tschifu-Bluff, während es sich thatsächlich etwa 16 Seemeilen weiter östlich befunden haben muss. In dem irrthümlichen Glauben, Tschifu-Bluff vor sich zu haben, wurde der Kapitän noch mehr bestärkt, als er dem Lande näher kommend einen Felsen — offenbar den von White Rock — in Sicht bekam, welchen er bei den obwaltenden Umständen für NW-Rock halten musste, umsomehr als letzterer seiner äusseren Gestalt nach dem Felsen von White Rock sehr ähnlich ist und andererseits die dicke Luft die Aussicht erschwerte. Als man den Irrthum gewahr wurde, war es bei dem heftigen ONO-Winde nicht mehr möglich, vom Lande frei zu kommen.

Diese Umstände waren die Veranlassung der Strandung.

In die Richtigkeit der Zeugenaussagen, auf welchen die gegebene Sachdarstellung beruht, Zweifel zu setzen, lag keine Veranlassung vor. Auffallen musste zwar, dass das Schiffsjournal bei einer übrigens genauen und sorgfältigen Abfassung über die letzte Zeit vor der Strandung — von dem Augenblick an, wo die Küste in Sicht kam, — und insbesondere über die von diesem Augenblicke an gesteuerten Kurse keine oder doch nur ganz ungenügende Auskunft giebt, demzufolge denn auch die Zeugenaussagen hierüber nichts ergeben. Dieser Mangel und insbesondere der Umstand, dass das Schiffsjournal weder vom Kapitän noch vom Steuermann beim Abschluss vollzogen worden ist, gereichen beiden allerdings zum schweren Vorwurf, konnten aber doch die Beweiskraft des Journals und der Zeugenaussagen wenigstens nicht in dem Maasse in Frage stellen, dass diese nunmehr als unglaubwürdig hätten erscheinen sollen.

Hält man aber an der Richtigkeit der obigen Darstellung fest, so wird man, was die Strandung selbst betrifft, weder dem Kapitän noch dem Steuermann ein Verschulden zur Last legen können. Dass die Besteckrechnung nicht mit der in Wirklichkeit zurückgelegten Fahrt übereinstimmte, kann, wenn man den heftigen Sturm und die auch übrigens ungünstige Witterung in Betracht zieht, nicht Wunder nehmen. Eine Versetzung des Schiffes um 16 Seemeilen ostwärts, wie sie thatsächlich stattgefunden hat, ist unter den obwaltenden Umständen und bei den überdies vermuthlich vorhandenen Meeresströmungen nichts Ungewöhnliches. Hieraus und aus der Verwechselung der Küste von White Rock mit der Küste von Tschifu-Bluff und NW-Rock, welche ebenfalls nach Lage der Sache dem Kapitän nicht zum Vorwurf gereichen kann, erklärt sich der Unfall.

Aus diesen Gründen war der seitens des Reichskommissars gegen den Kapitän und Steuermann gerichtete Antrag auf Konzessionsentziehung abzulehnen und der Spruch demgemäss, wie geschehen, zu fällen.

189. Spruch des Seeamts zu Emden vom 27. September 1879, betreffend den Seeunfall der deutschen Tjalk „Hermannus“ von Weener.

Schiff unweit Baltrum plötzlich leck geworden und gesunken, wobei ein Schiffsmann um's Leben kam.

In der seeamtlichen Untersuchungssache, betreffend den Verlust der Tjalk »Hermannus«, hat das Seeamt den folgenden Spruch verkündet:

> Der Verlust des Schiffes »Hermannus« — KFPC —, Kapitän Kramer, von Weener ist auf das hohe Alter des Schiffes zurückzuführen.

Thatbestand. Das zu Weener heimathberechtigt gewesene Schiff »Hermannus« — KFPC —, welches im Jahre 1847 auf der Mammes'schen Schiffswerft zu Papenburg erbaut, zu einem Netto-Raumgehalte von 68,0 cbm = 24,00 britischen Register-Tons vermessen und bei einem Versicherungswerthe von 1 535 M. zu im Ganzen 1 500 M. versichert war, hat in den ersten Tagen des Monats August 1879 zu Weener eine für die Insel Baltrum bestimmte Ladung von Pfählen und Busch eingenommen und ist unter Führung des Schiffers Jan Kramer aus Weener, welcher das Schiff im März 1879 für den Kaufpreis von 975 M. erworben hatte, mit einer Besatzung von im Ganzen zwei Personen am 5. August 1879 von Weener ausgesegelt.

Von der vorbezeichneten Ladung, deren Gesammtgewicht vom Schiffer auf rund zehn Last angegeben ist, waren die Pfähle zunächst unten im Raume verstaut und lag darüber der Busch so hoch, dass derselbe etwa zwei Fuss über Deck hervorragte. Mit dieser Ladung hatte der »Hermannus« nach Angabe des Schiffers einen Tiefgang von vier Fuss bei einer Auswässerung von 1 1/2 bis 1 3/4 Fuss, bei der Einnahme der Ladung hat sich das Schiff nach den Aussagen der dabei beschäftigt gewesenen Arbeiter in dichtem Zustande befunden, und sind auch im übrigen bezüglich seiner Ausrüstung Mängel nicht hervorgetreten.

Nachdem man in der Nacht vom 5./6. August unweit der Knock vor Anker gelegen, bei Fortsetzung der Reise am 6. August aber noch zuletzt unter Norderney lens gepumpt hatte, passirte man Nachmittags um 3 Uhr kurz nach höchster Fluth die in der Wichter Ee zwischen Norderney und Baltrum liegende Boje und war bei gutem Wetter und günstigem Winde im Ansegeln auf Baltrum begriffen, als sich der »Hermannus« plötzlich mit dem Kopfe in's Wasser legte. Der Schiffer, welcher bei der unmittelbaren Nähe der Insel anfänglich hoffte, sein Schiff noch auf den Strand setzen zu können, hatte sich, sobald er sich hatte überzeugen müssen, dass dies nicht mehr angehe, mit seinem Schiffsmann in's Boot geflüchtet und suchte, nachdem dessen Fangleine gelöst war, möglichst vom Schiffe abzukommen. Dieser Versuch missglückte jedoch; vielmehr wurde das Boot, als der »Hermannus« sank, vom Strudel erfasst, schlug um und ist dabei der an Bord befindlich gewesene Schiffsmann um's Leben gekommen, während es dem Schiffer Kramer nach wiederholten vergeblichen Bemühungen endlich gelang, sich in sein Boot, welches sich inzwischen wieder aufgerichtet hatte, zu retten; als derselbe sodann mit dem letzteren nach See zutrieb, wurde er durch ein von der Insel zu Hülfe herbeigekommenes Boot aufgenommen.

Am folgenden Morgen ist sodann noch einiges vom Schiffsinventare geborgen, das Schiff selbst, da es bereits stark voll Sand getrieben war, aufgegeben, von der Ladung aber ein Theil auf der Insel Baltrum angetrieben.

Wegen der Witterungsverhältnisse wird auf den von der Agentur der deutschen Seewarte in Emden eingezogenen Witterungsbericht Bezug genommen.

Entscheidungsgründe. Vom Seeamte ist sodann Folgendes erwogen:

1. Die stattgehabten Verhandlungen bieten zu irgend welchen Zweifeln bezüglich der ordnungsmässigen Ausrüstung des

»Hermannus« beim Antritt seiner letzten Reise überall keine Veranlassung. Ebenso erscheint die Bemannung mit 2 Personen mit Rücksicht auf die Grösse des Schiffes für die beabsichtigte Wattfahrt völlig genügend und lässt sich auch die Beladung desselben weder überhaupt, noch bezüglich des Gewichtes der eingenommenen Ladung, welches selbst noch hinter der durch die Vermessung des Schiffes ermittelten Ladungsfähigkeit desselben zurückblieb, bemängeln.

2. Dagegen ergeben sich aus diesen Verhandlungen bezüglich der Frage, ob die Ursache des eingetretenen Seeunfalls nicht etwa in Mängeln in der Beschaffenheit des Schiffes gesucht werden müsse, nicht bloss erhebliche Bedenken, sondern scheint es selbst einem Zweifel nicht unterliegen zu können, dass der auf der Reise von Weener nach Baltrum entstandene Leck des »Hermannus«, welcher schliesslich dessen Untergang zur Folge hatte, bezüglich dessen es aber auch an allen und jeden Anhaltspunkten mangelt, welche eine anderweite Entstehung zu erklären vermöchten, nur auf die in Folge des durch den vorliegenden Auszug aus dem amtlichen Schiffsregister nachgewiesenen hohen Alters des »Hermannus« bereits eingetretene Lockerung des Schiffsverbandes zurückgeführt werden müsse.

3. Dessen ungeachtet und da insbesondere auch durch die Aussagen der Arbeiter, welche bei dem Verstauen der letzten Ladung des »Hermannus« beschäftigt gewesen sind, nachgewiesen worden ist, dass sich derselbe damals in völlig dichtem Zustande befunden habe, ist indessen anzuerkennen, dass es an jedem Grunde fehlte, welcher dem Schiffer Kramer die von ihm beabsichtigte letzte Reise schon beim Antritt derselben vernünftiger Weise als gefährlich hätte erscheinen lassen können und ist damit selbstverständlich auch jede Verantwortlichkeit des Schiffers in solcher Beziehung ausgeschlossen.

Im übrigen lassen

4. Die stattgehabten Verhandlungen auch darüber keinen Zweifel, dass der fragliche Leck des »Hermannus« ganz plötzlich entstanden sein müsse.

Eben dadurch aber findet es auch wieder seine Erklärung, dass die wirklich eingetretenen Folgen desselben trotz der Nähe der Insel und der Watten nicht haben abgewendet werden können und ist aus allen diesen Gründen so, wie geschehen, erkannt worden.

190. Spruch des Seeamts zu Emden vom 27. September 1879, betreffend den Seeunfall der deutschen Tjalk „Reina Talkea“ von West-Rhauderfehn.

Schiff in der Nordsee leck geworden und bei Borkum gesunken.

In der seeamtlichen Untersuchungssache, betreffend den Verlust des Schiffes »Reina Talkea«, hat das Seeamt folgenden Spruch verkündet:

Der Verlust des Schiffes »Reina Talkea« — KFJW — von West-Rhauderfehn ist auf die Ereignisse der See zurückzuführen.

Thatbestand. Die zu West-Rhauderfehn heimathberechtigt gewesene Tjalk »Reina Talkea« — KFJW —, welche im Jahre 1872/73 auf der Wiese'schen Schiffswerft zu Stickelkamper Fehn erbaut, zu einem Netto-Raumgehalte von 77,8 cbm=27,46 britischen Register-Tons vermessen und bei einem Versicherungswerthe von rund 6 500 ℳ. zu im Ganzen 5 954 ℳ. versichert war, hat am 14. und 15. August 1879 zu Makkum eine für Hamburg bestimmte Ladung Dachpfannen — und zwar 16 000 Stück »gesmoorde« und 10 000 Stück »roode« — eingenommen und ist mit dieser Ladung unter Führung des Schiffers Heike Harms Schier zu Rhaudermoor, der zugleich auch der alleinige Rheder des Schiffes war, am 17. August bei Ameland in See gekommen.

Die Besatzung bestand einschliesslich des Schiffers aus im Ganzen 3 Personen. Mängel bezüglich der Ausrüstung und Beschaffenheit des Schiffes, welches nach seiner Erbauung beim Germanischen Lloyd klassifizirt war und Klasse A I auf die Dauer von 9 Jahren erhalten hatte, auch zuletzt im Juni 1878 zu Stettin durch einen Experten des Lloyd revidirt worden war, sind nicht hervorgetreten, während bezüglich der Schwere der Ladung durch die bei den Abladern unter Vermittelung des Kaiserlichen Vice-Konsulates zu Harlingen eingezogenen Erkundigungen festgestellt ist, dass das Gewicht der einzelnen Dachpfannen nicht vollständig zwei Kilogramm betragen habe. In Uebereinstimmung damit wird vom Schiffer selbst das Gesammtgewicht seiner Ladung auf etwa 100 000 ℔ geschätzt, und giebt der Schiffer ferner an, dass die »Reina Talkea« mit jener Ladung einen Tiefgang von 5¼ Fuss hannoverisch mit einer Auswässerung von 6 Zoll im frischen Wasser gehabt habe.

Nachdem man am Abend des genannten Tages um 6 Uhr die

Ansegelungstonne der Ems passirt hatte, bemerkte der Schiffer nun beim Gebrauche der Pumpen, dass das Schiff, welches schwer arbeitete und viel Wasser über Deck nahm, mehr als gewöhnlich Wasser mache. Trotz angestrengten Pumpens nahm das Wasser so zu, dass die Besatzung nicht mehr lens zu pumpen vermochte und wurde daher vom Schiffer, nachdem er zuvörderst sein Schiff über dem Wasser vergeblich nach einem Leck untersucht hatte, die Nothflagge aufgesetzt. In Folge dessen wurde der »Reina Talkea« zunächst von dem Emder Lootsenschooner »Borkum« Assistenz angeboten. Der Führer des letzteren offerirte namentlich, da er die Lage des bereits bis zum Deck im Wasser liegenden Schiffes für sehr gefährlich erachtete, wiederholt, die Besatzung von Bord zu holen, indessen wollte der Schiffer sein Schiff noch nicht verlassen und ist darauf der Lootsenschooner, da sich auch das gleichfalls auf der Reise von Makkum nach Hamburg begriffene Schiff »Emanuel«, Kapitän Oltmanns von West-Rhauderfehn in der Nähe befand, wieder abgefahren. Die »Reina Talkea« wurde sodann vom »Emanuel« zunächst in's Schlepptau genommen, späterhin auch noch der Versuch gemacht, behufs Stopfens des Leckes ein Segel unterzuziehen, indessen missglückte dieser Versuch und sah sich endlich am Abend um 11½ Uhr die Besatzung der »Reina Talkea« gezwungen, die letztere zu verlassen und sich auf den »Emanuel« zu retten. Noch bevor die Besatzung den »Emanuel« erreicht hatte, ist darauf die »Reina Talkea« gesunken.

Bezüglich der Witterungsverhältnisse ergiebt sich aus dem eingesehenen Journale des Lootsenschooners »Borkum«, dass am Nachmittage und Abend des 17. August 1879 stürmische Witterung mit Regenböen herrschte.

Entscheidungsgründe. Vom Seeamt ist sodann Folgendes erwogen:

1. Die stattgehabte Verhandlung hat überall keine Thatumstände ergeben, welche die Annahme zu rechtfertigen vermöchten, dass der Seeunfall der »Reina Talkea« durch Mängel in der Bauart, Beschaffenheit oder Ausrüstung des Schiffes veranlasst worden sei und ist insbesondere auch die aus 3 Personen bestehende Bemannung mit Rücksicht auf die Grösse des Schiffes für eine völlig ausreichende zu erachten.

2. Dagegen ist andererseits als festgestellt anzusehen, dass das Gesammtgewicht der von der »Reina Talkea« am 14. und 15. August 1879 zu Makkum eingenommenen Ladung von im ganzen 26 000 Stück

Dachpfannen etwa 100 000 ℔ betragen habe und würde unter solchen Umständen und da die »Reina Talkea« ausweislich vorliegenden Auszuges aus dem amtlichen Schiffsregister nur zu einem Netto-Raumgehalte von 77,8 cbm oder 27,46 britischen Register-Tons vermessen war, nach dem durch den § 33 der Schiffsvermessungs-Ordnung vom 5. Juli 1872 festgestellten Verhältnisse zweifellos eine Ueberladung des Schiffes angenommen werden müssen, wenn jenes Verhältniss für die Ladungsfähigkeit eines Schiffes überhaupt als maassgebend gelten könnte. Indessen steht fest, dass das nicht der Fall ist, und muss dann eine Ueberladung des Schiffes nach demjenigen, was über dessen Tiefgang und Auswässerung konstatirt ist, verneint werden. Denn hat der Tiefgang der völlig glaubwürdigen Aussage des Schiffers zufolge 5 1/4 Fuss hannoverisch betragen, was mit dem im Schiffsregister des Germanischen Lloyd, bei welchem die »Reina Talkea« klassifizirt war, auf 5 Fuss englisch angegebenen Tiefgange genau übereinstimmt, und stand diesem Tiefgange im süssen Wasser eine Auswässerung von 6 Zoll gegenüber, die sich später im Salzwasser in gleichem Maasse vergrösserte, wie der Tiefgang sich minderte, so erscheint diese Auswässerung für die »Reina Talkea« als völlig ausreichend. Insbesondere kann die Annahme, dass auf jeden Fuss Tiefgang eine Auswässerung von mindestens 2 Zoll erfordert werden müsse, wenn dieselbe auch für grössere Schiffe richtig sein mag, doch für Schiffe von der Grösse und Bauart der »Reina Talkea« als zutreffend nicht angesehen werden und kommt in solcher Beziehung namentlich auch ferner in Betracht, dass, soweit die Statuten und Versicherungs-Bedingungen der ostfriesischen Assekuranz-Gesellschaften und Kompakte hier bekannt sind und eine bezügliche Bestimmung überhaupt enthalten, von denselben für Schiffe bis 50 bezw. 60 Last auf jeden Fuss Tiefgang nicht mehr als mindestens ein Zoll Auswässerung verlangt wird.

3. Somit ist denn aus der Schwere der zu Makkum eingenommenen Ladung ein Grund zu einem Vorwurfe für den Schiffer Schier in keiner Weise zu entnehmen, im übrigen aber in Uebereinstimmung mit den Ausführungen des Reichskommissars als vollständig nachgewiesen zu erachten, dass die Besatzung der »Reina Talkea«, insbesondere aber der Schiffer selbst, nach dem Leckwerden des Schiffes im vollsten Maasse ihren Pflichten genügt hat, insbesondere keine zur Rettung von Schiff und Ladung für dienstbar zu erachtende Maassregel verabsäumt worden ist und ist aus diesen Gründen so, wie geschehen, erkannt worden.

191. Spruch des Seeamts zu Rostock vom 30. September 1879, betreffend den Zusammenstoss des deutschen Schraubendampfschiffes „Helene Burchard" von Rostock und der norwegischen Bark „Odin".

Zusammenstoss im englischen Kanal zwischen Dungeness und Fécamp. Kaiserliche Verordnung zur Verhütung des Zusammanstossens der Schiffe auf See vom 23. Dezember 1871, Art. 16. Kaiserliche Verordnung über das Verhalten der Schiffer nach einem Zusammenstoss von Schiffen auf See vom 15. August 1876, §§ 1 und 2.

In der Untersuchungssache wegen Kollision des Rostocker Schraubendampfers »Helene Burchard« mit der norwegischen Bark »Odin« giebt das Seeamt seinen Spruch dahin ab:

1. dass die in der Nacht vom 28./29. November 1878 im Kanal erfolgte Kollision dadurch verursacht ist, dass man auf dem Dampfer die Bark erst etwa 2 Minuten vor dem Zusammenstoss bemerkte,
2. dass ein Verschulden an der Kollision niemandem von der Besatzung beider Schiffe beizumessen, und insbesondere
3. auf dem Dampfer vor und nach der Kollision alles geschehen ist, was zur möglichen Abwendung derselben geeignet war und was das Gesetz behufs Verringerung der nachtheiligen Folgen derselben vorschreibt.

Gründe. I. In der Nacht vom 28./29. November 1878 kollidirte im Kanal, zwischen Dungeness und Fécamp, etwa auf 50° 20′ N. B. und 0° 40′ O. L. der Rostocker Schraubendampfer »Helene Burchard« mit der norwegischen Bark »Odin«. Ist zwar keins der genannten beiden Schiffe gesunken, so haben doch beide erhebliche Beschädigungen erlitten und sind die Kosten der Reparatur bei der »Helene Burchard« auf 6 849 frcs. und bei dem »Odin« auf 15 000 frcs. geschätzt worden.

II. Der Dampfer »Helene Burchard« — MCTF — ist im Jahre 1872 zu Gaarden bei Kiel aus Eisen erbaut, 176 Fuss lang, 26 Fuss 6 Zoll breit und 16 Fuss von Kiel zu Deck tief. Er hat 2 Masten und eine Maschine nach dem Compound-System von 70 Pferdekräften, ist vermessen zu 1361,6 cbm oder 480,66 Register-Tons Netto-Raumgehalt und wurde von dem Kapitän Wecker aus Rostock geführt. Seine Mannschaft bestand aus 13 Personen. Er befand sich in der Nacht vom 28./29. November 1878 mit einer Ladung Hafer auf der Reise von Stockholm nach Rouen.

Die norwegische Bark »Odin«, ein Schiff von 416 Register-Tons und geführt vom Kapitän Swen Haraldsen, hatte am 25. November 1878 Havre in Ballast verlassen, um nach Stavanger zu gehen.

III. Der Wind wehte in der Nacht vom 28./29 November sturmartig aus NO, das Wetter war dunkel, aber feuersichtig, die See hoch. Der Dampfer lief mit SW-Kurs unter Dampf und Focksegel 8 Meilen in der Stunde. Der Steuermann, jetzige Kapitän und Führer des Rostocker Dampfers »Concurrent«, Robert Wilhelm Schultz aus Rostock, 42 Jahre alt, hatte mit den Matrosen Adermann, Seidler und Briesemeister die Wache. Schultz, Adermann und Briesemeister standen auf der Kommandobrücke zum Ausguck, Seidler am Ruder. Wie die ersteren drei versichern, haben sie scharf ausgelugt und die an der Kommandobrücke angebrachten Seitenlichter gebrannt, ebenso die Toplaterne. Es mochte etwa 12½ Uhr sein, als sie plötzlich 2½ Strich an Backbord ein grünes Licht auftauchen sahen. Steuermann Schultz schloss aus dem Lichtscheine, dass das fremde Fahrzeug bereits ganz nahe sei und da er der Meinung war, dass die drohende Kollision nur dann vermieden werden könne, wenn es noch gelinge, vor dem Bug des anscheinend nach Norden anliegenden Seglers zu passiren, so lief er an das Ruder, rief dem dort stehenden Seidler »Backbord-Ruder« zu und half ihm das Rad nach Steuerbord drehen. Der Dampfer, welcher gut steuert, luvte denn auch rasch nach Steuerbord auf, so dass das Focksegel back schlug, beschrieb mit dem Vordertheil einen Bogen und strich dicht am Bug eines Segelschiffes vorüber, welches nunmehr vom Dampfer aus als eine nördlichen Kurs haltende Bark erkannt wurde und gleich darauf den Dampfer mit dem Vordersteven mittschiffs an Backbord-Seite anrannte. Der Zusammenstoss war heftig und der Dampfer legte sich kurze Zeit nach Backbord über. Nachdem indess die Bark den letzteren längs Backbord gestreift und einen Theil der Regeling, das Deckhaus mit Kommandobrücke und ein Rettungsboot zertrümmert hatte, kamen beide Schiffe wieder von einander klar. Kapitän Wecker eilte mit den in der Koje befindlichen Leuten gleich nach dem Zusammenstoss an Deck und übernahm selbst das Kommando. Er rief zur Bark hinüber, ob diese beschädigt sei und ob man Assistenz bedürfe. Von dort wurde auch geantwortet, aber des Sturmes halber verstand man auf dem Dampfer die Antwort nicht. Kapitän Wecker liess nun sein Schiff untersuchen und fand, dass auf Backbord-Seite mehrere Platten gebrochen waren und dort die See einlief. Den

Leck zu dichten, wollte nicht gelingen und so wurden die Pumpen in Gang gesetzt. Dann ging der Dampfer langsam hin und her, die Bark im Auge behaltend, welche Nothsignale gab und welche er von allen Seiten umfuhr, sich ihr ebenfalls durch Signale bemerklich machend. Da dieselbe jedoch nicht stark beschädigt zu sein und sich jedenfalls nicht in sinkendem Zustande zu befinden schien, beim Dampfer aber des Pumpens ungeachtet das Wasser im Raume bereits auf 6 Fuss gestiegen war, so setzte dieser gegen 4 Uhr Morgens seine Reise fort, nachdem Kapitän Wecker zuvor noch einem ihm begegnenden Fischerboote zugerufen hatte, dass in der Nähe ein Schiff in Noth sei. Morgens 10 Uhr war er auf dem Revier von Havre, Abends 9 Uhr in Rouen.

Vorstehende Darstellung entspricht den völlig übereinstimmenden Aussagen des Kapitäns Wecker, des Steuermanns Schultz und der Matrosen Adermann, Seidler und Briesemeister. Schultz hat die seinige in der Hauptverhandlung beschworen.

IV. Nach den vom Kapitän und der Mannschaft des »Odin« theils vor dem deutschen Konsulat, theils vor dem Gericht zu Havre, vor letzterem eidlich gemachten Angaben, kreuzte die Bark am 28. November Abends im Kanal gegen einen sturmartigen Wind aus ONO. Nachdem sie so lange SzO gesteuert hatte, wurde sie Abends 8 Uhr mit nördlichem Kurs auf einen anderen Bug gelegt, trieb aber bei dem Sturm nach SW. Die Seitenlichter brannten hell. Kurz vor Mitternacht bemerkte man einen Dampfer, welcher grade auf die Bark los hielt. Man sah, da die Luft, welche früher dick mit Regen gewesen, inzwischen sichtlicher geworden war, dessen weisses Toplicht schon etwa 20 Minuten vor der Kollision, nicht aber dessen Seitenlichter, von denen man das grüne überall nicht, das rothe erst nach der Kollision erblickt haben will. Als der Dampfer auf Rufweite herangekommen war, ohne seinen Kurs zu ändern, suchte man sich auf dem »Odin« demselben durch Schreien bemerklich zu machen und als das nicht half, liess Kapitän Haraldsen das Ruder ganz Backbord legen, während nun auch der Dampfer seinen Kurs nach Norden änderte. Unmittelbar darauf erfolgte der Zusammenstoss, durch welchen der Bark das Bugspriet mit Segeln und allem Zubehör fortgerissen, der Fockmast gebrochen und erheblicher Schade an der Verschanzung zugefügt ward. Vom Dampfer aus fragte man, ob die Bark einen Leck habe, worauf Kapitän Haraldsen entgegnete, er wünsche in's Schlepptau genommen zu werden. Hieraus erfolgte indess keine Antwort, wie die Besatzung des »Odin« meint, weil man auf dem Dampfer des Sturmes halber den Kapitän nicht verstanden hätte. Die Bark machte nach der Kollision etwas mehr Wasser, ohne dass eine unmittelbare Gefahr dadurch entstanden gewesen wäre. Dieselbe war jedoch durch die erlittenen Beschädigungen manövrirunfähig geworden. Der Dampfer, welcher anfangs weiter gefahren war, kehrte auf die Nothsignale der Bark zurück und blieb bis Morgens 3½ Uhr in deren Nähe, setzte dann aber seine Reise fort. Die Bark aber gelangte mit Hülfe eines Fischerbootes, welches sie in's Schlepptau nahm, Abends 8 Uhr glücklich auf der Rhede von Havre an.

V. Wenn nun die Aussagen der Besatzung beider Schiffe im wesentlichen mit einander im Einklange stehen und der Umstand, dass das grüne Seitenlicht der Bark auf dem Dampfer erst etwa 2 Minuten vor der Kollision, das rothe Licht des Dampfers auf der Bark vor der Kollision gar nicht gesehen wurde, seine Erklärung darin findet, dass der Rauch des Dampfers, welcher vom Winde der Bark entgegen getrieben wurde und sich bei der dicken Luft auf dem Wasser hielt, beide Schiffe und ihre betreffenden Seitenlichter einander verbarg, so nimmt das Seeamt als erwiesen an:

1. dass auf beiden Schiffen die Seitenlichter ordnungsmässig brannten,

2. dass auf dem Dampfer sorgfältiger Ausguck gehalten, aber trotzdem das grüne Licht der Bark erst etwa 2 Minuten vor der Kollision gesehen wurde,

3. dass dann ohne Aufenthalt dort dss Kommando »Backbord-Ruder« gegeben und unverzüglich ausgeführt wurde,

4. dass der Dampfer durch die Kollision schwer leck geworden, die Bark dagegen nach derselben nur wenig Wasser mehr gemacht hat,

5. dass man auf dem Dampfer das von der Bark ausgesprochene Verlangen, in's Schlepptau genommen zu werden, des Sturmes halber nicht verstanden und endlich

6. dass der Dampfer seine Reise erst dann fortgesetzt hat, als er bereits 6 Fuss Wasser im Raum hatte.

Nach diesem Beweisergebniss kann es zunächst nicht zweifelhaft sein, dass die Kollision dadurch verursacht wurde, dass man auf dem Dampfer das grüne Licht der Bark zu spät erblickte. Denn der Zeitraum von höchstens 2 Minuten war zu kurz, um in demselben eine genügende Aenderung im Kurse des Dampfers herbeizuführen, welche, wenn die Bark nur wenige Minuten früher von der Besatzung der »Helene Burchard« bemerkt worden, sich unbedingt hätte bewerkstelligen lassen, und dann voraussichtlich von Erfolg begleitet gewesen sein würde.

Sodann wird näher zu untersuchen sein, ob der Dampfer den gesetzlichen Vorschriften gemäss manövrirte, um die drohende Kollision abzuwenden und ob er nach derselben alles that, was das Gesetz zur Verringerung der nachtheiligen Folgen des Zusammenstosses anordnet. In dieser Beziehung kommt

A. zunächst in Betracht die Bestimmung in Artikel 16 des Reichsgesetzes vom 23. Dezember 1871, wonach

> ein Dampfschiff, welches sich einem andern Schiffe in solcher Weise nähert, dass dadurch Gefahr des Zusammenstossens entsteht, seine Fahrt mindern oder, wenn nöthig, stoppen und rückwärts gehen muss.

Im vorliegenden Falle hat der Dampfer keins von beiden gethan, weder seine Fahrt gemindert noch gestoppt und die Maschine rückwärts gehen lassen. Der das Kommando an Deck führende Steuermann erwog, wo er versuchen solle, bei der Bark vorbeizukommen, am Bug oder am Heck und er entschied sich vollkommen richtig für die erstere Alternative. Denn bei der grossen Nähe, in welcher sich bereits beide Schiffe befanden und bei der starken Fahrt, welche der Dampfer hatte, war es unmöglich, noch hinter dem Heck des Seglers frei zu passiren. Selbst wenn der Dampfer gestoppt hätte und die Maschine hätte rückwärts gehen lassen, würde er, zumal bei dem grossen Druck des nicht so schnell zu beseitigenden Focksegels, lediglich die Bark mittschiffs gerammt und voraussichtlich sofort in den Grund gebohrt haben. Andererseits war eine Möglichkeit, die letztere vor dem Bug zu passiren, allerdings vorhanden, wie denn dies Manöver anscheinend auch zum Ziele geführt haben würde, wenn die Entfernung beider Schiffe nur eine etwas grössere gewesen wäre. Dann aber durfte selbstverständlich unter keiner Bedingung die Fahrt gemindert oder gar gestoppt werden, sondern das Manöver konnte nur glücken, wenn es schnell genug auszuführen war, und der Dampfer musste mithin nothwendig in voller Fahrt verbleiben.

B. Nach den §§ 1 und 2 der Kaiserlichen Verordnung vom 15. August 1876 soll

a. nach einem Zusammenstoss der Führer eines jeden der betheiligten Schiffe dem andern Schiffe den erforderlichen Beistand leisten, soweit er dazu ohne erhebliche Gefahr für das eigene

Schiff im Stande ist und so lange bei dem andern Schiffe halten, bis er sich darüber Gewissheit verschafft hat, dass dasselbe keines weiteren Beistandes bedarf, und

b. vor der Fortsetzung der Fahrt jeder Schiffsführer dem anderen den Namen, das Unterscheidungssignal, sowie den Heimaths-, den Abgangs- und den Bestimmungshafen seines Schiffes angeben, wenn er dieser Verpflichtung ohne Gefahr für das letztere genügen kann.

Auch dieser gesetzlichen Vorschrift ist der Führer des Dampfers, soweit es ihm ohne Gefährdung seines Schiffes möglich war, gerecht geworden. Er blieb nach der Kollision drei volle Stunden in der Nähe der Bark, welche er von allen Seiten umfuhr, machte sich derselben durch Signale bemerklich und setzte seine Reise erst dann fort, als er die Ueberzeugung gewonnen, dass die Bark keinen grossen Leck davon getragen habe, des fortwährenden Pumpens ungeachtet bei ihm das Wasser im Raume auf sechs Fuss gestiegen und somit für ihn selbst die Gefahr des Sinkens eine drohende geworden war. Das von der Bark ausgesprochene Verlangen, in das Schlepptau genommen zu werden, hatte man auf dem Dampfer nicht verstanden und ohnehin wäre dasselbe schon deshalb kaum ausführbar gewesen, weil es bei dem Sturm und der hohen See schwerlich gelungen wäre, das Bugsirtau fest zu bekommen. Ein gegenseitiger Austausch von Namen, Unterscheidungs-Signal und Heimaths-, Abgangs- und Bestimmungshafen unter beiden Schiffen endlich war unmöglich, weil die dazu erforderliche Annäherung ihnen hätte verderblich werden müssen.

Nach Vorstehendem haben beide Schiffe vor und nach der Kollision die gesetzlichen Vorschriften, so weit thunlich, erfüllt und es kann nicht behauptet werden, dass Führer oder Mannschaften durch Handlungen oder Unterlassungen den Seeunfall verschuldet haben. Seitens des Reichskommissars ist denn auch gegen keinen der beiderseitigen Schiffer und Steuerleute Patententziehung oder nur ein Tadel beantragt worden.

192. Spruch des Seeamts zu Tönning vom 23. Juli 1879, betreffend den Zusammenstoss des deutschen Evers „Catharina“ von Dornbusch und der niederländischen Tjalk „Kunnechina“ von Groeningen.

Zusammenstoss auf der Eider, verursacht durch unrichtige Führung der Tjalk.

In der Untersuchungssache, betreffend die am 6. Juli 1879 vor Vollerwiek stattgefundene Kollision des deutschen Evers »Catharina« und der niederländischen Tjalk »Kunnechina« hat das Seeamt dahin erkannt:

dass es nicht nachgewiesen sei, dass der Schiffer Eilmann und der Steuermann der »Catharina« durch Handlungen oder Unterlassungen den Unfall oder dessen Folgen verschuldet haben,

dass dagegen ein solches Verschulden dem Kapitän Westerbrink von der niederländischen Tjalk »Kunnechina« beizumessen sei,

dass Mängel in der Bauart, Beschaffenheit, Ausrüstung, Beladung oder Bemannung des Schiffes oder Mängel des Fahrwassers oder der für die Schifffahrt bestimmten Hülfseinrichtungen oder Handlungen bezw. Unterlassungen der zur Handhabung dieser Einrichtungen bestimmten Personen den Unfall oder dessen Folgen nicht herbeigeführt haben,

dass endlich eine Nichtbefolgung der zur Verhütung des Zusammenstossens von Schiffen auf See und der über das Verhalten nach einem solchen Zusammenstossen erlassenen Vorschriften seitens des Kapitäns Eilmann nicht nachgewiesen sei, wogegen die Nichtbefolgung dieser Vorschriften dem Kapitän Westerbrink von der niederländischen Tjalk »Kunnechina« zur Last falle.

Gründe. Durch die stattgehabten Ermittelungen ist festgestellt, dass der deutsche Ever »Catharina«, Kapitän Eilmann aus Dornbusch, welcher eine Ladung Steine von Fehmarn nach der Norderpiep zu bringen hatte und die niederländische Tjalk »Kunnechina«, Kapitän Westerbrink aus Groeningen, mit einer Ladung Brettern von Memel nach Bremen segelnd, nachdem beide Schiffe wegen ungünstigen Windes mehrere Tage auf der Rhede von Tönning gelegen, am Morgen des 6. Juli 1879 die Tönninger Rhede verlassen, und zwar die »Catharina« eine halbe Stunde vor der »Kunnechina«, dass beide Fahrzeuge, um die Eidermündung erreichen zu können, kreuzen mussten und dass in der Nähe von Vollerwiek das Fahrwasser der Eider eine Breite von nur etwa 200 Metern hat, der Ever von der schneller segelnden und leichter belasteten Tjalk überholt und angesegelt wurde. Der Zusammenstoss fand an der bezeichneten Stelle dadurch statt, dass das voraufsegelnde, schwerer beladene Schiff »Catharina«, welches nach seiner Bauart eine geringere Manövrirfähigkeit besass, die beim Kreuzen am südlichen Eiderufer erforderliche Wendung nur langsamer bewerkstelligen konnte, als das unmittelbar ihr folgende Schiff »Kunnechina«, welchem es in Folge seiner Bauart und bei seiner geringeren Belastung möglich war, die Wendung rascher zu bewerkstelligen. Der Zusammenstoss fand in der Weise statt, dass die »Kunnechina« das Schiff »Catharina« an der Backbord-Seite hinter den Besahn-Wanten anrannte, mit dem Bugspriet das Grosssegel durchbohrte und das Heck und die Deckenlagen der Kajüte verschob. Möglicherweise ist durch den Anker, welcher kurz vor dem Zusammenstoss von der »Kunnechina« herunter gelassen wurde, ein Theil der Beschädigungen entstanden. Die »Catharina« ist durch diesen Zusammenstoss derartig beschädigt worden, dass sie seeuntüchtig wurde, durch Pumpen flott gehalten und in den Tönninger Hafen gebracht werden musste. Das niederländische Schiff hat, ohne um den zugefügten Schaden sich zu bekümmern bezw. ohne dem beschädigten Schiff Hülfe zu leisten, sich entfernt.

Hinsichtlich des Orts des Zusammenstossens stehen die Aussagen der Besatzung der »Catharina« und der »Kunnechina« insofern mit einander im Widerspruch, als nach Aussage der Mannschaft der »Catharina« der Zusammenstoss bei der Seetonne No. 20, aber ungefähr in der Mitte des dort übrigens nur etwa 200 Meter breiten Fahrwassers stattgefunden haben soll, während die Mannschaft der »Kunnechina« angiebt, dass der Unfall sich bei der Seetonne No. 22 dicht am südlichen Eiderufer ereignet hat.

Dieser Unterschied in den Aussagen, welcher durch die Untersuchung nicht hat beseitigt werden können, ist übrigens für die Beurtheilung des Falles nicht von schwerer Bedeutung, da bei beiden genannten Seetonnen das Fahrwasser an Breite und Tiefe fast von gleicher Beschaffenheit ist. Ein fernerer durch die Untersuchung nicht zu hebender Widerspruch besteht darin, dass die Besatzung der »Catharina« vor dem Unfall die Besatzung der »Kunnechina« vergeblich gewarnt und auch dieselbe vergeblich um

Hülfe angerufen haben will, während die Besatzung der »Kunnechina« es in Abrede stellt, von der Besatzung des angesegelten Schiffes vorher gewarnt und nachher um Hülfsleistung angegangen zu sein.

Nach den stattgehabten Verhandlungen ist es als erwiesen anzusehen, dass das niederländische Schiff »Kunnechina«, welches leichter beladen und manövrirfähiger war als die schwer beladene »Catharina«, den Zusammenstoss hätte verhindern können, wenn es durch Backlegen oder Mindern der Segel ein Passiren des Schiffes »Catharina« an der engen Stelle des Fahrwassers vermieden hätte. Nachdem das niederländische Schiff dieses unterlassen, hätte es den Zusammenstoss dennoch vermeiden können, wenn es in Berücksichtigung der geringeren Manövrirfähigkeit und des langsameren Fahrens der »Catharina« seinerseits die Wendung gegen Norden verschoben und den Kurs gegen Süden bei dem hierfür günstigeren Wind beibehalten hätte. Der Kapitän des niederländischen Schiffes hätte dieses selbst auf die Gefahr hin thun müssen, dass sein Schiff, welches nach seiner, übrigens von der Besatzung der »Catharina« bestrittenen Aussage zur Zeit des Vorfalles hart an der zur Bezeichnung der südlichen Grenze des Fahrwassers ausgelegten Tonne sich befand, auf den Strand gelaufen wäre. Es wäre letzteres durchaus ungefährlich und von keinen nachtheiligen Folgen für Schiff und Ladung begleitet gewesen, weil das Schiff durch das Aufstauen der Fluth nach Verlauf von etwa fünf Stunden wieder flott geworden sein würde und seine Reise hätte fortsetzen können. Nachdem der Zusammenstoss stattgefunden, hätte der Kapitän Westerbrink anstatt sich mit seinem Schiff zu entfernen, dem beschädigten Schiff zu Hülfe kommen und sich nicht entfernen müssen. Dass derselbe, wie er angiebt, nicht zur Hülfe aufgefordert worden ist, entschuldigt dieses Verfahren nicht; er war vielmehr auch ohne desfälliges Ansuchen verpflichtet, zu bleiben, um sich davon zu überzeugen, ob Hülfe nothwendig war, eventuell hatte er diese zu leisten.

Dem Kapitän und der Mannschaft der »Catharina« ist ein Verschulden an dem Zusammenstoss nicht nachzuweisen. Es hat ein solches demselben auch aus dem Grunde nicht beigemessen werden können, weil der Führer dieses kleineren, schwerer beladenen und nach seiner Bauart weniger manövrirfähigen Schiffes mit Recht annehmen konnte, dass der Führer des hinterher segelnden Schiffes »Kunnechina« ein Passiren seines Schiffes in dem dazu ungünstigen verhältnissmässig schmalen Fahrwasser, wo der Unfall stattfand, vermeiden, dass er aber, falls dieses nicht geschehen, doch wenigstens sein Schiff soweit zurückhalten oder mindestens so wenden werde, dass ein Zusammenstoss mit seinem Schiffe vermieden wurde.

Auch in dem Verhalten der Besatzung des Schiffes »Catharina« nach dem Zusammenstoss ist nichts zu finden, woraus ein Vorwurf für dieselbe herzuleiten sein möchte.

193. Spruch des Seeamts zu Hamburg vom 5. August 1879, betreffend den Zusammenstoss des französischen Dampfschiffes „Margueritte Franchetti" und des deutschen Evers „Emanuel" von Ostendorf.

Bei dem auf der Elbe in dichtem Nebel erfolgten Zusammenstoss kam der Führer des Segelschiffes, welches nicht unbedeutend beschädigt wurde, um's Leben.

In der Nacht vom 14. auf den 15. Juni 1879, etwa eine halbe Stunde nach Mitternacht, kollidirte auf der Elbe etwas abwärts von Brunshausen der elbabwärts gehende französische Dampfer »Margueritte Franchetti«, Kapitän Lemonier, bei dichtem Nebel mit dem gleichfalls elbabwärts treibenden deutschen Ever »Emanuel« — KMSC — von Ostendorf, Schiffer Sticht, bei welchem Zusammenstoss der »Emanuel« eine nicht unbedeutende Beschädigung erhielt und der Schiffer Sticht das Leben verlor.

Durch die seitens des Seeamts eingeleitete Untersuchung ist festgestellt worden, dass die »Margueritte Franchetti« am Abend des 14. Juni bei schönem klaren Wetter ihre Reise von Hamburg nach Havre unter dem Kommando des Lootsen J. F. Heitmann angetreten hatte und ohne besondere Vorfälle bis unterhalb Brunshausen gelangt war, als sich plötzlich vor dem Schiffe auf der Elbe eine dicke Nebelbank zeigte.

Der Lootse beschloss, weil er auf der bisherigen Fahrt eine grosse Anzahl mit der Ebbe stromabwärts treibende Fahrzeuge und verschiedene vor Anker liegende Schiffe passirt und das Vorhandensein weiterer Schiffe stromabwärts anzunehmen Grund hatte, des Nebels halber zu Anker zu gehen. Er liess die Dampfpfeife verschiedene Male ertönen, liess die Maschine sofort langsam gehen und bald darauf stoppen und befahl das Steuer hart Backbord zu legen, um das Schiff in die Ebbe-Strömung zu bringen und so das Zuankergehen des Schiffes zu erleichtern, als der erste Steuermann, welcher auf die Back geeilt war, um das Fallenlassen des Ankers zu beaufsichtigen, plötzlich, nach seiner Schätzung auf etwa 10 Meter Entfernung, einen quer über den Strom liegenden Ever fast gerade vor dem Bug des Dampfers aus dem Nebel auftauchen sah. Die Maschine der »Margueritte Franchetti« wurde sofort auf volle Kraft rückwärts gestellt, wodurch jedoch, da das Schiff seine Fahrt noch nicht vollkommen ausgelaufen hatte, und auch durch die Ebbe stromabwärts getrieben wurde, der Zusammenstoss beider Schiffe nicht mehr verhindert werden konnte. Der Ever erlitt durch den Zusammenstoss eine verhältnissmässig nicht bedeutende Beschädigung über der Wasserlinie, die »Margueritte Franchetti« blieb unversehrt.

Der Ever wurde dann längsseit genommen, in die Nähe des Ufers geschleppt und mit Hülfe eines Bootes vom Dampfer an's Land in Sicherheit gebracht, während der Dampfer zu Anker ging und bis 7 Uhr morgens dort liegen blieb.

Durch die Verhandlung vor dem Seeamte und die Aussagen des Knechtes vom »Emanuel«, wie der Schiffer zweier zur Zeit des Zusammenstosses in der Nähe befindlicher Fahrzeuge, ist festgestellt, dass die »Margueritte Franchetti« die vorschriftsmässigen Seitenlichter und das Toplicht hellbrennend führte und dass dieselbe zu verschiedenen Malen die Dampfpfeife ertönen liess, dass aber der »Emanuel« überhaupt keine Seitenlichter führte und nur im letzten Augenblick vor dem Zusammenstosse eine gross brennende Laterne zeigte.

Der »Emanuel« hatte nach den Aussagen des Knechtes um 8½ Uhr Abends Stade verlassen, um nach der Oste zu segeln, war zwischen 12½ und 1 Uhr auf die Elbe gekommen und erlitt kurz darauf den Zusammenstoss. Es war zu der fraglichen Zeit fast windstill und trieb der Ever mit der Ebbe elbabwärts. Nach der Aussage des Knechtes war er mit dem Schiffer zur Zeit der Kollision bemüht, das Schiff durch Rudern nach der Südseite hinüber zu bringen, um dasselbe dort des starken Nebels halber unter Land zu Anker zu bringen.

An welcher Stelle des Fahrwassers die Kollision stattfand, hat mit Bestimmtheit nicht festgestellt werden können; dass die »Margueritte Franchetti« nicht, wie der Schiffer Mahler behauptet, dicht am Lande in nicht 3 Faden Wasser fuhr, wird durch den Tiefgang des Schiffes von 5,30 Meter widerlegt. Ob aber der Lootse sich im Fahrwasser mehr an der Nord- oder mehr an der Südseite hielt, erscheint bei dem Mangel gesetzlicher Vorschriften in dieser Richtung für die Beurtheilung des Unfalles gleichgültig, da die Besatzung des »Emanuel«, sobald sie sich überhaupt mit ihrem Fahrzeuge im Fahrwasser der Elbe befand, gewärtig sein musste, anderen Schiffen zu begegnen und eventuell auszuweichen und ihrerseits verpflichtet war, den für die Schifffahrt erlassenen speziellen gesetzlichen Vorschriften in jeder Beziehung nachzukommen.

Dies ist seitens der Besatzung des »Emanuel« nicht geschehen, denn es steht durch die Aussagen aller über diesen Punkt befragten Zeugen und auch des Knechtes des »Emanuel« fest, dass der Ever die vorschriftsmässigen Seitenlichter trotz des vorherrschenden dicken Nebels nicht führte, und dass sich erst im letzten Augenblicke vor dem Zusammenstosse Jemand mit einer nichtfarbigen Laterne auf dem Deck des Evers bewegte.

Die Veranlassung des Zusammenstosses scheint durch diese Nachlässigkeit der Mannschaft des »Emanuel« herbeigeführt worden zu sein, durch welche ein früheres Erkennen des Schiffes selbst, und der Lage desselben, für die Mannschaft der »Margueritte Franchetti« unmöglich wurde, eine Nachlässigkeit, welche einen um so grösseren Tadel verdient, als sich der »Emanuel« schon seit längerer Zeit im dichten Nebel befand und ihm bei der herrschenden Windstille die Möglichkeit genommen war, selbst in entscheidender Weise zur Verhütung eines Zusammenstosses mit einem anderen Schiffe beizutragen. Es kann dieses Verfahren unter den denkbar ungünstigsten Witterungsverhältnissen ohne Anwendung der nöthigen Sorgfalt und ohne den gesetzlichen Vorschriften über das Führen der farbigen Seitenlichter nachzukommen, sich in den belebtesten Theilen des Fahrwassers der Elbe zu bewegen, nicht scharf genug gerügt werden.

Von Seiten des Lootsen und der Besatzung der »Margueritte Franchetti« ist in jeder Weise korrekt gehandelt worden und kann das Seeamt denselben einen Vorwurf daraus nicht machen, dass sie keine weiteren Maassnahmen zur Rettung bezw. Auffindung des verunglückten Schiffers des »Emanuel«, Joh. Sticht, ergriffen. Nach den Aussagen des Knechtes stand dieser kurz vor dem Zusammenstosse mit seinem Schiffer hinten auf dem Schiffe, lief dann, um dem scheinbar gegen das Hintertheil des Evers sich richtenden Stosse auszuweichen, nach vorn und sprang, als er sah, dass sein

Schiff beschädigt sei, in das Boot. Er hat den Schiffer während dieser Zeit nicht gesehen, er glaubte wahrgenommen zu haben, dass der Schiffer in die Kajüte hinunter wollte und ist auf sein Verschwinden erst aufmerksam geworden, als er Hülfe von ihm zur Rettung des Evers verlangte, auf sein Rufen keine Antwort erhielt und beim Durchsuchen des Evers den Schiffer nicht fand.

Der erste Steuermann der »Margueritte Franchetti« hat unmittelbar vor dem Zusammenstoss, (man sah den »Emanuel« nach seiner Schätzung auf etwa 10 Meter Entfernung, nach der Schätzung des Lootsen auf etwa eine Schiffslänge Entfernung plötzlich aus dem Nebel auftauchen) zwei Personen auf dem Ever gesehen, den einen vorn, den andern hinten an der Steuerbord-Seite des Schiffes, er hat ferner gesehen, dass der eine Mann von der Besatzung des Emanuel nach dem Zusammenstoss in das Boot sprang und das Tau desselben loszumachen bemüht war, die zweite Person hat er nicht weiter beachtet. Von dem Augenblicke des Zusammenstosses bis zu dem Momente, in welchem man bemerkte, dass der Schiffer fehle, sind nach den übereinstimmenden Aussagen der Zeugen 10 bis 15 Minuten verstrichen, es war inzwischen der Dampfer aus dem »Emanuel« rückwärts herausgegangen und wieder längsseit gekommen.

Das Seeamt hat dem Antrage des Reichskommissars entsprechend in Erwägung genommen, ob dem Lootsen und der Besatzung der »Margueritte Franchetti« aus dem Umstande, dass, als man das Fehlen des Schiffers Sticht bemerkte, keine Versuche zur Rettung desselben gemacht und überhaupt keine Maassregeln zur Auffindung desselben getroffen worden sind, ein Vorwurf zu machen ist; das Seeamt hat hierzu jedoch, nach genauer Prüfung des vorliegenden Materials, keine Veranlassung finden können.

Man hat an Bord der »Margueritte Franchetti« weder Hülferufe des Schiffers Sticht gehört, noch überhaupt erfahren, dass der Besatzung des »Emanuel« ein Unfall zugestossen sein könne, bis der Knecht des »Emanuel« nach Verlauf von 10 Minuten seinen Schiffer suchte und nicht auffinden konnte. Eben so wenig hat der Knecht das Verschwinden seines Schiffers bemerkt. Die von anderen Schiffern gehörten Hülferufe scheinen nach den Aussagen dieser Schiffer jedenfalls nicht von Sticht ausgegangen zu sein, denn der Zeuge Poppe erklärt, dass er mit seinem Boot zu dem getroffenen Schiffe hingegegangen sei, da er Rufen vom letzteren her hörte und an der Stimme den ihm bekannten Knecht des

»Emanuel« erkannte, welcher rief, sein Schiffer sei über Bord, und der Zeuge Mahler, dass der Ever nach dem Ueberfahren auf dem Wasser weiter trieb und der Dampfer in seiner Nähe blieb und dass nach der Beendigung des fraglichen Vorfalles der Knecht des Evers um Hülfe rief. Dieser Zeuge will auch schon vorher Hülferufe von der Mannschaft des Evers gehört haben, doch sind seine Aussagen über diesen Punkt zu unbestimmt, um auf Grund derselben irgend welche Schlüsse zu ziehen.

Alle dem Seeamte bekannt gewordenen Thatsachen rechtfertigen das Unterlassen von Versuchen, den Schiffer Sticht in der Nacht bei Nebel aufzusuchen, wo man wahrscheinlich erst 10 bis 15 Minuten nach dem ihm zugestossenen Unfall von seinem Verschwinden hörte und annehmen durfte, dass doch wenigstens sein eigener Knecht, der sich in seiner unmittelbaren Nähe zur Zeit des Unfalles befunden haben musste, wenn Hülfe noch möglich gewesen wäre, diese ihm geleistet oder die Mannschaft der »Margueritte Franchetti« aufgefordert hätte, die Hülfe zu leisten und seinen Schiffer zu retten.

Demnach giebt das Seeamt seinen Spruch dahin ab:

dass die Ursache des Zusammenstosses der »Margueritte Franchetti« und des »Emanuel« in erster Linie in dem vorherrschenden dicken Nebel zu suchen, der Unfall aber auch dadurch mit herbeigeführt worden ist, dass der »Emanuel« die vorschriftsmässigen Seitenlichter nicht führte,

und

dass dem Lootsen und der Mannschaft der »Margueritte Franchetti« aus der Unterlassung von Versuchen, den Schiffer Sticht aufzufinden und eventuell zu retten, ein Vorwurf nicht zu machen ist.

194. Spruch des Seeamts zu Stralsund vom 2. Oktober 1879, betreffend den Seeunfall der deutschen Bark „Ada“ von Wolgast.

Schiff im atlantischen Ozean leck geworden und auf etwa 35° N. B. und 46° W. L. verlassen.

Das Seeamt hat seinen Spruch dahin abgegeben:

dass der Seeunfall dadurch veranlasst worden ist, dass das Schiff auf der Reise von Almeria nach Philadelphia auf eine nicht zu ermittelnde Weise leck gesprungen ist und die Mannschaft ausser Stande war, dasselbe lens zu pumpen, dass aber den Kapitän weder an dem Seeunfall eine Schuld trifft, noch aus dem Verlassen des Schiffes ein Vorwurf zu machen ist.

Gründe. Die deutsche Bark »Ada« — JHQB — von Wolgast, Kapitän Doerschlag, ging am 24. November 1878 in Ballast von Philippeville in Algerien nach Philadelphia in See. Nachdem das Schiff nahe 2 Monate im mittelländischen Meere umhergetrieben war, ging es auf der Rhede von Almeria zu Anker, um Proviant und Wasser zu nehmen. Des stürmischen Wetters wegen konnte die Weiterreise erst am 19. Februar 1879 angetreten werden. Am 3. März passirte man Gibraltar. Bis zum 1. April ereignete sich nichts Sonderliches. An diesem Tage erhob sich ein heftiger Sturm, welcher mit mehr oder weniger Unterbrechung bis zum 4. April andauerte. Am 2. April war der Sturm sehr stark, man machte sämmtliche Segel fest und lag vor dem Winde. Die See ging hoch, das Schiff arbeitete sehr heftig. Fast den ganzen Tag wurde mit der gesammten Besatzung gepumpt, trotzdem gelang es nicht, das Schiff lens zu bekommen. Der Ballast war über den ganzen Raum gewaschen. Sobald das Schiff überholte, stürzte das Wasser überall aus dem Garnir heraus zwischen den Ballast. Da das Wasser immer mehr zunahm und demnach das Schlimmste zu befürchten stand, berathschlagte der Kapitän mit dem Steuermann, Koch und Zimmermann, was zu thun sei; man einigte sich, sobald ein Schiff in Sicht käme, abzuhalten und die »Ada« zu verlassen. Am 4. April klärte sich das Wetter etwas auf, man setzte mehr Segel und steuerte auf dem Parallel von 35° N. B. Fortwährend wurde mit der ganzen Besatzung gepumpt, aber ohne Erfolg. Der Kapitän untersuchte den ganzen Raum, konnte aber einen Leck nicht entdecken. Am 6. April, 8 Uhr Morgens, kam ein Schiff in Sicht, man steuerte auf dasselbe zu und zeigte Nothsignale. Nachdem die Mannschaft auf Befragen erklärt hatte, nicht weiter pumpen zu können, begab sich Kapitän Doerschlag an Bord des fremden Schiffes, welches der »Anglo-Normann« aus London war, von New-York nach China bestimmt. Der Kapitän dieses Schiffes, welcher bereits die Mannschaft eines andern verunglückten Schiffes »Johann« an Bord hatte, machte den Vorschlag, Kapitän Doerschlag solle diese Mannschaft nebst Proviant an Bord der »Ada« übernehmen und dann weiter versuchen. Der Kapitän des »Johann« begab sich darauf an Bord der »Ada«, erklärte aber nach Besichtigung des Schiffes, unter keinen Umständen an Bord bleiben zu wollen, da die »Ada« ausser Stande sei, sich zu halten. Um 10 Uhr Morgens wurde darauf die »Ada«, welche 3½ Fuss Wasser im Raum hatte, von der Besatzung verlassen, die sich an Bord des »Anglo-Normann« begab. Man befand sich um diese Zeit in ungefähr 35° N. B. und 46° W. L. Am 7. April kam der britische Dampfer »Delos« in Sicht, welcher demnächst die Mannschaft der »Ada« an Bord nahm und nach New-Orleans brachte.

Diese den wesentlichen Inhalt der Verklarung bildenden Angaben sind in der mündlichen Verhandlung von dem Kapitän Doerschlag, Steuermann Beug, Zimmermann Schmidt und Bootsmann Schultz, welche letztere zur Mannschaft des verunglückten Schiffes gehört haben, zeugeneidlich bestätigt worden.

Es ist durch Zeugenaussagen ferner festgestellt worden, dass das Schiff, welches ausweislich des Schiffsregisters im Jahre 1853 in den Niederlanden erbaut worden ist, vor der letzten Seereise, im Jahre 1878 in Antwerpen einer Reparatur unterworfen worden ist, dass dasselbe vom Büreau Veritas in Klasse 5/6, A. 2. 1. registrirt und bei mehreren niederländischen Versicherungs-Gesellschaften in Höhe von 21 375 Gulden versichert gewesen ist. Die Pumpen des Schiffes sind vor der letzten Reise in Antwerpen neu angeschafft worden und sollen an sich von guter Beschaffenheit gewesen sein. Trotzdem haben dieselben nach übereinstimmender Aussage sämmtlicher Zeugen, insbesondere während der letzten stürmischen Zeit der Reise nicht gut funktionirt, was seinen Grund darin hatte, dass dieselben durch Aufsaugen von Theilen des aus Steinen und Sand bestehenden Ballastes alsbald nach jedesmaligem Gebrauche unklar wurden; sie mussten demzufolge nach kurzer Zeit stets auseinander genommen und gereinigt werden. Durch das Schiffsjournal und die Zeugenaussagen ist ferner festgestellt, dass bereits im Februar — also bevor das Schiff auf der Rhede von Almeria zu Anker ging — die Pumpen verschiedentlich unklar gewesen sind.

Um das Aufsaugen von Unrath zu verhindern, wurden dieselben unten mit einem von dem Schiffszimmermann angefertigten Drahtnetze versehen, eine wesentliche Besserung des Zustandes dadurch jedoch nicht herbeigeführt. An dem letzten Tage vor dem Verlassen des Schiffes arbeitete nur eine Pumpe, während die andere wegen eines Bruches der Stange ausser Betrieb gesetzt war, und auch erstere nur nothdürftig.

Auf Grund dieser thatsächlichen Ermittelungen war der Spruch, wie geschehen, abzugeben.

Ueber die Ursache des Seeunfalles konnte nach Lage der Sache kein Zweifel sein. Derselbe ist dadurch veranlasst, dass das Schiff auf eine nicht zu erklärende Weise leck gesprungen ist.

Was die Schuldfrage anlangt, so ist seitens des Reichskommissars mit Rücksicht auf die mangelhafte Fürsorge für die Instandhaltung der Pumpen insbesondere darauf, dass der Kapitän während er auf der Rhede von Almeria lag, nicht dafür gesorgt habe, dass eine Verstopfung der Pumpen durch Einsaugen von Sand verhindert wurde, der Antrag auf Konzessionsentziehung gegen den Kapitän gestellt worden. Dem Antrage war nicht stattzugeben. Denn selbst durch eine bessere Fürsorge hätten die Pumpen gegen eine Verstopfung schwerlich ganz gesichert werden können. Nimmt man aber selbst an, dass dies möglich war, — vielleicht dadurch, dass der Pumpenraum ringsum abgeschlossen wäre, so dass der Ballast nicht hätte hereingespült werden können, so wird man in dem Unterlassen einer derartigen Vorsichtsmaassregel, welche weder gesetzlich geboten, noch auch bei Kauffahrteischiffen, wie bekannt, üblich ist, nicht ein Verschulden des Kapitäns erblicken können. Derselbe hat die Sorgfalt eines guten Schiffers obwalten lassen, wenn er die in seiner Lage allgemein üblichen Maassregeln beobachtete. Das Verlassen des nicht mehr lens zu erhaltenden Schiffes endlich kann in Anbetracht der Entfernung desselben vom nächsten Lande, welche etwa 1000 Seemeilen betrug, nur gebilligt werden.

195. Spruch des Seeamts zu Stralsund vom 2. Oktober 1879, betreffend den Seeunfall der deutschen Brigg „Charles Kohrsch“ von Stralsund.

Schiff unter Gunfleet in der Themsemündung vom Anker gerissen, gestrandet und wrack geworden.

Das Seeamt hat seinen Spruch dahin abgegeben:

dass der Seeunfall dadurch veranlasst ist, dass das Schiff von Gunfleet-Leuchtthurm der offenen See zu lavirend, durch die Strömung und den herrschenden Ostwind nach Westen versetzt worden ist, und hier, als in Folge des eintretenden dicken Wetters der Leuchtthurm entschwand, keine sicheren Peilungen mehr bekommen konnte,

dass aber eine Schuld an dem Unfall weder den Kapitän noch den Steuermann nachweisbar trifft.

Gründe. Am 25. Juni 1879 ging die Stralsunder Brigg »Charles Kohrsch« — JMTW, — Kapitän Rubarth, von London, wo dieselbe eine Ladung Planken gelöscht hatte, nach Northfleet, um daselbst Kreide nach Riga einzunehmen. Es wurden 350 Tons eingenommen, wodurch das Schiff vorn 12 Fuss 5 Zoll und hinten 12 Fuss 8½ Zoll tief zu liegen kam. Am 1. August, Mittags 12 Uhr, lichtete man die Anker und ging bei flauem Westwinde unter Segel, passirte um 1 Uhr 30 Minuten Nachmittags Gravesend und um 4 Uhr Nachmittags Southend. Abends 7 Uhr drehte sich der Wind nach Osten; der Fluth wegen ging man dicht unter Maplin-Leuchtthurm zu Anker. Am 2. August Morgens 3 Uhr 45 Minuten lichtete man den Anker und kreuzte mit der Ebbe bis 6 Uhr 30 Minuten Morgens, um dann wieder wegen der Fluth zu Anker zu gehen. Gegen Mittag ging man bei frischem NOzO-Winde wieder unter Segel, kreuzte bis 7 Uhr Abends und ankerte dann bei Gunfleet-Leuchtthurm, der bei etwa 1 Seemeile Abstand in NOzO gepeilt wurde. Man gab 35 Faden Kette und hielt Ankerwache. Nach Sonnenuntergang fing es an heftig zu blitzen, der Wind wurde frischer. Plötzlich um 11 Uhr Abends brach die Ankerkette. Die ganze Mannschaft sprang sofort an Deck, half Segel setzen und hievte die Kette ein. Nachdem man um Mitternacht die Kette eingebracht hatte, kreuzte man in kurzen Schlägen mit beiden Marssegeln, Fock, Grosssegel, Briggsegel und Klüver zwischen den Sandbänken, als das Schiff plötzlich, über Steuerbord liegend, gegen 2 Uhr 30 Minuten aufstiess, dann sofort vom Winde abfiel und fest stehen blieb. Die See ging ziemlich hoch und das Schiff stiess heftig auf. Um 3 Uhr Morgens zeigten sich bereits bedeutende Spuren, dass Deck und Masten sich begaben. Das Wasser drang in den Raum ein und die See wusch fortwährend über Deck. Das Schiff legte sich mehr und mehr auf Steuerbord-Seite über und kam immer tiefer. In der Befürchtung, dass dasselbe bei herannahender Fluth ganz unter Wasser kommen würde, sah der Kapitän sich genöthigt, die Boote zur Rettung fertig zu machen. Da das Wasser sehr schnell stieg, gelang es nicht einmal Journal und Schiffspapiere zu retten, in aller Eile musste die Mannschaft in die beiden Boote flüchten, um sich vor dem Ertrinken zu retten. In den Booten dem Lande zurudernd, wurde die Mannschaft am 3. August, Nachmittags 1 Uhr 30 Minuten, von dem britischen Regierungskutter »Active« aufgenommen und demnächst von dem Dampfer »Resolute« nach London gebracht.

Das Schiff ist gänzlich zu Grunde gegangen. Der Kapitän Rubarth hat diese Angaben, welche mit der von ihm und der Mannschaft vor dem deutschen General-Konsulat in London abgelegten Verklarung übereinstimmen, in der mündlichen Verhandlung zeugeneidlich bestätigt.

Das Brechen der Ankerkette, welches augenscheinlich die mittelbare Ursache der Strandung gewesen ist, vermochte derselbe nicht zu erklären, da die Kette seiner Meinung nach in gutem und dauerhaftem Zustande sich befunden hat.

Nachdem das Schiff losgerissen war, suchte der Kapitän, nach Osten lavirend, die offene See zu erreichen. Dies gelang ihm jedoch nicht, vielmehr wurde er seiner Behauptung zufolge durch den herrschenden Ostwind und die durch die hereinbrechende Fluth veranlasste Strömung nach Westen versetzt. Dieser Umstand in Verbindung damit, dass ihm in Folge dicken Wetters später der Leuchtthurm von Gunfleet entschwand, so dass er keine sicheren Peilungen mehr erhalten konnte, waren, wie er behauptet hat, die Veranlassung der Strandung.

Dieser Auffassung war nach Lage der Sache beizupflichten.

Von der Vernehmung des zur Zeit abwesenden Steuermanns konnte abgesehen werden, da von derselben eine weitere Aufklärung der thatsächlichen Verhältnisse nicht zu erwarten war und gegen die Glaubwürdigkeit des Kapitäns keine Bedenken vorlagen.

Eine Schuld an dem Unfall trifft unter diesen Umständen den Kapitän bezw. den Steuermann nicht. Auffällig ist zwar, dass die Ankerkette bei dem nicht übermässig starken Winde und nicht gerade heftigen Seegange brechen konnte, und ist wohl anzunehmen, dass dieselbe nicht in ganz tauglichem Zustande gewesen ist, nachweisbar ist dies jedoch nicht.

196. Spruch des Seeamts zu Brake vom 11. Oktober 1879, betreffend den Seeunfall der deutschen Brigg „R. C. Schumacher" von Brake.

Schiff auf der Reise von Lagos nach dem englischen Kanal verschollen.

Die Brigg »R. C. Schumacher« — NDCL — von Brake, erbaut daselbst im Jahre 1862, war unter Führung des Kapitäns Hinrich Wilh. Lohse aus Oberege Anfangs August 1877 in Lagos. Nach einem Briefe des Kapitäns an den Korrespondent-Rheder vom 6. August 1877 war derselbe im Begriff von Lagos mit einer Ladung Palmkerne u. A. nach dem Kanal für Ordre bestimmt, abzusegeln. Seitdem ist jede Spur von dem Schiffe verschwunden und ist es als verschollen im Schiffsregister gelöscht worden.

Die seeamtliche Untersuchung hat sich in diesem Falle, abgesehen von der Vernehmung des Korrespondent-Rheders, auf Bekanntmachungen in Hamburger und Bremer Zeitungen beschränken müssen, durch welche Alle, die über das Schicksal des Schiffes etwa eine Auskunft geben könnten, zur Anzeige aufgefordert sind. Da auch hierauf während dreimonatiger Frist nichts angezeigt ist, so kann nur ausgesprochen werden:

dass über den Untergang des verschollenen Schiffes »R. C. Schumacher« Nichts hat ermittelt werden können.

197. Spruch des Seeamts zu Bremerhaven vom 11. Oktober 1879, betreffend den Zusammenstoss des deutschen Vollschiffes „Antares" von Bremen und des belgischen Fischerfahrzeuges „Mathilde" von Ostende.

Zusammenstoss in der Nordsee, durch unrichtiges Manöver des Fischerfahrzeuges herbeigeführt, wobei zwei Personen der Besatzung des letzteren um's Leben kamen.

Das Seeamt hat folgenden Spruch verkündet:

In Betreff der dem Seeamt zur Beurtheilung vorliegenden Kollision zwischen dem der Rhederei W. A. Fritze & Co. in Bremen gehörenden Schiffe »Antares« — QDCW — und dem belgischen Fischerfahrzeuge »Mathilde«, welche am 22. September 1878, Abends, in der Nordsee stattfand, herrschen zwischen den Angaben der von dem Seeamte vernommenen Mannschaften des »Antares« einerseits und den in mehreren Verklarungen von Personen der Mannschaft des Fahrzeuges »Mathilde« niedergelegten Aussagen der letzteren andererseits verschiedene nicht unerhebliche Widersprüche.

Nach der Darstellung der Mannschaften des »Antares« waren die näheren Umstände des fraglichen Seeunfalls die folgenden:

Am Abend des bezeichneten Tages wurde schon bald nach 7 Uhr vom »Antares« aus ausser andern Lichtern auch das Licht der »Mathilde« in einer Entfernung von mehreren Seemeilen wahrgenommen und als um 8 Uhr eine Ablösung in der Wache stattfand, wurde bereits der den Ausguck übernehmende Mann von seinem Vorgänger auf das fragliche Licht als zu beachtenden Gegenstand aufmerksam gemacht. Der »Antares« lag zur fraglichen Zeit mit kleinen Segeln — Fock, 3 Untermarssegel, Vorstengen-Stagsegel und voller Besahn — dicht am Winde, verfolgte den Kompasskurs SOzO, rechtweisend OSO$^3/_4$O, führte die vorgeschriebenen Lichter am rechten Platz und hatte durchschnittlich 2 Knoten Fortgang. Das Kommando wurde um 8 Uhr vom Steuermann Nienburg, welcher übrigens schon von 7 Uhr an sich an Deck aufhielt, übernommen, der Ausguck war von der bezeichneten Stunde an durch den Matrosen Müller, das Ruder durch den Segelmacher Uhlhorn besetzt. Die Luft war dunkel, aber gut feuersichtig, es wehte eine mässig frische Briese aus südlicher bis südsüdwestlicher Richtung, die See war ziemlich ruhig.

Als bald nach 7 Uhr das Licht der »Mathilde« zuerst erblickt wurde, war dasselbe etwa 2 Strich in Lee voraus, wobei es schien, als ob beide Schiffe etwa parallelen Kurs liefen. Der Steuermann Nienburg war im Zweifel darüber, ob er das Licht für das eines Mitseglers oder dasjenige eines entgegenkommenden Schiffes halten solle. Derselbe bemerkte jedoch bei den fast unausgesetzt vorgenommenen Peilungen — und diese Wahrnehmung wurde in gleicher Weise sowohl vom Ausguckmann wie auch von einigen anderen Personen der Mannschaft gemacht, — dass sich das Licht nach und nach mehr nach Lee verschob, so dass es sich um 8$^1/_2$ Uhr mindestens 4 Strich und 8 bis 10 Minuten vor der Kollision 5 bis 6 Strich leewärts von dem »Antares« befand. Der Steuermann nahm auf Grund dieser Wahrnehmung an, dass eine Veränderung des Kurses nicht erforderlich sei, vielmehr die Schiffe frei vor einander vorbeigehen würden. Etwa 8 bis 10 Minuten vor der Kollision, als der

Steuermann das fremde Schiff, dessen Segelwerk er als dunkle Masse sah, durch's Fernrohr näher beobachtete, bemerkte er jedoch, dass das Schiff plötzlich seinen Kurs änderte und auf Backbord-Bug liegend scheinbar mit vollen Segeln in rascher Fahrt direkt auf den »Antares« zukam, so dass die Kollision nunmehr unvermeidlich schien. Er befahl jetzt die Fock aufzugeien und die Raaen back zu brassen, der herbeigerufene Kapitän Ruyter gab das Kommando »Ruder hart auf«, während etwa gleichzeitig von der »Mathilde« der Ruf »keep her off« ertönte, die Ausführung des vom Kapitän gegebenen Kommandos war jedoch kaum geschehen und dasselbe noch nicht zur Wirkung gelangt, als die Kollision bereits erfolgte, und zwar in der Weise, dass das Fischerfahrzeug etwa rechtwinklig den Backbord-Bug des »Antares« anrannte und zwischen den Krahnbalken fest gerieth. — Sofort nach der Kollision wurden von der Mannschaft des »Antares« Taue über Bord geworfen, um daran die Besatzung des Fischerfahrzeuges herauf zu ziehen und gelang dies auch bezüglich vier Mann. Von den noch fehlenden zwei Leuten war nichts zu erblicken und darf angenommen werden, dass falls sie noch an Deck der »Mathilde« gewesen wären, man sie erblickt hätte, da das Deck durch eine auf demselben stehende Laterne erhellt war. Auch auf das Rufen sowohl seitens der Mannschaft des »Antares« als seitens der geretteten Leute der »Mathilde« kam keine Antwort. Die Geretteten äusserten in Bezug auf ihre vermissten Kameraden, dass einer derselben bei der Kollision über Bord gefallen, der andre dagegen in die Wanten gelaufen und beim Zusammenstoss durch den Anker des »Antares« gequetscht sei. — Nachdem man sich hinreichend überzeugt hatte, dass auf dem Fischerfahrzeuge Niemand mehr sei und als ferner die Versuche, durch Abstossen von der »Mathilde« frei zu kommen, sich als erfolglos herausgestellt hatten, wurde der Befehl die Wanten der »Mathilde« zu kappen, vom Steuermann gegeben und seitens des Zimmermanns ausgeführt. In Folge dessen kamen dann die Schiffe wieder frei von einander und die »Mathilde« trieb sodann voraus am Klüverbaum des »Antares« vorbei.

Ob die »Mathilde« vor der Kollision an der Kurre gelegen hat, darüber sind die vernommenen Personen von der Mannschaft des »Antares« verschiedener Meinung, die einen glauben dies, die meisten dagegen halten es mit Rücksicht auf die Fahrgeschwindigkeit, welche die Schaluppe hatte, für unwahrscheinlich, gesehen hat keiner etwas davon. Von dem Abbrennen von Flackerfeuern auf der »Mathilde« hat man auf dem »Antares« nichts bemerkt, insbesondere hat auch der am Ausguck stehende Mann nichts davon gesehen, obwohl er seiner Behauptung nach die »Mathilde« unausgesetzt im Auge behalten hat.

Nachdem der »Antares« eine zeitlang auf der Unfallstätte sich aufgehalten hatte, setzte derselbe seine Fahrt fort. Von einer Aufforderung des Führers der »Mathilde«, in der Nähe des letztgenannten Schiffes zu bleiben, wissen die vernommenen Mannschaften des »Antares« nichts. Ein den geretteten Leuten des Fischerfahrzeuges vom Kapitän Ruyter gemachtes Anerbieten, sie wieder an Bord ihres Schiffes zu bringen, wurde abgelehnt, und wurden dieselben dann später an Bord eines anderen Fischerfahrzeuges gesetzt. Aufforderungen des Führers der »Mathilde« an Kapitän Ruyter, behufs Bestreitung der Ueberfahrt 10 £ zu zahlen oder über einen gleichen Betrag einen Schein auszustellen, wurden zurückgewiesen. Eine Erklärung seitens des Kapitäns Ruyter oder einer anderen Person vom »Antares«, dass die Kollision durch letzteren verursacht sei bezw. durch denselben der Schaden erstattet werden solle, soll nach Erklärung der Mannschaft des »Antares« nicht erfolgt sein.

Von der vorstehenden, den Aussagen der Mannschaft des »Antares« entsprechenden Darstellung weichen, wie bereits bemerkt, die Angaben der drei Personen von der Mannschaft der »Mathilde« in den drei Verklarungen derselben in mehrfacher Hinsicht ab. Bezüglich der Verklarungen ist vorab hervorzuheben, dass zuerst eine solche am 24. September 1878 erfolgte und dass dann zunächst am 30. Oktober und darauf am 21. November in Ergänzung der früheren Verklarung neue Verklarungen abgelegt worden sind. Aus dem Inhalt der letzteren sowie auch daraus, dass in dem letzten Nachtrage direkt auf Berichte von dem Kapitän Ruyter Bezug genommen wird, ist nicht unschwer zu erkennen, dass die Nachträge wesentlich zur Widerlegung oder Berichtigung der seitens des Kapitäns Ruyter gegebenen Darstellung des Unfalls dienen sollten.

In der ersten Verklarung geben die drei Fischer an, sie hätten am fraglichen Abend vor dem ausgeworfenen Netze gelegen, als der die Wache habende Mann ein auf die »Mathilde« zufahrendes grosses Schiff erblickt habe; derselbe habe sodann alle Mann an Deck gerufen, es seien, da seitens der »Mathilde«, weil sie vor dem Netze gelegen habe, sonst nichts zur Vermeidung des Zusammenstosses habe geschehen können, Flackerfeuer abgebrannt, das fremde Schiff sei aber immer näher gekommen und nach kaum 15 Minuten sei bereits der Zusammenstoss erfolgt. Ferner wird in dieser Verklarung angegeben, Kapitän Ruyter habe zum Führer der »Mathilde« gesagt, dass er das Licht der letzteren wohl gesehen habe, ihm es jedoch nicht möglich gewesen sei, seinen Kurs zu ändern, weil sein Schiff wegen des schlechten Wetters zu wenig Segel beigesetzt gehabt habe.

In der zweiten Verklarung geben die nämlichen Personen abweichend von den erstgemachten Erklärungen an, dass seitens der »Mathilde«, sobald der »Antares« erblickt sei, unverzüglich das Netztau losgeworfen sei, um die Schaluppe so zu drehen, dass sie mit der Spitze sich gegen das Schiff richte, und auf diese Weise zu vermeiden, dass die »Mathilde« in der Mitte getroffen werde. Ferner wird angegeben, dass das Kappen der Wanten der »Mathilde« von Leuten des »Antares« gleich nach dem Zusammenstoss, als noch Niemand von der »Mathilde« gerettet gewesen sei, vielmehr die ganze Mannschaft noch in den Wanten gesessen habe, erfolgt und die beiden nicht geretteten Leute beim Kappen der Wanten mit diesen über Bord in See gefallen und so verunglückt seien. Sodann soll der Kapitän Ruyter sich auf die an ihn ergangene desfallsige Aufforderung geweigert haben, beizudrehen und bis zum andern Morgen in der Nähe der »Mathilde« zu bleiben, ferner sollen die Leute des »Antares« geäussert haben, dass sie nicht nur das Licht, sondern auch das Flackerfeuer an Bord der »Mathilde« gesehen hätten. Letzteres soll im ganzen drei Mal aufgesteckt sein. Endlich wird in dieser Verklarung noch bemerkt, dass eine heftige Briese aus SSW geweht habe und die See sehr ungestüm gewesen sei.

In der dritten Verklarung wird berichtet, dass die »Mathilde« den Kurs SWzW gehabt habe, abtreibend nach WNW dwarsschiffs das Netz schleppend, und wird sodann hervorgehoben, dass die von Seiten des »Antares« bemerkte Bewegung der Schaluppe dadurch verursacht worden sei, dass, um einen Zusammenstoss an der Mitte des Schiffes zu vermeiden, das Netztau von hinten nach vorn geworfen sei. In Betreff der Zeit, wann letzteres geschehen sei, wird in dieser Verklarung im Gegensatz zu der vorhergegangenen bemerkt, dass es erst, als die Schiffe bereits unmittelbar aneinander gewesen, geschehen sei.

Bezüglich der nach den vorstehend mitgetheilten Angaben von Mannschaften beider Schiffe vorliegenden Widersprüche, kann das Seeamt nicht umhin zu bemerken, dass es, soweit die Aussagen nicht zusammenstimmen, den Aussagen der Mannschaften des »Antares«, welche letzteren hei ihrer Vernehmung einen durchaus glaubwürdigen Eindruck machten, grösseren Glauben als den von der Mannschaft der »Mathilde« abgelegten Verklarungen beilegte, dies namentlich auch deshalb, weil die vorliegenden 3 Verklarungen selbst unter einander hinsichtlich verschiedener Punkte in auffallende Widersprüche gerathen.

Das Seeamt nimmt im übrigen an, dass das Fischerfahrzeug bis kurze Zeit vor der Kollision vor der Kurre gelegen hat, daher am Manövriren gehindert war und dass in Folge dessen erforderlichenfalls die Pflicht auszuweichen, dem »Antares« oblag. — Die Situation war nun die, dass der »Antares«, welcher auf Steuerbord-Halsen mit kleinen Segeln dicht am Winde lag und den Kurs OSO $^3/_4$ O (rechtweisend) bei etwa 2 Knoten Fortgang verfolgte, das weisse Licht des Fischerfahrzeuges zuerst 2 Strich in Lee in ziemlich grosser Entfernung erblickte. Zu dieser Zeit lag für denselben noch gar keine Veranlassung vor, den Kurs zu ändern oder abzuhalten, vielmehr war es vollständig richtig, wenn vorläufig der Kurs beibehalten und das Licht der »Mathilde« fortwährend beobachtet wurde. Wäre nun nach diesen Beobachtungen das Licht des Fischerfahrzeuges immer in derselben Peilung geblieben, so würde das ein sicheres Zeichen gewesen sein, dass bei Fortsetzung des Kurses die Kollision erfolgen würde, und hätte deshalb in diesem Falle die Verpflichtung einer Kursänderung für den »Antares« vorgelegen. Die Beobachtungen ergaben nun aber im Gegentheil, dass das Licht des Fischerfahrzeuges mehr und mehr in Lee zurückging und zwar in solchem Maasse, dass der Steuermann Nienburg vollständig Recht hatte, Kurs zu halten und anzunehmen, dass die Schiffe frei von einander vorübergehen würden. Es würde sogar, nachdem konstatirt worden war, dass das beobachtete Feuer in Lee zurückwich, ein weit gefährlicherer Weg oder vielleicht überhaupt falsch gewesen sein, wenn seitens des »Antares« abgehalten und versucht worden wäre, vor dem fremden Fahrzeuge vorbeizukommen. Es kann auch als sicher angenommen werden, dass die Schiffe frei an einander vorbeigekommen wären, wenn nicht plötzlich seitens des Fischerfahrzeuges ein den Umständen nach falsches Manöver ausgeführt worden wäre. Das Seeamt kann nicht umhin, letzteres anzunehmen, obwohl nicht hinreichend genau aufgeklärt ist, worin dies Manöver bestanden hat, ob nur in dem Herumwerfen des Netztaues oder auch in der Vornahme weiterer Handlungen, welche auf eine Aenderung des Kurses der »Mathilde« von Einfluss waren. Dass dieses Manöver erst im allerletzten Augenblick der grössten Noth erfolgt sei, ist aber jedenfalls mit Rücksicht auf die von den Mannschaften des »Antares« gemachten Depositionen ganz unmöglich, das falsche Manöver muss vielmehr schon früher, etwa 8 bis 10 Minuten vor der Kollision, ausgeführt sein, und scheint es fast, als ob die in der zweiten Verklarung gemachte Angabe, dass sofort nach dem Erblicken des »Antares«, welches beinahe 1/4 Stunde vor der Kollision erfolgt sein soll, die Kurre losgeworfen sei, der Wahrheit näher kommt, mithin schon beinahe 1/4 Stunde vor der Kollision, was mit der Zeitangabe der Mannschaft des »Antares«, 10 Minuten, einigermaassen stimmt, irgend ein Manöver ausgeführt ist, welches den Kurs der Fischerschaluppe änderte und letztere ungefähr direkt auf den »Antares« zuführte. — Dass im letzten Augenblick auf dem »Antares« noch das Kommando zum Abhalten gegeben worden ist, hat auf die Kollision gar keinen Einfluss gehabt, da dies Kommando so unmittelbar vor der Kollision erfolgte, dass es überhaupt nicht mehr zur Wirkung kam.

Das Seeamt ist nach Obigem der Ansicht, dass dem »Antares« eine Schuld an der fraglichen Kollision nicht beizumessen und dem Steuermann Nienburg, welcher das Kommando führte, ein Tadel nicht zu machen, dass vielmehr lediglich in dem falschen Manövriren seitens des Fischerfahrzeuges »Mathilde« die Ursache der Kollision zu befinden ist.

Was das Verhalten nach der Kollision anlangt, so kann das Seeamt der Darstellung der belgischen Fischer, dass die Wanten der »Mathilde« sofort nach der Kollision, während die Mannschaft noch in denselben gesessen habe, gekappt und die zwei vermissten Leute mit den Wanten über Bord gefallen seien, Glauben nicht beimessen, hält vielmehr in dieser Beziehung die durchaus glaubwürdigen Aussagen der Mannschaften des »Antares« für richtig und nimmt auf Grund dieser Aussagen an, dass von Seiten des »Antares« alles geschehen ist, was den Umständen nach zur etwaigen Rettung der beiden Leute noch möglich war.

Auch das weitere Verhalten von Kapitän Ruyter nach der Kollision giebt dem Seeamte zu einem Tadel keine Veranlassung. Dass derselbe den Leuten von der »Mathilde« anbot, sie wieder auf ihr Schiff zu setzen, kann ihm zum Vorwurf nicht gereichen, zumal angenommen werden darf, dass er, falls dies Anerbieten angenommen wäre, mit dem »Antares« bis zum andern Morgen in der Nähe geblieben sein würde. Dass Kapitän Ruyter auf eine an ihn ergangene Aufforderung, die Nacht in der Nähe der »Mathilde« zu bleiben, dies geweigert habe, nimmt das Seeamt nicht als festgestellt an, da die Mannschaft des »Antares« von einer solchen Aufforderung bezw. Weigerung nichts weiss und die entgegenstehende Behauptung der Mannschaft der »Mathilde« mit Rücksicht auf die bereits hervorgehobene Unzuverlässigkeit derselben das Seeamt nicht vom Gegentheil zu überzeugen vermag.

198. Spruch des Seeamts zu Stralsund vom 16. Oktober 1879, betreffend den Seeunfall des deutschen Schooners „Low Poh Jim" von Stralsund.

Schiff auf der Rhede von Santa Ana von den Ankern gerissen, gestrandet und verloren gegangen, Besatzung gerettet.

Das Seeamt hat seinen Spruch dahin abgegeben:

dass die Strandung des Schiffes an der mexikanischen Küste bei Santa Ana durch Naturereignisse herbeigeführt ist,

und den Kapitän eine Schuld an dem Untergang des Schiffes nicht trifft.

Gründe. Der deutsche Schooner »Low Poh Jim« — JNGC — von Stralsund, Kapitän Carl Buuck, ist am 3. Juni 1879 auf der Barre von Santa Ana an der mexikanischen Küste, wo er vor Anker lag, gestrandet und vollständig verloren gegangen.

Nach der vor dem deutschen General-Konsulat in New-York abgelegten Verklarung und dem Schiffsjournal war der Hergang folgender:

Nachdem bereits am 1. Juni das Schiff, auf der Rhede von Santa Ana liegend, von einem heftigen Gewitter zu leiden gehabt hatte, erhob sich am 2. Juni, Vormittags 10 Uhr, eine Bö von WNW. Später drehte sich der Wind nach NW. Um 11 Uhr wurden beide Ankerketten bis auf ihre Enden ausgesteckt, von Backbord 90 Faden und von Steuerbord 75 Faden. Es wehte anhaltend den ganzen Tag bei hoher brechender See. Ebenso die Nacht. Die ganze Mannschaft war die Nacht über an Deck. Die See ging so hoch, dass das Schiff meist unter Wasser lag. Um 5 Uhr Morgens am 3. Juni brach die Steuerbord-Ankerkette.

Um 1 Uhr Mittags strandete das norwegische Schiff »Vickingen«, welches in der Nähe des »Low Poh Jim« lag. Um 5¾ Uhr Abends brach in Folge dreier auf einander folgender heftiger Sturzseen auch die Backbord-Kette des »Low Poh Jim«; man suchte so schnell als möglich Klüver und Stagsegel zu setzen; noch bevor dies aber geschehen konnte, sass das Schiff schon auf dem Strand. Die Besatzung wurde gerettet.

Kapitän Buuck und Steuermann Prehn haben in der mündlichen Verhandlung zeugeneidlich diese Angaben bestätigt.

Nach Lage der Sache kann es keinem Zweifel unterliegen, dass elementare Naturkräfte die Ursache der Strandung waren. Leider ist es keine seltene Erscheinung, dass die an der mexikanischen Küste zu gewissen Zeiten plötzlich und mit grosser Gewalt hereinbrechenden Nordstürme den Untergang der daselbst auf schutzloser Rhede ankernden Schiffe, welche bestimmt sind, Mahagoniholz dort einzunehmen, ja oft der ganzen vor Anker liegenden Flotte herbeizuführen.

Dafür, dass im vorliegenden Falle den Kapitän ein Verschulden an dem Unfall träfe, liegen keinerlei Anhaltspunkte vor. Der zu erhebende Vorwurf, dass das Schiff an so gefährlicher Stelle überhaupt zu Anker gegangen ist, kann nicht dem Kapitän gemacht werden, um so weniger, als derselbe in einer Jahreszeit dort ankerte, wo die Nordstürme in der Regel nicht mehr aufzutreten pflegen.

Ein Antrag auf Konzessionsentziehung ist demgemäss auch nicht gestellt und war daher der seeamtliche Spruch, wie geschehen, abzugeben.

199. Spruch des Seeamts zu Stralsund vom 16. Oktober 1879, betreffend den Seeunfall der deutschen Bark „Malwina Schütt“ von Stralsund.

Schiff auf der Rhede von Santa Ana von den Ankern gerissen, gestrandet und verloren gegangen, Besatzung gerettet.

Das Seeamt hat seinen Spruch dahin abgegeben:

dass die Strandung des Schiffes an der mexikanischen Küste bei Santa Ana durch Naturereignisse herbeigeführt ist, und den Kapitän eine Schuld daran nicht trifft.

Gründe. Die deutsche Bark »Malwina Schütt« — RCSV — von Stralsund, Kapitän Kroeger, ist am 3. Juni 1879 auf der Barre von Santa Ana an der mexikanischen Küste, wo das Schiff vor Anker lag, gestrandet und völlig verloren gegangen.

Nach der vor dem deutschen General-Konsulat in New-York abgelegten Verklarung und dem Schiffsjournal war der Hergang folgender:

Bereits am 1. Juni, Abends, war, während das Schiff auf der Rhede von Santa Ana lag, der Wind heftig, es gewitterte und die See ging hoch. Am Morgen des 2. wurde es etwas flauer, um 10 Uhr dagegen erhob sich der Wind wieder heftiger aus NW. Um 11 Uhr liess man den Backbord-Anker fallen, und steckte allmählig auf beiden Seiten immer mehr Kette aus, bis dieselbe endlich am Abend ihr Ende erreichte. Am 3. Juni, Morgens, war der Wind sehr heftig bei hoher brechender See. Um 5½ Uhr Morgens sah man die britische Brigg »John Ritzow« von den Ankern losreissen und stranden, um 1 Uhr strandete das norwegische Schiff »Vickingen« und um 5 Uhr Nachmittags der »Low Poh Jim«. Die »Malwina Schütt« hielt sich noch bis Abends 9½ Uhr, als plötzlich drei auf einander folgende Sturzseen beide Ketten brachen.

Das Schiff trieb dem Strande zu. Man setzte so schnell wie möglich die Klüver, schlippte die Ketten, setzte dann Vormarssegel und Fock, aber noch bevor dies geschehen, stiess das Schiff auf den Grund. Zwei Stunden später wurden Gross- und Fockmast gekappt, da das Schiff zu sehr auf die Seite fiel. Am 4. Juni kam die Besatzung an's Land.

Der als Zeuge vernommene Schiffskapitän Kroeger hat diese Angaben in der mündlichen Verhandlung eidlich bestätigt.

Nach Lage der Sache kann es keinem Zweifel unterliegen, dass elementare Naturkräfte die Ursache der Strandung waren.

Leider ist es keine seltene Erscheinung, dass die an der mexikanischen Küste zu gewissen Zeiten plötzlich und mit grosser Gewalt hereinbrechenden Nordstürme den Untergang der daselbst auf schutzloser Rhede ankernden Schiffe, welche die Bestimmung haben, Mahagoniholz dort einzunehmen, ja oft der ganzen vor Anker liegenden Flotte herbeiführen.

Dafür, dass den Kapitän Kroeger ein Verschulden an dem Unfalle träfe, liegen keinerlei Anhaltspunkte vor.

Der zu erhebende Vorwurf, dass das Schiff an so gefährlicher Stelle überhaupt zu Anker gegangen ist, kann nicht dem Kapitän gemacht werden, in vorliegendem Falle um so weniger, als derselbe zu einer Jahreszeit dort ankerte, wo die Nordstürme in der Regel nicht mehr aufzutreten pflegen.

Ein Antrag auf Konzessionsentziehung ist demgemäss auch nicht gestellt und war daher der seeamtliche Spruch, wie geschehen, abzugeben.

200. Spruch des Seeamts zu Bremerhaven vom 17. Oktober 1879, betreffend den Seeunfall der deutschen Bark „Sedan" von Bremen.

Schiff in Port Elizabeth durch Feuer zerstört.

In Sachen, betreffend den Verlust der Bark »Sedan«, Kapitän Stenzel, hat das Seeamt folgenden Spruch verkündet:

Das Schiff »Sedan«, eine vor etwa 2 Jahren auf Wencke's Dock in Bremerhaven erbaute Bark von 834,16 Register-Tons Ladungsfähigkeit, langte, nachdem es am 29. April 1879 den Hafen von London mit einer aus Eisenbahnschienen und kreosotgetränkten Eisenbahnschwellen bestehenden Ladung verlassen hatte, am 4. Juli 1879 in Algoa-Bay (Port Elizabeth) an. Im Laufe der dann folgenden Wochen wurde beim Entlöschen der Ladung gearbeitet, und war man am 26. August hiermit soweit vorgeschritten, dass sich nur noch ein verhältnissmässig geringer Theil der Ladung an Bord befand, welcher, da aus der grossen Luke gelöscht wurde, in die Nähe der letzteren geschafft worden war. Am 26. August war die Mannschaft bis etwa 7 1/2 Uhr Morgens beim Löschen in ein Leichterfahrzeug beschäftigt, wobei die Arbeiten an Deck durch den Obersteuermann Brockhus, die im Raum durch den Untersteuermann Rahe beaufsichtigt wurden. Das Löschen erfolgte in der Weise, dass die Ladung mittels einer Winch aus dem Raum gehoben und ohne das Deck zu berühren in den Leichter hinabgelassen wurde. Geraucht wurde bei der fraglichen Arbeit nicht, auch wurde im Raum kein Licht gebraucht. Nachdem der beladene Leichter vom Schiffe abgelegt hatte, begaben sich die beiden Steuerleute in die zweite Kajüte, die übrigen Mannschaften in das Logis zum Frühstück. — Etwa 1/4 Stunde später wurde plötzlich vom wachehabenden Leichtmatrosen Amos Otto Feuer ausgerufen, worauf sowohl der Kapitän, welcher sich in seiner Kajüte aufgehalten hatte, als die übrige Mannschaft sofort an Deck eilte. Hier schlug ihnen gleich ein so dicker Qualm entgegen, dass man fast nichts mehr sehen und kaum athmen konnte. Der Qualm kam aus der Vorder- und der Gross-Luke. Ein gleich anfangs vom Leichtmatrosen Otto gemachter Versuch die Luken zu schliessen war vergeblich gewesen, da der denselben entströmende Qualm so dick war, dass ein nahes Herankommen an dieselben sich als unmöglich herausstellte. Mit Rücksicht darauf, dass gleich nachdem die Mannschaft an Deck geeilt war, bereits helle Flammen aus den Luken schlugen, und überhaupt das Feuer mit grösster Geschwindigkeit um sich griff, erschien es für die Mannschaft geboten, auf weiter nichts als auf möglichst rasche Rettung ihres Lebens bedacht zu sein. Diese gelang einem Theile vermittelst eines der Schiffsboote, während die übrigen auf fremde Boote, welche vom Lande und von den in der Nähe liegenden übrigen Schiffen zu Hülfe gekommen waren, hinüber kletterten. Vom Schiffsinventar wurde abgesehen vom Chronometer, dem Schiffsjournal und der Medizinkiste nichts gerettet, insbesondere gingen alle Personen der Besatzung ihrer gesammten Effekten verlustig. Ein nach dem Verlassen des Schiffes durch die Mannschaft beabsichtigter Versuch, das Schiff durch Einschlagen eines Loches zum Sinken zu bringen, musste unterbleiben, da dies vom Hafenmeister verboten wurde. Etwa $^{1}/_{4}$ Stunde nach der Entdeckung des Feuers hatte letzeres bereits das ganze Schiff ergriffen und kurze Zeit später begannen bereits die Ketten zu schmelzen. Das Schiff gerieth dann in's Treiben und trieb allmählig der Aussenrhede zu, wo es, nachdem es fast ganz heruntergebrannt war, im Wasser verschwand.

Ueber die Ursachen des Brandes hat niemand von der Mannschaft etwas anzugeben vermocht, doch kann als wahrscheinlich angenommen werden, dass das Feuer an den Eisenbahnschwellen entstanden ist. Hierfür spricht insbesondere auch der Umstand, dass der den Luken entströmende Qualm gleich von Anfang an stark nach Kreosot roch. Auf welche Weise hier aber das Feuer entstanden sein kann, ob etwa in Folge Reibung der — wie hervorgehoben mit Kreosot getränkten — Schwellen oder auf welche andere Art, darüber liegen keinerlei Anhaltspunkte vor.

Das Seeamt hat sich bei obiger Sachlage eine bestimmte Ansicht über die Ursachen der Entstehung des Feuers nicht zu bilden vermocht, insbesondere auch nicht darüber, ob etwa eine Person der Schiffsbesatzung in irgend einer Weise ein Verschulden trifft. Das Verhalten der Mannschaft nach Entdeckung des Feuers giebt dem Seeamt zu Bemerkungen keine Veranlassung.

201. Spruch des Seeamts zu Brake vom 27. Oktober 1879, betreffend den Seeunfall der deutschen Schoonergaliote „Familie“ von Barssel.

Schiff in der Nordsee leck geworden und auf etwa 54° 30′ N. B. und 5° 22′ O. L. aufgegeben.

Die deutsche Schoonergaliote »Familie« — NDMB — von Barssel, Kapitän Joh. Pekeler, Netto-Raumgehalt 216,8 cbm oder 76,54 Register-Tons, erbaut zu Hengsforde im Jahre 1856, welche im alleinigen Eigenthume des genannten Kapitäns stand und bei mehreren Gesellschaften mit zusammen 7177 ℳ. versichert war, hatte am 9., 10. und 11. September 1879 in der Jade Sandballast eingenommen und ging damit am 12. desselben Monats, Morgens, nach Burntisland bestimmt, die Jade hinunter. Das Schiff war in seefähigem Zustande, insbesondere war es bis dahin stets dicht gewesen; klassifizirt war es im August 1876 beim Bureau Veritas in Klasse 5/6, 2. 1. auf 3 Jahre. An dem genannten Tage passirte man Mittags das Feuerschiff »Weser« bei steifer Briese aus SW, Seegang aus WNW; des Stampfens wegen wurde das Bramsegel festgemacht. Am 13. September, Morgens gegen 3 Uhr, bemerkte man, nachdem bei dem Wechsel der Wachen die Pumpen lens geschlagen, Wasser im Schiff, etwa bis zur Höhe des Kielschweins; die Pumpen wurden alsbald durch das Eindringen des Sandes unklar, und trotz aller Anstrengungen, sie von dem Ballast frei zu machen, gelang dies nicht, da der Sand zunehmend unter die Bauchdielen gespült wurde. Als das Wasser zuerst bemerkt wurde, war der Wind SWzS; Schoonersegel und Vorsegel wurden nieder und das Topsegel back geholt, um die Fahrt zu hemmen. Obwohl weder gewendet noch gehalst war, legte das Schiff sich allmählig nach Backbord, luvwärts über. Morgens um 7½ Uhr wurde ein Nothsignal gezeigt und bald darauf kam ein Schiff in Sicht, die »Fenna« aus Warsingsfehn,

Kapitän Krull, auf welches man zuhielt und welches vorläufig in der Nähe zu bleiben versprach. Gegen Mittag schwand jede Aussicht, durch Pumpen das Schiff zu retten; die Besatzung verliess dasselbe und ruderte, nur ihre Kleidungsstücke mitnehmend, an Bord der »Fenna«. Der Kapitän Krull fuhr dann noch mit dem Steuermann der »Familie« auf dieses Schiff zurück und fand es schiefliegend voll Wasser, welches im Raum unter das Deck schlug. Es befand sich damals etwa auf 54° 30′ N. B. und 5° 22′ O. L. Die Besatzung wurde von der »Fenna« mitgenommen und in Leer nach 3 Tagen gelandet. Die »Familie« blieb bis Dunkelwerden in Sicht; am andern Morgen war sie nicht mehr zu sehen.

Der vorstehend dargestellte Hergang wird auf Grund der stattgefundenen Verhandlungen als erwiesen angenommen. Auch die an sich recht auffällige Thatsache, dass das Schiff sich nach dem Eindringen des Wassers allmählig mehr und mehr nach der Luvseite hinübergeneigt hat, als richtig anzunehmen, kann das Seeamt nach den übereinstimmenden Aussagen der Zeugen keinen Anstand nehmen; es wird dies nur erklärt werden können durch die Wirkung des Seegangs bei sehr geringem Segeldrucke. Dass das Schiff gesunken, kann nicht bezweifelt werden. Die Ursache des Leckwerdens hat weiter nicht aufgeklärt werden können, als dass das Alter des Schiffes darauf nicht ohne Einfluss und das Stampfen infolge eines ziemlich hohen Seegangs die nächste Veranlassung war. Dabei ist in Betreff der Ausrüstung des Schiffes ein Mangel nicht hervorgetreten; zu besonderen Maassregeln in dieser Beziehung lag vor der hier fraglichen Reise um so weniger Grund vor, als das Schiff auf den letzten Reisen trotz unbequemer Ladungen, wie Cement und Kohlen, sich stets gut dicht gehalten hatte. Insbesondere, dass die Bauchdielen dem Durchdringen des Sandes nicht Stand gehalten haben, ein Umstand, der allerdings auf den Verlust des Schiffes indirekt eingewirkt hat, begründet keinen Vorwurf gegen die ordnungsmässige Beschaffenheit derselben, wenn man die Feinheit des Jade-Sandes berücksichtigt; sollten sie gegen diesen gedichtet gehalten werden, so würde der dadurch verursachte Aufwand zu dem Erwerbe kleiner Schiffe, wie das hier fragliche, in keinem Verhältniss stehen.

Auch in der Handlungsweise der Besatzung kann eine Ursache des Verlustes des Schiffes nicht gefunden werden. Zwar wäre es nach dem Erachten des Seeamtes richtiger gewesen, nach der Entdeckung des Lecks möglichst rasch zu wenden und den Versuch zu machen, die Küste zu erreichen; aber das Unterlassen dieser Maassregeln kann weder dem Führer des Schiffes zu einem ernstlichen Vorwurf gereichen, noch auch nach den im Laufe des Tages eingetretenen Witterungsverhältnissen als eine Ursache des Unfalles angesehen werden. Ersteres deshalb nicht, weil in den ersten Stunden erklärlicherweise das Augenmerk des Kapitäns sich ausschliesslich darauf richtete, die Pumpen in Ordnung zu bringen, und das Bestreben, dadurch die Rettung des Schiffes zu bewerkstelligen, die Kräfte der im ganzen nur aus 4 Personen bestehenden Besatzung zum vollen in Anspruch nehmen musste. Und dass selbst ein sofortiges Umkehren nach dem Lande zu im vorliegenden Falle nicht von Erfolg gewesen wäre, ist mit Sicherheit anzunehmen, da schon in der zweiten Hälfte des in Rede stehenden Tages Windstille eintrat und auch die »Fenna« noch drei Tage gebrauchte, um ihren Bestimmungsort Leer zu erreichen.

Endlich ist zu erwähnen, dass das Verlassen des Schiffes, wenn es auch nicht unmittelbar vor dem Sinken geschah, doch gerechtfertigt erscheinen muss, weil an eine Rettung desselben nicht mehr zu denken war und die Gefahr eines rascheren Sinkens nahe lag.

Hiernach geht der Spruch dahin:

»Der Verlust des Schiffes »Familie« ist dem nicht genauer aufzuklärenden Leckwerden zuzuschreiben und haben weder Mängel in der Bauart, Beschaffenheit oder Ausrüstung des Schiffes, noch die Handlungsweise der Besatzung zu dem Verluste beigetragen«.

202. Spruch des Seeamts zu Hamburg vom 29. Oktober 1879, betreffend den Seeunfall der deutschen Brigg „Otto" von Hamburg.

Strandung und Verlust des Schiffes bei Kjobe an der Westküste von Jesso.

Die deutsche Brigg »Otto« — RCKD — von Hamburg, Kapitän G. Brolin, von 1 012,7 cbm Brutto- bezw. 964,8 cbm Netto-Raumgehalt, strandete am 22. Mai 1879 auf einer Reise von Schanghai nach Hakodade an der Westküste der Insel Jesso bei dem Dorfe Kjobe in 41° 33′ N. B. und 140° 2′ O. L. und ging total verloren.

Nach Angabe der vom Kapitän, dem Steuermann — einem Deutschen — und dem Zimmermann — einem Norweger — vor dem deutschen Konsul in Yokohama belegten Verklarung war am Morgen des 22. Mai zwischen 9 und 10 Uhr die nahe der Westküste Jesso's gelegene Insel Kosima bei ungefähr 12 Seemeilen Abstand in missweisend ONO gepeilt worden.

Dann hatte das Schiff während des ganzen Tages bei veränderlichen von SO nach SW umgehenden Winden gekreuzt, bis der Kapitän um 6 Uhr Abends den Versuch machte mit SSO-Kurs, nach Angabe des Kapitäns und Zimmermannns, oder mit SzO-Kurs, nach Angabe des Steuermanns in die Tsugarstrasse einzulaufen. Das Wetter war, wie schon seit Vormittag, auch am Abend regnerisch und neblig. Die ganze Mannschaft war auf Deck und hielt scharfen Ausguck. Gegen 9 Uhr, als es etwas sichtiger wurde, bemerkte man plötzlich, dass man dicht an die Küste gerathen war.

Der Kapitän ertheilte sofort Befehl zum Wenden, das Schiff versagte aber die Wendung, und es wurde dann nach Verlauf von 6 bis 7 Minuten und nachdem das Grosssegel beigesetzt war, um dem Schiffe mehr Fahrt zu geben, nochmals der Versuch gemacht über Stag zu gehen, aber wieder ohne Erfolg. Das Schiff hatte sich inzwischen der Küste so sehr genähert, dass es bei dem nunmehr angestellten Versuche zu halsen, bereits auf die Felsen stiess und, indem es sich zwischen zwei Felsen einklemmte, rettungslos festgerieth. Nachdem das Steuerruder gebrochen war und die Besatzung jeden Augenblick befürchten musste, dass das Schiff auseinander brechen werde, flüchtete dieselbe sich auf die Felsen. Das Journal konnte nicht mehr geborgen werden, da die Kajüte bereits unter Wasser stand.

Gegen Mitternacht fielen die Masten über Bord und bald nachher brach das Schiff auseinander.

Die Mannschaft, welche, abgesehen von den oben genannten Personen, aus Chinesen bestand, musste bis 10 Uhr Vormittags am folgenden Tage in gefahrvoller Lage auf den Felsen ausharren und wurde dann durch vom Lande zugeworfene Stricke gerettet. Von der aus 200 Kisten Bier bestehenden Ladung konnte nichts geborgen werden. Auch die sämmtlichen Effekten der Mannschaft gingen verloren. Die Versicherung auf Casco in Höhe von 60 000 ℳ. ist ausbezahlt worden. Der Führer des Schiffes, Kapitän Brolin, war zu $^3/_4$ Part Eigenthümer desselben.

Bei Beurtheilung der Ursachen des Unfalles sah sich das Seeamt, da das Journal verloren ist und die übrige Besatzung zur Verhandlung nicht herangezogen werden konnte, ausschliesslich auf die Angaben der Verklarung und auf die sich im wesentlichen an diese Verklarung anschliessende Aussage des Kapitäns Brolin angewiesen. Die Verklarung wird aber, obschon sie erst nahezu einen Monat nach dem Unfall und lediglich nach dem Gedächtniss abgelegt ist, doch auch hinsichtlich der an dem Tage der Katastrophe gesegelten Kurse, wenigstens im grossen und ganzen glaubwürdig erscheinen müssen, wenn man berücksichtigt, dass die drei Personen, welche Verklarung belegt haben, einzeln vernommen wurden und im wesentlichen übereinstimmend ausgesagt haben.

Das vom Kapitän in der Sitzung des Seeamts aufgemachte Besteck ergab nun als Standort des Schiffes um 9 Uhr Abends des 22. Mai einen nahe der Westküste Nipons gelegenen Punkt, der etwa 40 Seemeilen südlich von dem Orte der Strandung, an welchem der »Otto« sich um 9 Uhr wirklich befand, verschoben ist.

Zur Erklärung der Unrichtigkeit seines Bestecks beruft Kapitän Brolin sich vornehmlich auf eine ihm bis dahin unbekannte, an der dortigen Küste zu der in Frage stehenden Zeit herrschende starke Strömung, welche im Laufe des Tages eine sehr beträchtliche Versetzung seines Fahrzeuges nach Norden bewirkt haben müsse.

Es ist nun aber in Erwägung zu ziehen, dass die bei Aufmachung des Bestecks abgesetzten Kurse, welche auf der Voraussetzung eines an jenem Tage konstant aus etwa südlicher Richtung wehenden Windes beruhen, den wirklich gesegelten Kursen nicht durchaus entsprechen können, da die am fraglichen Tage von Südost nach Südwest umgehenden Winde auf den verschiedenen Schlägen von 10 a. m. bis 10 p. m. ein stets gleichmässiges Anliegen im OzS-Kurs, landwärts, bezw. SWzW-Kurs, seewärts, nicht gestattet haben werden, vielmehr das stets am Winde gehaltene Schiff in Anbetracht dieser Windrichtungen in den Frühstunden auf seinen landwärts gerichteten, in den Nachmittagsstunden auf seinen seewärtigen Kursen mehr nördlich als im Besteck berücksichtigt, angelegen haben muss.

Erwägt man ferner, dass auch der vom Schiffe gemachte Leeweg eine nördliche Abtrift desselben von den angelegenen Kursen bewirkt haben wird, so ergiebt sich, dass Kapitän Brolin, wenn er die an der Westküste von Jesso setzende nördliche Strömung nicht in Rechnung zog, sich am Abend des 22. Mai um 6 Uhr am westlichen Eingange der Tsugarstrasse vermuthen konnte.

Kapitän Brolin hat denn auch in seiner Vernehmung vor dem Seeamte die Annahme, am Eingange der Tsugarstrasse und folglich in zweisellos tiefem Fahrwasser zu stehen, als Rechtfertigung dafür geltend gemacht, dass er am Abend der Katastrophe nicht gelothet habe.

Im hohen Grade auffallend bleibt dann aber der Umstand, wie Kapitän Brolin, wenn er sich Abends um 6 Uhr vor der Tsugarstrasse glaubte und wenn er trotz der eingetretenen Dunkelheit und des nebligen Wetters an jenem Abend noch die Einfahrt in diese Strasse versuchen wollte, zu diesem Zwecke einen der Verklarung zufolge bis zur Zeit der Strandung 9 Uhr eingehaltenen SSO- oder SzO-Kurs einschlagen konnte; denn dieser Kurs musste ihn, wenn er um 6 Uhr schon vor der Tsugarstrasse oder nahe daran stand, mit Gewissheit an dieser Strasse vorüberführen und ihn in bedenkliche Nähe der scharf nach Westen vorspringenden Küste der südlich der Tsugarstrasse belegenen Insel Nipon bringen.

Um so unerklärlicher wird aber dieser Kurs dann, wenn man in Erwägung nimmt, dass Kapitän Brolin bei dem am Abend des 22. Mai wehenden SW-Winde unter der Voraussetzung, dass er zu der Zeit wirklich vor der Tsugarstrasse gestanden hätte, mit NO-Kurs vor dem Winde und getragen von der in die Tsugarstrasse zu jener Jahreszeit von SW nach NO einsetzenden und ihm, wie er selbst erklärt hat, wohlbekannten Strömung in die Strasse einsegeln konnte. Dass Kapitän Brolin einen solchen Kurs am Abend des 22. Mai nicht einschlug, vielmehr sich mit südöstlichem Kurse am Winde hielt, führt aber mit Nothwendigkeit zu der Annahme, dass derselbe zu der fraglichen Zeit eben doch nicht vor dem Eingange der Tsugarstrasse, sondern noch nordwärts von derselben zu sein glaubte, wie er denn auch eine bei weitem nördlichere Position am Abend des 22. Mai vor Einschlagung des südöstlichen Kurses in der That gehabt haben muss. Es wird also anzunehmen sein, dass Kapitän Brolin, obwohl er in der Verhandlung erklärt hat, von einer an der Westküste Jesso's zu der fraglichen Jahreszeit herrschenden, nach Nord oder NO setzenden Strömung nichts gewusst, auch solche Strömung bei den von ihm gesegelten Kursen nicht in Rechnung gezogen zu haben, gleichwohl unter dem Eindrucke gestanden hat, dass eine solche Strömung auf sein Schiff gewirkt und dasselbe im Laufe des Tages in nördlicher Richtung versetzt habe, wenn er sich wohl auch damals keine klare Rechenschaft über Ursache und Wirkung zu geben vermocht hat. Hinleiten musste ihn zu der Annahme einer solchen Versetzung seines Schiffes nach Norden schon der Umstand, dass er um 1 Uhr an dem fraglichen Tage, nachdem er vorher um 10 Uhr die Insel Kosima in ONO gepeilt hatte, nach dreistündiger Fahrt in nahezu Ost-, nach Aussage des Steuermanns in der Verklarung sogar OzS-Kurs, die Küste von Jesso, die er bestimmt als solche und nicht als die von Nipon erklärt haben will, gerade voraus hatte. Eine solche Peilung der Küste von Jesso würde er sich ohne Annahme einer nach Norden erfolgten Versetzung seines Fahrzeuges bei dem von ihm gesegelten östlichen Kurse gar nicht haben erklären können, er würde vielmehr die Küste von Nipon haben gerade voraus sehen müssen. Es wird also mit Bestimmtheit angenommen werden dürfen, dass Kapitän Brolin am Abend des 22. Mai unter dem Eindrucke gestanden hat, dass er im Widerspruche mit dem von ihm gesegelten Besteck sich doch nicht an der südwestlichen Einfahrt zur Tsugarstrasse, sondern beträchtlich nördlich von dieser Einfahrt an der westlichen Küste der Insel Jesso befand. Unter dieser Voraussetzung konnte Kapitän Brolin allerdings von der Annahme ausgehen, dass ihn der am Abend eingeschlagene SSO-Kurs vor den Eingang der Tsugarstrasse bringen würde, und wird Kapitän Brolin wegen dieses Kurses an sich einen Tadel nicht verdienen, wenn es mit Rücksicht auf das neblige Wetter auch vielleicht vorsichtiger gewesen wäre, von einem Versuche, noch in jener Nacht den Eingang zur Strasse zu gewinnen, überall abzustehen und sich mit einem nordwestlichen Kurse mit Sicherheit vom Lande freizuhalten. Glaubte Kapitän Brolin aber mit südöstlichem Kurse anliegen zu sollen, um nicht zu weit von seiner Route abzukommen, so hätte er doch als vorsichtiger Seemann die Gefahren berücksichtigen müssen, welche ein solcher Kurs für sein Schiff möglicherweise herbeiführen konnte und seine Maassnahmen dementsprechend treffen sollen. Bei der Ungewissheit des Standorts, welchen sein Schiff bei Einschlagung des fraglichen Kurses einnahm, musste er sich vorhalten, dass dasselbe sich auf diesem Kurse in bedenklicher Weise der Westküste von Jesso nähern könnte.

Die Vorsicht hätte also geboten, nicht so lange, wie geschehen, über denselben Bug zu liegen, zumal er sich bei dem fortdauernd nebligen Wetter auf den Ausguck, wenn derselbe auch noch so scharf gehalten wurde, nur sehr ungenügend verlassen konnte.

Er hätte ferner häufiger als zweistündlich von dem Logg Gebrauch machen sollen. Die Sorglosigkeit, mit welcher der

Kapitän sich solcher Vorsichtsmaassregeln, vermuthlich im Vertrauen auf seine, durch viele Reisen erworbene Bekanntschaft mit den dortigen Gewässern, überhoben glaubte, ist nicht zu rechtfertigen und verdient um so mehr eine Rüge, als der Kapitän ein irgend zuverlässiges Besteck nicht hatte und infolge dessen auch seine Position bei Beginn seines hier fraglichen Kurses günstigsten Falls nur annähernd vermuthen konnte.

Der drei Stunden ununterbrochen eingehaltene SSO-Kurs in Verbindung mit Abtrift und dem auf Land zustehenden Seegang hat das Schiff auf die felsige Küste von Jesso gesetzt.

Zum Vorwurf gereicht Kapitän Brolin auch der Umstand, dass er es unterlassen hat, die sich nach seinem Besteck ergebenden Punkte, an denen er sein Schiff wenden liess, in seine Karte einzutragen. Ein ordnungsmässig in die Karte eingetragenes Besteck würde ihn mit Sicherheit darüber belehrt haben, dass der von ihm gesteuerte SSO-Kurs sein Schiff, mochte dasselbe eine nördliche Stromversetzung erlitten haben oder nicht, sehr leicht der Küste bedenklich nahe bringen konnte, und er hätte sich dann zu um so grösserer Vorsicht veranlasst sehen müssen.

Ergiebt sich hiernach, dass Kapitän Brolin nicht alle Vorsicht angewendet hat, welche vermuthlich geeignet gewesen wäre, den seinem Schiff zugestossenen Unfall zu verhüten, so durften doch auch eine Reihe zu Gunsten des Kapitäns sprechender Umstände nicht ausser Acht gelassen werden. Namentlich kommen in dieser Hinsicht in Betracht: die bisher ungenügende Erforschung der in Frage stehenden Gewässer und ihrer Eigenthümlichkeiten, die geringe Ausbeute, welche die in Betracht kommenden Segelanweisungen gerade für diese Gegenden bieten, die dadurch schon an sich bedingte Unsicherheit der Navigation an der Westküste Nord-Japans, dann aber vor allem das am Tage der Katastrophe, und nach Aussage des Kapitäns im Verhandlungstermin, schon mehrere Tage vor derselben herrschende neblige Wetter, welches ihm vier Tage lang jede astronomische Observation unmöglich machte, sowie endlich die durch den am Tage der Katastrophe fast fortwährend herrschenden Nebel bewirkte Unmöglichkeit, rechtzeitig zuverlässige Peilungen der japanischen Küste bezw. der davor liegenden Inseln vorzunehmen. Auch daraus, dass Kapitän Brolin die Strömung, welche sein Schiff nach Norden versetzte, nicht oder doch nicht genügend in Rechnung gezogen hat, wird ihm ein ernstlicher Vorwurf nicht gemacht werden können, da

Richtung und Stärke dieser Strömung zuverlässig bisher nicht ermittelt, auch in hohem Grade von Jahreszeit, Windrichtung und Ebbe und Fluth abhängig sind.

Dass eine von Süden nach Norden setzende Strömung am Tage der Katastrophe in sehr erheblichem Grade auf das Schiff eingewirkt und eine starke Versetzung desselben in nördlicher Richtung herbeigeführt hat, muss als zweifellos angesehen werden.

Verschiedene Faktoren, welche vereint gewirkt haben werden: der durch die Koreastrasse an der westlichen Küste Japans setzende Arm des Kurosiwo, die Wirkung des zur fraglichen Jahreszeit wehenden SW-Monsoons und endlich das Hinzutreten der in jener Gegend ungefähr nördlich setzenden Fluth, welche an jenem Tage von der Mittagszeit bis gegen 6 Uhr Abends auf das Schiff gewirkt hat, lassen es nicht unwahrscheinlich erscheinen, dass die Stromversetzung, welche der »Otto« am Tage des Unfalls erlitten hat, wenigstens in den Nachmittagsstunden etwa 5 Knoten in der Stunde betragen haben mag.

Den Versuch, das Schiff, nachdem man in der Nähe plötzlich Land in Lee hatte, durch Ueberstaggehen von der Küste freizuhalten und die Wiederholung dieses Versuches, als das Schiff die Wendung versagte, musste das Seeamt für eine den Umständen nach angemessene Maassregel erachten. Zum Halsen würde vermuthlich schon, als man zuerst des Landes ansichtig wurde, der genügende Raum gefehlt haben und überdies ist der Versuch zum Wenden ein Verfahren, welches bei plötzlich eintretender Strandungsgefahr allgemein üblich beobachtet zu werden pflegt.

Das Seeamt muss hiernach seinen Spruch dahin abgeben:

> Die Strandung des Schiffes »Otto« hat, soweit sich deren Ursachen nach dem vorliegenden Material haben ermitteln lassen, ihren Grund in einer vom Kapitän Brolin unberücksichtigt gelassenen oder doch nicht genügend berücksichtigten Stromversetzung, daneben aber darin, dass der Kapitän bei Segelung des am Abend der Katastrophe von ihm eingeschlagenen SSO-Kurses in Anbetracht des dicken und nebligen Wetters nicht mit der genügenden Vorsicht zu Werke gegangen ist, endlich insbesondere auch in dem Umstande, dass das Schiff, als man sich der Küste bedenklich genähert hatte, unverhoffter Weise zweimal die Wendung versagte.

203. Spruch des Seeamts zu Tönning vom 31. Oktober 1879, betreffend den Zusammenstoss der deutschen Galiote „Fortuna" von Rendsburg und des deutschen Evers „Elise" von Spitzerdorf.

Zusammenstoss auf der Eider unweit der Haaler Schleuse.

In der Untersuchungssache, betreffend die Kollision der Galiote »Fortuna« und des Evers »Elise« hat das Seeamt seinen Spruch dahin abgegeben:

dass die Kollision der beiden Schiffe »Elise« und »Fortuna« durch das Verschulden des Kapitäns Heinsohn herbeigeführt ist und dass demselben mit Rücksicht hierauf die Befugniss zur Ausübung des Schiffer- und Steuermannsgewerbes zu entziehen ist; dass dem Kapitän Gross bezw. der Mannschaft seines Schiffes »Fortuna« ein Verschulden nicht beizumessen ist; wie denn auch der Unfall auf Mängel des Fahrwassers etc. nicht zurückzuführen ist;

und endlich, dass hinsichtlich des Verhaltens nach stattgehabtem Unfall die Schiffer bezw. die Mannschaft beider Schiffe ein Vorwurf nicht trifft.

Gründe. Es ist durch die stattgehabten Vernehmungen und sonstigen amtlichen Ermittelungen festgestellt, dass der mit Stückgut beladene auf der Reise von Bremen nach Königsberg bestimmte Ever »Elise«, Kapitän Heinsohn aus Spitzerdorf, am 31. Mai 1879, Vormittags 9 Uhr, in der Nähe der Haaler Schleuse bei ziemlich starkem SO-Winde und klarem Wetter mit der auf der Fahrt von Rendsburg nach Hochsicht an der Eidermündung begriffenen, mit Bau-Schutt beladenen Galiote »Fortuna«, Kapitän Gross aus Delve, welche bei ungünstigem Winde kreuzte, zusammengestossen ist. Der Zusammenstoss ist dadurch herbeigeführt, dass der Kapitän Heinsohn bei der Begegnung, welche mitten auf der Eider in einem etwa 100 Meter breiten und daher zum Ausweichen vollauf genügenden Raum bietenden Fahrwasser stattfand, nicht genügend ausgewichen ist und anstatt vorgeschriebenermaassen Backbord-Ruder beizubehalten, Steuerbord-Ruder gegeben hat. Bei dem infolge dessen stattgehabten Zusammenstoss beider Schiffe wurde die »Fortuna« an der Steuerbord-Seite angerannt, so dass das Schiff am Vorderdeck und Schwert beschädigt, der Mast gebrochen und Tauwerk und Segel zerrissen wurden. Das Schiff »Fortuna« gerieth dadurch in einen so beschädigten Zustand, dass dasselbe unfähig war die Reise allein fortzusetzen, vielmehr mittelst eines Schleppdampfers, welchen der Kapitän Heinsohn zu Hülfe sandte nach Nübel bei Rendsburg gebracht und dort einer umfassenden Reparatur unterzogen werden musste. Die Angabe des Kapitäns Heinsohn, dass den Kapitän Gross ebenfalls ein Verschulden treffe, weil derselbe kurz vor der Kollision das Vordersegel habe aufziehen lassen, wodurch sein Schiff an Fahrschnelle zugenommen und der Zusammenstoss ein heftigerer geworden sei, kann als zutreffend nicht anerkannt werden, vielmehr ist der Kapitän Gross ganz im Recht gewesen, als er mit Rücksicht auf die zu grosse Annäherung des Schiffes das Vordersegel aufziehen liess; denn es ist anzunehmen, dass der Unfall dadurch noch vermieden worden sein würde, wenn nicht Heinsohn anstatt Backbord-Ruder beizubehalten, Steuerbord-Ruder gegeben hätte. Das Verschulden des Heinsohn ist denn auch von diesem selbst eingestanden, sowohl mündlich gegen den beschädigten Kapitän Gross und durch eine demselben gewährte Entschädigung, als auch bei seiner Vernehmung vor dem Seeamt. Der von Heinsohn zu seiner Entschuldigung angeführte Umstand, er habe gewusst, dass die Ladung des Schiffes »Fortuna« von weit geringerem Werth sei, als die Ladung seines Schiffes »Elise«, und habe deshalb, indem er seinerseits die »Fortuna« anrannte, die werthvollere Ladung seines Schiffes vor Schaden schützen wollen, ist als nachgewiesen nicht zu erachten. Dieselbe erscheint auch an sich wenig glaubwürdig, weil nach Lage der Sache und nach den vorliegenden Zeugenaussagen nicht angenommen werden kann, dass Heinsohn vor der Kollision von der Beschaffenheit der Ladung des Schiffes »Fortuna« hat Kenntniss nehmen können.

204. Spruch des Seeamts zu Hamburg vom 5. November 1879, betreffend den Zusammenstoss der deutschen Bark „Vater Gerhard“ von Hamburg und des norwegischen dreimastigen Schooners „Hans Tode“ von Stavanger.

Zusammenstoss auf der Elbe. Kaiserliche Verordnung zur Verhütung des Zusammenstossens der Schiffe auf See vom 23. Dezember 1871, Art. 12, 18 und 19.

Die deutsche Bark »Vater Gerhard» — RDTM —, in Hamburg heimathsberechtigt, und der norwegische dreimastige Schooner

»Hans Tode« von Stavanger verliessen beide am Morgen des 9. Oktober 1879 die Rhede von Glückstadt, um mit der Ebbe bei anfangs flauem, später auffrischendem Winde aus West bis NNW die Elbe abwärts zu kreuzen. Beide Schiffe hatten Patentlootsen an Bord; doch wies der auf dem »Vater Gerhard« befindliche Lootse Bohn nur den Weg, während der Führer des Schiffes, Kapitän Ewers, seiner Mannschaft die Kommandos selbst ertheilte; wohingegen der Führer des »Hans Tode«, Kapitän Josephsen, dem an Bord befindlichen Lootsen Knop das Kommando vollständig abgegeben hatte, so dass dieser der Mannschaft direkt die betreffenden Befehle ertheilte.

Der »Hans Tode« hatte den Ankerplatz bei Glückstadt etwa $^3/_4$ Stunden später verlassen als »Vater Gerhard«, segelte aber schneller und hatte infolge dessen den »Vater Gerhard« in der Gegend von Freiburg eingeholt.

Etwa um $10^1/_2$ Uhr ging der »Vater Gerhard« am Nordufer der Elbe über Stag und lag dann, mit Steuerbord-Halsen am Winde segelnd, nach dem Südufer des Flusses hinüber. Etwa in der Mitte des Fahrwassers wurde er aber von dem nach dem Nordufer hinüberliegenden »Hans Tode«, welcher den Wind von Backbord hatte, ungefähr mittschiffs an der Backbord-Seite angerannt und zwar so heftig, dass die grossen Rüsten und die von Eisendraht konstruirten Wanten, welche den ersten Stoss auszuhalten hatten, zerbrachen und der »Hans Tode«, indem er in den »Vater Gerhard« hineinfuhr, demselben sehr beträchtlichen Schaden an Rumpf und Takelung zufügte. Nach dem Zusammenstoss ging der »Vater Gerhard« zu Anker und trieb dann der »Hans Tode« von der Bark frei. Beide Schiffe waren gezwungen, behufs Reparatur nach Hamburg zurückzukehren; der »Vater Gerhard«, nachdem er zuvor bei der Lühe das zur Ladung gehörige Pulver und Kaiseröl in Leichter gelöscht hatte.

Der vorstehend geschilderte Thatbestand, in welchem in soweit die beiderseitigen Darstellungen übereinstimmen, ergiebt nun mit Gewissheit, dass gesetzlicher Vorschrift zufolge dem »Hans Tode«, welcher den Wind von Backbord hatte, die Pflicht oblag, dem andern, mit Steuerbord-Halsen am Winde segelnden Schiffe aus dem Wege zu gehen und dass demzufolge der stattgehabte Zusammenstoss einem fehlerhaften Manövriren abseiten des »Hans Tode« zur Last zu legen ist, soweit nicht besondere Umstände vorliegen, welche geeignet erscheinen könnten, den »Hans Tode« von seiner Verantwortung zu entfreien.

Die Beweisaufnahme hat aber ergeben, dass man solche besondere Umstände auf Seiten des norwegischen Schiffes mit Fug nicht für sich anführen konnte.

Man hat von dieser Seite namentlich geltend gemacht, dass man gezwungen gewesen sei vor Beendigung des vom Nord- nach dem Südufer der Elbe hinüberführenden Schlages mitten im Fahrwasser über Stag zu gehen, um einigen im Fahrwasser liegenden Fischerevern auszuweichen, dass der »Hans Tode« nach der Wendung zu wenig Fahrt gehabt habe, um dem beabsichtigten Manöver mit Backbord-Ruder hinter dem »Vater Gerhard« herumzugehen, mit der erforderlichen Schnelligkeit Folge zu leisten und dass infolge dessen der »Vater Gerhard«, der über Steuerbord-Halsen fortgelegen habe, vor den Bug des »Hans Tode« gerathen sei.

Anlangend zunächst den ersten Punkt, dass der »Hans Tode« seinen nach dem Südufer gerichteten Kurs, im Fahrwasser liegender Fischerever halber, habe abbrechen müssen, so kann schon diese Behauptung durchaus nicht für erwiesen gelten, vielmehr steht mit Wahrscheinlichkeit anzunehmen, dass es für den »Hans Tode« sehr wohl angängig gewesen wäre, noch weiter über denselben Bug fortzuliegen. Es spricht dafür vor allem die vom Lootsen und Kapitän des »Vater Gerhard« übereinstimmend bekundete Absicht, mit dem von ihnen geführten Schiffe an den fraglichen Fischerevern vorbei und zwar oberhalb derselben an das Südufer der Elbe hinüberzuliegen, um dann ihrerseits die Fahrzeuge an ihrer südwärts gelegenen Seite zu passiren und bei oder unterhalb derselben die Wendung zu machen. Konnte der »Vater Gerhard« es auf seinem — nach der Peilung, welche Kapitän Ewers seiner eidlichen Aussage zufolge in Beziehung auf den »Hans Tode« in dem Augenblicke vorgenommen hat, als sein Fahrzeug beim letzten Ueberstaggehen gerade gegen den Wind lag — um 1 bis 2 Striche mehr elbabwärts liegenden Kurse für unbedenklich halten, oberhalb der Fischerever vorüberzukreuzen, so konnte dem noch weiter stromaufwärts befindlichen »Hans Tode« die Fortsetzung seines Kurses schwerlich unmöglich oder auch nur gefahrdrohend erscheinen, zumal man es auf dem »Hans Tode« jeden Augenblick in seiner Macht gehabt hätte, falls der eingehaltene Kurs, etwa unter dem Einflusse der Ebbe, doch eine zu grosse Annäherung an die Fischerever zur Folge gehabt haben würde, das Schiff vom Winde abfallen zu lassen und dadurch jeder Kollisionsgefahr mit den Fischerevern vorzubeugen. Dass aber vier neben einander vor Anker liegende Fischerever, von denen der am weitesten dem Nordufer der Elbe zu gelegene, nach dem übereinstimmenden Zeugniss der darüber vernommenen Personen, ungefähr in der Mitte des Fahrwassers gelegen hat, einen so beträchtlichen Raum eingenommen haben sollten, dass sie das Fahrwasser von der Mitte des Flusses bis zum Südufer völlig gesperrt hätten, erscheint durchaus unglaubwürdig. Sollte der dem Südufer am nächsten gelegene Ever keinen genügenden Raum zwischen sich und dem Ufer mehr freigelassen haben, so darf angenommen werden, dass die Ever unter einander in so grossen Abständen gelegen haben werden, dass ein Passiren zwischen zweien von ihnen unschwer zu bewerkstelligen war.

Der Lootse Knop, der das Kommando auf dem »Hans Tode« hatte, hat denn auch in seiner Vernehmung nicht die Absicht, den Fischerevern auszuweichen, als das Moment angeführt, welches ihn zum Wenden bestimmt habe, vielmehr hat er sich darauf berufen, dass er befürchtet habe, durch Fortsetzung seines Kurses bis an das Südufer der Elbe südlich von den Fischerevern zu sehr aus dem Strome zu kommen und dass er wegen des tieferen Fahrwassers an der Nordseite auf dieser Strecke der Elbe überhaupt die Einhaltung eines nördlicheren Kurses vorzuziehen pflege. Sollte aber dennoch anzunehmen sein, dass die im Fahrwasser befindlichen Fischerever eine Aenderung des Kurses für den »Hans Tode« zur Nothwendigkeit gemacht hätten, so würde er um deswillen von der Verpflichtung dem »Vater Gerhard« seinerseits aus dem Wege zu gehen, nach Sachlage doch nicht entfreit erscheinen können.

Es verdient in dieser Beziehung zunächst Beachtung, dass der »Hans Tode«, wenn er sich in gefahrvoller Nähe des mit ihm von Nord zu Süd kreuzenden »Vater Gerhard« wusste und wenn er sich zu gleicher Zeit in die Nothwendigkeit versetzt sah, den Fischerevern auszuweichen, ja überall nicht gezwungen war, über Stag zu gehen, sondern dass er sich von den Fischerevern ebensowohl dadurch freihalten konnte, dass er vom Winde abhielt und so, während er zunächst halste, um dann nachher wieder an den Wind zu kommen, den »Vater Gerhard« in der Zwischenzeit vor seinem Bug passiren liess.

Entschloss man sich aber auf dem »Hans Tode« über Stag zu gehen, so wusste man, dass man dadurch mit Backbord-Halsen zu liegen und folgeweise in die Lage kam, dem mit Steuerbord-Halsen am Winde segelnden »Vater Gerhard« ausweichen zu müssen und war man auf dem »Hans Tode« verpflichtet, seine Maassnahmen dementsprechend zu treffen.

Die Beweisaufnahme hat denn auch hinreichendes Material dafür ergeben, dass dem »Hans Tode« genügend Zeit wie Raum geboten war, die erforderlichen Maassnahmen zu treffen, und dass es nur einem schuldvollen Versäumniss beizumessen ist, wenn dieselben unterlassen wurden. Wenn auch die Zeugenaussagen hinsichtlich der Frage auseinandergehen, ob der »Vater Gerhard« und der »Hans Tode« gleichzeitig, der eine am Nord-, der andere näher dem Südufer der Elbe über Stag gingen, wie Kapitän Ewers mit Bestimmtheit versichert hat, oder ob die Wendung des »Vater Gerhard« derjenigen des »Hans Tode« vorausging, sodass »Vater Gerhard« schon mit Steuerbord-Halsen gesegelt haben würde, als »Hans Tode« noch in der Wendung begriffen war, und wenn auch der Abstand des Punktes, an welchem der »Hans Tode« über Stag ging, vom Nord- bezw. Südufer der Elbe mit Genauigkeit nicht zu ermitteln gewesen ist, so viel erscheint zweifellos, dass die Entfernung der beiden Schiffe in dem Zeitpunkt als »Hans Tode« seine Wendung vollendet hatte, noch eine ausreichend grosse war, um dem »Hans Tode« durch sofortiges zweckentsprechendes Manövriren ein Herumgehen hinter dem »Vater Gerhard« zu gestatten. Der Zeitraum zwischen der beendigten Wendung des »Hans Tode« und dem Zusammenstosse hat unter Zugrundelegung der Aussagen der auf Seiten des »Vater Gerhard« vernommenen Zeugen ungefähr 10 Minuten, nach den Aussagen des Kapitäns und Ober-Steuermanns vom »Hans Tode« aber 5 Minuten, nach derjenigen des Zimmermanns vom letztgenannten Schiffe fünf bis zehn Minuten betragen. Allen diesen Aussagen gegenüber, welche den Zusammenstoss als mindestens fünf Minuten nach der Wendung des »Hans Tode« erfolgt schätzen, kann die Annahme des Lootsen Knop, dass der Zusammenstoss schon erfolgt sei, während der »Hans Tode« noch in der Wendung begriffen gewesen, Glauben nicht verdienen.

Es ist also als sicher anzunehmen, dass nach der Wendung des »Hans Tode« die Distanz der beiden Schiffe von einander eine so grosse war, dass jedes derselben eine Fahrzeit von 5 Minuten gebrauchte, um an den Durchschnittspunkt der beiden Kurse zu gelangen. Im Zusammenhalt hiermit erscheint aber die Schätzung des Abstandes der beiden Schiffe in dem fraglichen Zeitpunkte abseiten des Kapitäns vom »Hans Tode« auf 1 ½ Kabel eher zu gering als zu hoch.

Es kann hiernach keinem Zweifel unterliegen, dass dem »Hans Tode« genügend Zeit und Raum geboten war, um noch, nachdem er seine Wendung gemacht hatte, dem »Vater Gerhard« aus dem Wege zu gehen. Dass man hierzu dennoch nicht in der Lage gewesen sei, weil der »Hans Tode« nach der Wendung noch gar keine oder zum sicheren Manövriren ungenügende Fahrt wieder gewonnen habe, ist eine nach Sachlage völlig unglaubwürdige Behauptung des Kapitäns und Steuermanns vom »Hans Tode«, der auch die Aussagen der ferner von der Besatzung dieses Schiffes vernommenen Schiffsleute Jensen und Berggrén entgegenstehen, welche bezeugen, dass das Schiff zur Zeit des Zusammenstosses seine Fahrt bereits wieder gewonnen habe, wenn auch Jensen dem Schiffe nur eine geminderte Fahrgeschwindigkeit von etwa 2 bis 3 Knoten zu der fraglichen Zeit beimisst. Dass die Fahrt des »Hans Tode« soviel mindestens betragen haben muss, dafür spricht auch der dem »Vater Gerhard« zugefügte beträchtliche Schaden mit Deutlichkeit.

Konnte man aber, wie nach den vorstehenden Erwägungen kaum glaublich, auf dem »Hans Tode« der Manövrirfähigkeit des eigenen Schiffes wirklich nicht vertrauen, so hätte es der Führung dieses Schiffes gleichwohl ein Leichtes sein müssen, die Kollision zu vermeiden.

War das Schiff erst eben über Stag gebracht, so konnte die vorherrschende Neigung aller Schiffe nach dem Wenden vom Winde abzufallen durch entsprechende Segelstellung mit Leichtigkeit verstärkt werden. Im Nothfalle bot sich aber unter allen Umständen das Mittel, den »Hans Tode« während des Wendens durch Backbrassen der Vordersegel sofort in der Fahrt zu stoppen. Auf dem »Hans Tode« ist aber gerade gegentheilig manövrirt worden; obwohl man einsehen musste, dass ein Versuch vor dem Bug des »Vater Gerhard« vorüberzukommen, die Gefahr eines Zusammenstosses herbeiführen konnte, hat man, wie von dem Steuermann, im Einklang mit dem von ihm geführten Journal, dem Zimmermann Jensen und dem Matrosen Berggrén übereinstimmend bezeugt wird, zunächst nach der Wendung die Vorschoten gefiert, damit also nicht nur nicht dahin gewirkt, das Schiff zum Abfallen zu bringen, sondern im Gegentheil dasselbe scharf an den Wind gebracht. Erst mehrere Minuten darauf, vermuthlich als man einsah, dass es nicht mehr möglich sei, vor dem »Vater Gerhard« vorüber zu kommen, sind dann nach dem Zeugniss derselben Leute die Vorschoten wieder angeholt und ist nunmehr bei gleichzeitigem Backbord-Ruder die Besahnschote gefiert worden.

Das Manöver, den »Hans Tode« zum Abfallen und mit Backbord-Ruder hinter dem »Vater Gerhard« herumzubringen, welches nach beschaffter Wendung das von vornherein richtige gewesen wäre, ist also erst ergriffen worden, als es zu spät war und die Kollision dadurch nicht mehr vermieden werden konnte. Ob auch dann noch nicht mit der gehörigen Energie eingegriffen worden, insbesondere, wie die auf Seiten des »Vater Gerhard« vernommenen Zeugen aussagen, die Wegnahme des Besahnsegels erst erfolgt ist, nachdem der Zusammenstoss bereits erfolgt war, mag dahinstehen. Jedenfalls unterliegt es keinem Zweifel, dass der Zusammenstoss einem fehlerhaften Manövriren des »Hans Tode« zuzuschreiben ist.

Die Führung des »Vater Gerhard« giebt zu keinerlei Ausstellungen Anlass, namentlich handelte Kapitän Ewers durchaus korrekt, wenn er sein Schiff unverrückt Kurs halten liess. Das einzige was ihm zu thun blieb, ist das Geschehene, dass nämlich alle Mann zum Wenden bereit an Deck beordert wurden, um für den Fall, dass der »Hans Tode« noch im letzten Augenblick versucht hätte, durch Ueberstaggehen eine Kollision zu verhüten, auch seinerseits über Stag zu gehen.

Hiermit hat Kapitän Ewers den Anforderungen der §§ 18 und 19 der Verordnung vom 23. Dezember 1871 vollauf Genüge geleistet.

Das Seeamt giebt seinen Spruch auf Grund vorstehender Erwägungen dahin ab:

> Der Zusammenstoss der deutschen Bark »Vater Gerhard« mit dem norwegischen dreimastigen Schooner »Hans Tode« ist durch ein fehlerhaftes Manövriren abseiten des letztgenannten Schiffes verursacht.
>
> Die Schuld an dem Unfall trifft hiernach den Patentlootsen Knop, welcher zur Zeit der Kollision das Kommando an Bord des »Hans Tode« hatte.
>
> Die Führung des »Vater Gerhard« vor und zur Zeit des Zusammenstosses muss vom Seeamt als eine sachgemässe anerkannt werden.

205. Spruch des Seeamtes zu Flensburg vom 8. November 1879, betreffend den Seeunfall der deutschen Jacht „Anne Christine“ von Arnis.

Strandung bei Steensnaes an der Ostküste Jütlands.

In der Seeunfallssache der Jacht »Anne Christine« hat das Seeamt erkannt:

dass der Unfall nicht durch Handlungen oder Unterlassungen des Schiffers verschuldet ist, dass derselbe vielmehr der nordwärts gehenden Strömung und dem herrschenden dicken Wetter zuzuschreiben sei.

Gründe. Die Jacht »Anne Christine« — LQJF — von Arnis, Ladungsfähigkeit 29,52 Register-Tons, verliess am 20. August 1879 mit 3 600 Stück Brettern beladen den Hafen von Christiania, um nach einem Ostseehafen Schleswig-Holsteins zu segeln. Von der Ladung befanden sich 600 Stück Bretter auf Deck. Geführt wurde das Schiff von seinem Eigenthümer Schiffer Peter Hinrich Jessen aus Arnis. Der Bootsmann Peter Friederich Jürgensen aus Arnis und der Schiffsjunge Conrad Deffler aus Kappeln bildeten die übrige Besatzung. Das Schiff musste zunächst 14 Tage wegen widrigen Windes in der Christiania Föhrde liegen bleiben. Nachdem dann in See gestochen, passirte es am 2. September, Morgens 5 Uhr, Steensnaes an der Ostküste Jütlands. Der Wind war SWzW; man steuerte bis gegen 11 Uhr mit diesem Winde südlich, kam dabei aber ziemlich weit ostwärts in die offene See. Da der Wind stärker wurde und man fürchtete, bei starkem Winde die hohe See nicht halten zu können, so steuerte man wieder nach dem Lande. Um 2 Uhr Nachmittags gelangte man so nahe an's Land, dass das Loth nur zwei Faden Wasser zeigte. Man wendete nunmehr und kreuzte bis gegen 5 Uhr Nachmittags in kleinen Schlägen unter dem Lande weiter nach Süden. Der Wind war mittlerweile stärker geworden, die Luft war dick und regnigt. Das Kreuzen nach Süden hatte bei dem ungünstigen Winde keinen sichtlichen Erfolg. Unter diesen Umständen gab man das Kreuzen auf und segelte zurück nach Norden, um für die Nacht einen sicheren Ankerplatz unter dem Lande oberhalb Steensnaes aufzusuchen. Als man einige Zeit vor dem Winde nordwärts gesegelt war, zeigte das Loth plötzlich weniger als zwei Faden Wasser. Der Schiffer gab nun Ordre, das Grosssegel umzustellen, damit man weiter ostwärts halten könne.

Während man das Grosssegel umsetzte, stiess das Schiff bereits auf den Grund. Man befand sich einige Schiffslängen vom Lande zwischen Waarsöe und Steensnaes. Durch Abwerfen der Decklast und Ausbringen eines Ankers mit Hülfe vom Lande suchte man wieder abzukommen. Indess vergeblich, das Schiff trieb immer weiter auf, wurde leck, die Wellen schlugen über Bord, und das Schiff nahm allmählich soviel Wasser über, dass man sich schliesslich nicht länger an Bord halten konnte. Um 11 Uhr Abends gab man das Schiff auf und ging, nachdem man das Inventar in Boote geborgen, an's Land. Später ist das auf der Holzladung immerhin noch schwimmfähig gebliebene Schiff mit Hülfe eines Dampfers abgebracht und in den Hafen von Frederikshavn bugsirt. Hier ist es demnächst auch vollständig reparirt und wieder seetüchtig gemacht. Bei der Reparatur stellte sich heraus, dass der Kiel und der halbe Steven fort, auch verschiedene Planken eingedrückt waren.

Auf der Fahrt hat der Schiffer die von ihm vorgelegte Seekarte vom Kattegatt aus dem Jahre 1874 benutzt. Dies ist das Ergebniss der Beweisverhandlungen, wie es vom Seeamt durch die übereinstimmende und als glaubhaft befundene Aussage der Schiffsmannschaft als festgestellt angenommen wird.

Für die Entscheidung der Frage, ob dem Schiffer an dem Strandungsfall ein Verschulden zur Last fällt, kommt Folgendes in Betracht.

Das Schiff war zu klein, um bei starkem Sturme, wie er am Abend des 2. September herrschte, die hohe See halten zu können. Es war deshalb für den Schiffer geboten, sich wieder landwärts zu wenden als er gewahrte, dass er bei dem südlichen Kurs zu weit in die offene See gekommen war. Auch war es richtig, dass er, als das Kreuzen nach Süden keinen sonderlichen Erfolg hatte, sich wieder nach Norden wandte und für die Nacht einen sicheren Ankerplatz zu gewinnen suchte. Ein solcher bot sich ihm oberhalb Steensnaes dar, weil die Schiffe daselbst gegen den Wind von SWzW durch das Land geschützt werden. Wenn er hierbei dem Lande zu nahe kam, so hatte dies einestheils seinen Grund darin, dass er bei dem dicken Wetter die Entfernung vom Lande nicht genau zu erkennen vermochte, andererseits darin, dass die bei dem herrschenden Winde nordwärts gehende Strömung das Schiff weiter nach dem Lande trieb, als er anzunehmen Grund hatte.

Hiernach fällt dem Schiffer ein Verschulden nicht zur Last.

206. Spruch des Seeamts zu Flensburg vom 8. November 1879, betreffend den Seeunfall des deutschen Schooners „Freundschaft“ von Flensburg.

Schiff in der Ostsee leck geworden und aufgegeben.

Das Seeamt hat erkannt:

dass der Schooner »Freundschaft« aus Flensburg am 4. Oktober 1879 nordöstlich von Bornholm bei schlechtem Wetter und hoher See leck gesprungen, dass die Mannschaft infolge dessen gezwungen war, das Schiff zu verlassen, dass die Art und Weise, wie der Leck entstanden, nicht näher zu ermitteln ist, dass aber Mängel in der Bauart, Beschaffenheit, Ausrüstung und Beladung des Schiffes nicht vorliegen, auch die Mannschaft weder durch Handlungen noch Unterlassungen den Unfall und dessen Folgen verschuldet hat.

Gründe. Der Flensburger Schooner »Freundschaft« — HFQN — ist nach Ausweis des Schiffsregisters im Jahre 1858 in Kolberg von Eichenholz erbaut und zu $108,_8$ Kubikmetern oder $38,_{41}$ britischen Register-Tons vermessen. Nach der als glaubhaft angenommenen Aussage seines jetzigen Eigenthümers, Schiffers Hans Nissen Lundbeck in Flensburg, ist das Schiff vor drei Jahren einer gründlichen Reparatur unterzogen, infolge deren es in der Veritas in Klasse 5/6, 2. 1. klassifizirt wurde, auch noch im vorigen Jahre gekielholt und verdichtet. Am 29. September 1879 segelte das genannte Schiff von Memel ab, um eine Ladung Dielen und Stäbe, im ganzen 48 Last zu 18 englischen Kubikfuss, wovon ein entsprechender Theil Decklast, nach Kiel zu bringen. Geführt wurde es von seinem Eigenthümer; ausser ihm befand sich nur noch der Steuermann Peter Assmussen als Besatzung an Bord.

Das Schiff segelte bis zum 2. Oktober mit östlichem Winde. An diesem Tage sprang der Wind nach Westen um und wurde dabei allmählig so hart, dass man sich veranlasst sah, in der nördlichen Bucht der Insel Bornholm Schutz zu suchen. Hier blieb man bis zum 4. Oktober, Morgens, um welche Zeit man, da der Wind etwas leichter geworden war, wieder auslief. Nachdem man noch um 8 Uhr Morgens lens gepumpt hatte, gewahrte man eine Stunde später, um 9 Uhr, plötzlich, dass in der Piek, der untersten und hintersten Abtheilung des Schiffes, Wasser stehe. Man versuchte das Wasser durch Pumpen zu beseitigen, es stieg indess immer höher und brachte schliesslich das Schiff fast ganz unter Wasser. Als man gegen 11 Uhr Morgens, zu welcher Zeit man sich etwa 20 Minuten östlich von Christiansoe befand, in See ein anderes Schiff gewahrte, hielt man auf dasselbe zu und kam auch nach einiger Zeit in dessen unmittelbare Nähe. Kaum war man aber hinter das fremde Schiff herumgekommen und hatte das Boot klar gemacht, um sich auf demselben hinüber zu retten, so schlug die hochgehende See das Boot voll Wasser und liess es in den Wellen verschwinden. Das fremde Schiff versuchte nunmehr durch verschiedene Manöver sich den Schiffbrüchigen zu nähern. Erst um 5 Uhr Nachmittags indess gelang es, so nahe zu kommen, dass man den Schiffbrüchigen eine Leine zuwerfen konnte. Die Schiffbrüchigen banden sich die Leine um den Leib und wurden dann glücklich auf's fremde Schiff gezogen, freilich ohne etwas anderes zu bergen als die Kleider, die sie am Leibe trugen. Das fremde Schiff, die Galiote »Catharina« von Leer, landete am 13. Oktober die Schiffbrüchigen in Copenhagen. Das leck gewordene Schiff ist am 9. Oktober bei Leba an der pommerschen Küste von dortigen Fischern treibend gefunden worden und zwar voll von Wasser, ohne Steuerruder mit offenen Luken und bereits abgelösten Aussenplanken am Hintertheil. Die Lebaer Fischer legten es zunächst zu Anker, weil der heftige NW-Wind ihnen nicht gestattete es, wie beabsichtigt, in den Hafen von Stolpmünde zu bringen. Bei dem in der darauf folgenden Nacht stärker werdenden Winde ist die Ankerkette gerissen und infolge dessen das Schiff auf den Strand getrieben. Ladung und Inventar, so weit solches noch vorhanden, sind an der pommerschen Küste geborgen, das Schiff ist indess völlig wrack geworden und aufgegeben.

Die hier gegebene Darstellung beruht, was den Verlauf des Unfalles auf hoher See anbelangt, auf der als glaubhaft angenommenen Aussage der Schiffbrüchigen und in Betreff des Auffindens des Schiffs an der pommerschen Küste auf dem amtlichen Bericht des Strandamts zu Leba. Das plötzliche Auftreten des Wassers in der Piek und das weitere Steigen desselben im Schiff lässt sich nur dadurch erklären, dass infolge des hohen Seeganges eine Planke oder eine Scharfe aufgesprungen und dadurch das Schiff leck geworden ist. An welcher Stelle solches geschehen, muss unaufgeklärt bleiben; der Umstand, dass das Wasser zuerst im Hintertheil sichtbar wurde, beweist nicht, dass dort auch der Leck entstanden, denn weil das Schiff mit seinem Hintertheil voraussichtlich am tiefsten im Wasser gelegen hat, musste hier das Wasser immerhin zuerst bemerkbar werden.

Die Bauart und Beladung des Schiffes geben zu Erinnerungen keine Veranlsssung. Da der Schiffer dasselbe vor drei Jahren einer gründlichen Reparatur unterzog, auch noch im vorigen Jahre kielholen und die Scharfen verdichten liess, so ist seinerseits diejenige Sorgfalt angewandt worden, die man billigerweise verlangen kann. Auch das Benehmen der Mannschaft während des Unfalls verdient keinen Tadel. Um das Wasser fortzuschaffen, lagen keine andern Mittel als das Pumpen vor und da dies erfolglos blieb, war die Mannschaft genöthigt, das Schiff zu verlassen, weil sie sonst während der Nacht vor Hunger und Kälte umgekommen wäre.

207. Spruch des Seeamts zu Brake vom 13. November 1879, betreffend den Seeunfall des deutschen Kahnes „Hinderike Helene“ von Brake.

Fahrzeug in der Weser gesunken, wobei die aus zwei Personen bestehende Besatzung um's Leben gekommen ist.

Der Kahn »Hinderike Helene« — NBSC —, Heimathshafen Brake, von 61,4 cbm oder 21,68 Register-Tons Ladungsfähigkeit, hatte am 5. September 1879 bei dem im Fahrwasser unterhalb Brake arbeitenden Bagger Sandballast eingenommen und ging, bemannt mit dem Eigenthümer Jocob Heinrich Wilhelm Laudam zu Brake und dem Kahnknecht Schrader, Nachmittags die Weser hinunter, wobei von der Besatzung einige Flaschen Branntwein mitgenommen wurden. Gegen Abend ist er bei Dedesdorf gesehen worden wie er im Winde lag und vor dem Winde herumgetrieben wurde; von seiner Besatzung ist niemand an Deck bemerkt worden. Am nächsten Morgen früh ist er unterhalb Dedesdorf, im Fahrwasser vor Anker liegend, bemerkt worden und ist dort bald nachher gesunken. Die Leiche des Kahnknechts Schrader ist am 6. September bei Sürwürderdeich, die des Schiffers Laudam am 11. September oberhalb Dedesdorf angetrieben. Die Versuche, den gesunkenen Kahn zu heben, sind misslungen, nur unbedeutende Inventarstücke sind von demselben geborgen worden.

Nach diesem Sachverhalt hat eine sichere Feststellung der Ursachen des Unfalls nicht erfolgen können; der Kahn ist 1845 gebaut und soll, obwohl an sich noch brauchbar, in der letzten Zeit von dem Eigenthümer sehr vernachlässigt worden und meistens leck gewesen sein. Die Frage, in wie weit der Unfall auf Verschulden der Besatzung zurückzuführen ist, muss als durch deren Tod hinfällig betrachtet werden, und geht hiernach der Spruch dahin:

dass die Ursachen des Sinkens des Kahnes »Hinderike Helene« nicht mit Sicherheit zu ermitteln gewesen sind.

208. Spruch des Seeamts zu Stettin vom 17. November 1879, betreffend den Seeunfall des deutschen Schooners „Maria" von Kolberg.

Schiff unter Wedbak an der Ostküste Seelands von den Ankern gerissen und mit der gesammten Besatzung untergegangen.

Das Seeamt hat seinen Spruch dahin gethan:

dass der Untergang des Schooners »Maria« — JBPT — und seiner gesammten Besatzung am 14./15. November 1878 im Oeresund durch die Seeuntüchtigkeit des Schiffes und seine Ueberladung verursacht ist.

Gründe. Am 13. oder 14. November 1878 verliess der Schooner »Maria« — JBPT — von Kolberg, 122,9 cbm Netto-Raumgehalt, mit einer nach Stettin bestimmten Ladung von 1588 Ctr. Thonschiefer den Hafen von Landskrona und ist darauf in der Nacht zum 15. November 1878 im Oeresund vor Rougstedgaard mit Mann und Maus untergegangen.

Geführt wurde das Schiff von dem Kapitän Wilhelm Rutzen aus Bauerhufen bei Köslin, der es durch Vertrag vom 19. März 1878 für 1650 ℳ. als einziger Eigenthümer erworben hatte und darauf noch 500 ℳ. schuldig war. Als Besatzung befand sich darauf ausser ihm der Matrose Hermann Schmidt aus Stolpmünde und der Schiffsjunge Hermann Burandt aus Kl. Machmin.

Versichert war das Schiff nach Angabe der Ehefrau des Schiffers nicht. Erbaut ist das Schiff Inhalts des Registers im Jahre 1856 zu Stolpmünde auf buchenem Kiel aus Eichenholz, eisenfest, mit fichtenem Deck und trug zwei Masten.

Was seine Beschaffenheit zur Zeit des Unfalles betrifft, so hat das Kaiserlich Deutsche Konsulat zu Landskrona bescheinigt, dass es anscheinend und nach Aussage des Lootsen-Altermanns Mansson daselbst mit »Rigg und Segel in jenen Gewässern habe schiffen können«.

Nach der Bekundung eines bei dem Bergen des Wrackes beschäftigten Fischers Sören Jörgensen dagegen ist das Zimmerwerk des Schiffes nach Ausweis des an das Land geschwemmten Holzes fast verfault gewesen. Auch die Wittwe des Kapitäns Rutzen hat die Behauptung aufgestellt, dass nach Mittheilungen ihres Ehemannes und anderer Leute das Schiff schlecht gewesen und ihr Ehemann bei dem Erwerbe desselben durch den Vorbesitzer übervortheilt sei. Der einzige von ihr namhaft gemachte Zeuge, Kapitän Steckmann, aber hat hierüber nichts zu bekunden vermocht, im Gegentheil angegeben, dass, soweit er das Schiff gekannt habe, er es zu Fahrten zwischen Häfen der Ostsee für tauglich gehalten habe.

Ob und wann es klassifizirt worden, hat nicht festgestellt werden können, nur soviel ist ermittelt worden, dass es bei dem Germanischen Lloyd und dem Bureau Veritas niemals und auch seitdem es im Besitz des Rutzen gewesen, nicht klassifizirt ist.

Ueber die näheren Umstände des Unfalles ist durch Einnahme des richterlichen Augenscheines und durch polizeiliche und gerichtliche (aber nicht eidliche) Vernehmung zahlreicher Zeugen seitens der dänischen Strandbehörden Folgendes ermittelt worden.

Am Morgen des 14. November 1878 sahen die Fischer Ole Asser (oder Adsersen), Jan Rasmussen, Peter Asser (oder Adsersen oder Andersen) und Peter Olsen aus Wedbak den Schooner bei Smitstrup ¼ Meile nordöstlich vor Wedbak vor Anker liegen und zwar, wie sie den sie zuerst vernehmenden Polizei-Beamten gegenüber angegeben haben, mit der Nothflagge, nämlich der Flagge am Vortop. Sie fuhren zwischen 6 und 7 Uhr Morgens zum Schiffe; dort fragte sie der Kapitän, ob sie ihm nach einem Hafen helfen wollten, nach der Brücke bei Wedbak oder Tüborg. Sie erklärten ihm, dass beides nicht angänglich sei, weil in Wedbak nur eine Anlegebrücke für die Dampfschiffe sei und für Tüborg der Wind zu stark nach dem Lande wehe, erboten sich aber, für 200 Kronen das Schiff nach Helsingör oder Kopenhagen zu bringen. Der Kapitän erwiderte ihnen, dass er dies nicht geben könne, sie ermässigten nun ihre Forderung auf 40 Kronen, der Kapitän bot ihnen darauf 4 Kronen, wenn sie helfen wollten, ihm die Segel zu setzen, andernfalls wünschte er, dass sie das Schiff verliessen. Das thaten sie denn auch, nachdem sie etwa 1 bis 2 Stunden dort gewesen waren.

Nach ihrer ersten, den Polizei-Beamten gegenüber abgegebenen Erklärung hielten sie die Lage des Schiffes auf 6 Faden Wasser, ungefähr ¼ Meile vom Lande, bei dem Winde nach dem Lande zu für sehr gefährlich, wenn der Sturm beiblieb.

Bei ihrer späteren Vernehmung durch den Richter dagegen haben die Fischer Ole Asser und Jan Rasmussen sich dahin ausgelassen, dass die Hülfe nicht sehr dringend gewesen sei, weil es nicht sehr stark geweht und das Schiff vor drei Ankern gelegen habe. Uebrigens sei der Schiffer von Ole Asser aufgefordert, die Nothflagge aufzuheissen, wenn er später Hülfe wolle. Dies sei aber nicht geschehen. Abends und in der Nacht habe der Wind zugenommen. Der Schiffer sei übrigens etwas betrunken gewesen.

Auch noch drei andere Fischer aus Wedbak Hans Peter Jensen, Christian Jensen und Brückenwärter Peter Andersen ruderten bald nach den vier erstgenannten Personen am Morgen des 14. November 1878 zum Schooner, als sie diesen und zwar, wie die ersteren beiden den Polizei-Beamten gegenüber angegeben haben, mit der Nothflagge, wie Peter Andersen und Christian Jensen dagegen bei ihrer gerichtlichen Vernehmung bekundeten, mit der Lootsenflagge liegen sahen.

Aber auch die Hülfe dieser Fischer lehnte der Schiffer ab, obgleich der Brückenwärter Peter Andersen, wie dieser bekundet, ihm vorstellte, dass das Schiff, sofern die Strömung, welche südlich war, eine andere Richtung bekäme oder abfiele, eine gefährliche Lage hätte, indem es dicht am Lande und vor starkem Winde (Marssegel-Kuhlte) nach dem Lande lag. Der Schiffer erwiderte hierauf, dass er vor 3 Ankern liege und vom Lande gut abhalten könnte, falls diese nicht hielten, noch hinzufügend, dass er hinter sich eine Jacht habe segeln sehen, dass das Wasser also tief genug wäre.

Zeuge Peter Andersen sah darauf, dass das Schiff in der That mit 2 Ankern auf Spill und dem dritten in einem Kabeltau nach der Luke lag. Der Wind war nach der Angabe dieses Zeugen noch östlich, aber noch kein Sturm. Erst in der Dämmerung bis zur Nacht habe der Wind zugenommen.

Auch der Zeuge Christian Jensen bekundet, dass das Wetter bei ihrer Anwesenheit am Schiffe noch gut gewesen sei, indem der

Wind nur frisch wehte und die Fischer sich mit ihren Garnen gut beschäftigen konnten, die Strömung sei stark südlich gewesen und am Abend und in der Nacht habe der Wind bis zum Sturme zugenommen.

Die anscheinend gar nicht betheiligten Zeugen Fischer Carl Anders Ludwig, Dienstmann Johan Frederik, Fischer Anders Jensen und Fischer Johannes Julius Johansen haben bekundet, dass sie am Morgen des 14. November um 6 und 6½ Uhr nur eine Lootsenflagge am Top des Vormastes auf dem Schooner gesehen haben, welche aber nach Verlauf von etwa einer Stunde, nämlich nach Ankunft der Fischerboote, gestrichen und später eine Flagge nicht mehr aufgezogen sei. Johansen fügt noch hinzu, dass das Wetter den ganzen Tag als gut bezeichnet werden konnte, doch mit Wind nach dem Lande und starker Strömung, dass erst am Abende und in der Nacht Sturm geweht habe.

Noch in der Dämmerung sah der Fischer Peter Adsersen das Schiff an der bisherigen Stelle liegen, und der Brückenaufseher Peter Andersen und Fischer Ole Asser noch um 10, 12 und 3 Uhr Nachts zum 15. November 1878 die Laterne desselben. Sogar um etwa 5 Uhr Morgens am 15. November 1878 haben noch die Arbeiter Anders Petersen und Peter Larsen das Schiff ziemlich dicht am Lande liegen sehen, jedoch nur die beiden Masten deutlich erkannt. Nothsignale oder Nothrufe von dem Schiffe will niemand gehört oder gesehen haben. Es wehte in der Nacht ein starker Sturm aus OSO.

Etwa um 5½ Uhr Morgens am 15. November 1878 gewahrten der Strandvogt Niels Olsen und der Fischer Sören Jörgensen, dass einzelne Wrackstücke am Strande umhertrieben; dann, als es heller wurde, dass der obere Theil des Schooners mit dem Roof an der Schiffbrücke vorbeitrieb und auf dem innersten Riff auf Grund kam, nach etwa einer Stunde, als es noch heller wurde, dass etwas mehr südlich der untere Theil des Schooners, an welchem noch die Masten festsassen, aber im Wasser lagen, auf den Grund kam, und auf beiden kein lebendes Wesen. In dieser Lage fand die Wrackstücke später auch der im Laufe des 15. November erscheinende Richter, nämlich den Obertheil des Schiffes etwa 150 Ellen vom Lande entfernt auf dem inneren Riff bei Rougstedgaard und etwa 400 bis 500 Ellen südlich davon und 400 Ellen vom Lande entfernt auf dem äusseren Riff den Untertheil des Schiffes mit den Masten, diese jedoch ohne Segel. Die Leichen der 3 Mann Besatzung, die Schiffspapiere und andere Gegenstände vom Schiffe wurden später angespült und die Leichen auf dem Hirschholmer Friedhofe beerdigt.

Am 1. Dezember 1878 wurden von den Fischern Ole Adsersen, Jan Rasmussen und 7 anderen Fischern aus Wedbak 2 Anker ohne Bojen mit 14 beziehungsweise 15 Faden Kette gefunden, und zwar $1/4$ Meile vom Lande NNO vor Wedbak auf etwa 6 Faden Wasser nach der Richtung hin, wo der Schooner »Maria« gelegen hatte. Die Fischer haben versucht, diese Ketten bei Seite zu schaffen, ohne von dem Funde Anzeige zu machen. Sie haben dadurch die Vorschrift des dänischen Gesetzes vom 22. Dezember 1876 verletzt und sich deswegen freiwillig zur Zahlung einer Strafe von je 10 Kronen bereit erklärt, diese auch geleistet.

Eine, wie es scheint, anfänglich beabsichtigte Untersuchung gegen die genannten Fischer wegen unterlassenen Angebots der nöthigen Assistenz an den Schiffer des Schooners »Maria« ist unterblieben und dürfte auch in der That eine genügende Veranlassung dazu nicht vorgelegen haben, denn die Fischer haben am Morgen des 14. November dem Schiffer der »Maria« ihre Hülfe angeboten, ohne eine übermässige Forderung für dieselbe zu stellen. Der Schiffer hat sie zurückgewiesen und es ist nicht festgestellt, dass er sie später wieder und nun vergebens erbeten hat. Nicht einmal ein vom Schiffe gegebenes Nothzeichen ist gesehen worden und lag ohne ein solches für die Fischer auch nicht einmal ein Grund zu der Annahme vor, dass das Schiff sich in Noth befinde. Denn ein tüchtiges Schiff hätte in der Lage der »Maria« vor drei Ankern den OSO-Sturm jener Nacht, dessen Hauptkraft durch die davor liegende schwedische Küste gebrochen wurde, sehr wohl bestehen können. Die »Maria« war aber eben ein tüchtiges Schiff nicht. Das Attest des deutschen Konsulats zu Landskrona kann in dieser Beziehung nichts beweisen, da es nur auf den Augenschein gestützt ist. Dasselbe gilt von der Bekundung des Kapitäns Steckmann. Für die Untüchtigkeit des Schiffes spricht aber ausser den Angaben der Frau des Kapitäns Rutzen das Alter des Schiffes, der überaus billige Kaufpreis desselben im Jahre 1878, die schlechte Beschaffenheit der angespülten Trümmer und vor allem die Art und Weise des Auseinanderbruchs desselben. Sicher muss es vor Anker liegend bei dem starken Sturme arg gestampft haben. Ein solches Stampfen verursacht leicht das Leckspringen des Schiffes; dass aber der ganze obere Theil sich von dem unteren Theile des Schiffes loslöst und noch dazu in so kurzer Zeit, das verräth eine ganz besonders schlechte Beschaffenheit des Schiffes. Allerdings trug wesentlich mit dazu die Schwere und Grösse der Ladung bei. Nach § 33 der Schiffsvermessungs-Ordnung vom 5. Juli 1872 (Reichs-Gesetzblatt, Seite 270) sind 2,12 cbm = 20 Centner. Bei einem Netto-Raumgehalt von 122,9 cbm dürfte hiernach die »Maria« 1159,43 Centner laden; ihre Ladung betrug aber 1588 Centner. Wenngleich nun zwar diese Rechnung nicht genau stimmt, vielmehr wohl in der Regel thatsächlich eine erhebliche Ueberschreitung des so berechneten Ladungsgewichts stattfindet und auch ohne Gefahr zulässig ist, so ist diese Ueberschreitung doch im vorliegenden Falle ohne Zweifel als eine übermässige anzusehen, besonders unter Berücksichtigung der Schwere der Ladung, des Thonschiefers, welche eben deswegen, weil sie auf kleinen Raum eine grosse Last überträgt, um so gefährlicher ist. Das Schiff ist daher als überladen anzusehen. Bei der Seeuntüchtigkeit des Schiffes musste diese Ueberladung unter den beschriebenen Umständen verhängnissvoll für dasselbe werden, und hat deshalb das Seeamt in diesen beiden Momenten die Ursachen des Seeunfalls gefunden.

209. Spruch des Seeamts zu Hamburg vom 17. November 1879, betreffend den Seeunfall der deutschen Brigg „Rebecca" von Hamburg.

Schiff auf der Rhede von Tschifu von den Ankern gerissen, auf Klippen geworfen und verloren gegangen.

Die in Hamburg heimathberechtigte Brigg »Rebecca« — RCQK — war in den Jahren 1867/68 in Brake erbaut worden und 1877 in das Eigenthum des in Amoy lebenden, im Königreich Preussen staatsangehörigen Carl Julius Pasedag, in Firma Pasedag & Co., übergegangen. Führer des Schiffes war Kapitän P. Thomsen aus Flensburg und bestand die Mannschaft aus einem deutschen ersten Steuermann, einem norwegischen zweiten Steuermann und im übrigen aus Malayen und Chinesen.

Das dem Seeamte zur Beurtheilung der Ursachen dieses Unfalls zu Gebote stehende Beweismaterial beschränkt sich auf die vor dem deutschen Vice-Konsul in Tschifu im Januar 1879 von Kapitän und Steuerleuten belegte Verklarung, auf die Aussagen des von dem Konsulate in Amoy zeugeneidlich vernommenen Rheders Pasedag und auf die Vernehmungen der beiden Steuerleute vor den Konsulaten zu Amoy bezw. Schanghai.

Eine Vernehmung des Schiffers Thomsen hat nicht bewerkstelligt werden können, da derselbe, einer bei der Flensburger Polizeiverwaltung eingezogenen Erkundigung zufolge, im September 1879 in seiner Heimath Flensburg verstorben ist.

Unter Zugrundelegung des erwähnten Beweismaterials hat sich der Unfall folgendermaassen ereignet.

Die »Rebecca« lag seit dem 8. Januar auf der Rhede von Tschifu ungefähr 1/2 Seemeile vom Lande entfernt. Das Schiff hatte zwei Anker aus. Am 16. Januar wurde mit Einnahme der aus Bohnenkuchen bestehenden Ladung begonnen. Am 21., nachdem die Abladung fast beendigt war, änderte sich das bis dahin schöne Wetter. Abends erhob sich ein Schneesturm aus nordöstlicher Richtung, welcher auch während der Nacht und am folgenden Tage unter zunehmendem Seegange anhielt. Im Anlass des stürmischen Wetters war mehr Kette gesteckt worden, Backbord 75 und Steuerbord 60 Faden. Am Nachmittage des 22. Januar um 6 Uhr brachen plötzlich kurz nacheinander beide Ankerketten. Das Schiff schlug vor dem Winde herum. Es wurden sofort die vorderen Segel geheisst, um dadurch womöglich das Schiff von den Klippen freizuhalten. Der Seegang war aber zu heftig und wurde das Schiff mit der Breitseite auf die Klippen an der nordwestlichen Seite von Tower Point geworfen. Das Ruder brach beim ersten Aufstossen und machte das Schiff gleich viel Wasser. An ein Wiederabbringen des Schiffes war bei dem stürmischen Wetter nicht zu denken und entschloss sich die Besatzung beim Einbruch der Dunkelheit, da das Wasser im Schiffe stieg und die Brandung immer heftiger wurde, das Schiff zu verlassen und rettete sich dann vermittelst der an Bord befindlichen Rettungsboje mit Leine unter vom Ufer aus geleisteter Beihülfe. Am 23. und 24. Januar verhinderte das fortdauernde stürmische Wetter jede Annäherung an das Schiff. Nachdem am 25. besseres Wetter eingetreten war, ist wenigstens ein Theil der Ladung geborgen worden. Das Schiff selbst war rettungslos verloren.

Rheder wie Steuerleute haben sich übereinstimmend dahin ausgesprochen, dass die »Rebecca« sich zur Zeit des Unfalls in durchaus seetüchtigem Zustande und in bester baulicher Beschaffenheit befunden habe. Dem Kapitän Thomsen wird von seinem

Rheder das beste Zeugniss ertheilt. Er wird von diesem als ein zuverlässiger und sorglicher Schiffsführer geschildert.

Dieses Urtheil kann denn auch durch die den hier fraglichen Unfall betreffenden Ermittelungen nicht erschüttert werden.

Insbesondere wird die Wahl des Ankerplatzes der »Rebecca« in etwa nördlicher Richtung von Tower Point und ungefähr $^1/_2$ Seemeile vom Ufer entfernt, in Rücksicht auf die Hafenverhältnisse von Tschifu und die grosse Anzahl von Schiffen, welche nach dem Zeugniss des zweiten Steuermanns zur fraglichen Zeit in diesem Hafen gelegen haben und welche vermuthlich die Freiheit in der Wahl des Ankerplatzes für die »Rebecca« beschränkt haben, als eine fehlerhafte nicht betrachtet werden können.

Eben so wenig wird der Schiffsleitung der Umstand zum Vorwurf gereichen können, dass weder bei Eintritt der stürmischen Witterung noch ein dritter, der Reserve-Anker ausgeworfen, noch auch, dem Anscheine nach, nach dem Reissen der beiden Ankerketten der Versuch gemacht worden ist, das Schiff dadurch zu retten, dass man dann noch einen dritten Anker fallen gelassen hätte. Ein solcher Versuch würde aller Wahrscheinlichkeit nach, nachdem das Schiff schon in's Treiben gerathen war, zur Rettung desselben doch nichts haben beitragen können.

Das Seeamt musste sich somit in der Beurtheilung der Ursachen des fraglichen Unfalls der von den vernommenen Zeugen bekundeten Auffassung anschliessen und seinen Spruch dahin abgeben:

> Dass die Strandung der »Rebecca« den vorstehend einzeln hervorgehobenen Thatumständen, insbesondere also heftigem Sturme und Seegange und dem dadurch bewirkten Brechen der Ankerketten zuzuschreiben und die Ursachen derselben demnach lediglich auf höhere Gewalt und die Ereignisse der See zurückzuführen sind.

210. Spruch des Seeamts zu Hamburg vom 22. November 1879, betreffend den Seeunfall der deutschen Bark „Hadda" von Hamburg.

Schiff auf der Reise von Boston (V. St. v. A.) nach Queenstown verschollen.

Die Bark »Hadda« — RDVM — von Hamburg verliess den Hafen von Boston in den Vereinigten Staaten von Amerika am 8. Februar 1878 mit einer Getreide-Ladung nach Queenstown für Ordre bestimmt. Die letzte Nachricht vom Schiff ist ein vom Führer desselben, Kapitän W. A. Oberg, an den Korrespondent-Rheder J. G. Lund in Hamburg gerichtetes Schreiben, d. d. Boston-Light, 8. Februar 1878, welches die Mittheilung enthält, dass der Lootse soeben von Bord gegangen sei und das Schiff an demselben Tage in See gehen werde. Seitdem fehlt alle weitere Kunde über den Verbleib des Schiffes. Die »Hadda« hatte sowohl im Büreau Veritas, wie im Germanischen Lloyd die erste Klasse für 12 Jahre, vom September 1874 an gerechnet. Das Schiff war im Jahre 1874 in Kiel erbaut worden und zu 1 340,6 cbm oder 473,23 Register-Tons vermessen. Rheder des Schiffes waren der Kaufmann J. G. Lund in Hamburg und der Schiffskapitän C. A. Lund in Apenrade.

Nach Ablauf der Verschollenheitsfrist ist das Schiff am 23. November 1878 in dem Schiffsregister getilgt worden. Eine vom Seeamt am 18. April 1879 erlassene öffentliche Aufforderung zur Auskunftsertheilung über den zu vermuthenden Untergang der »Hadda« und dessen Ursachen ist ohne Erfolg geblieben.

Zur Feststellung der Art und der Ursachen des Seeunfalls, welcher allem Vermuthen nach das als verschollen zu betrachtende Schiff betroffen und dessen vollständigen Untergang herbeigeführt haben muss, fehlt es dem Seeamt durchaus an genügenden Anhaltspunkten. Irgend welche Vermuthung dafür, dass die »Hadda«, welche sich nach dem Zeugniss des Rheders J. G. Lund in bester baulicher Beschaffenheit befunden hat, beim Verlassen Bostons nicht in jeder Beziehung seetüchtig gewesen sei, liegt nicht vor.

Dass orkanartige Stürme, welche in der ersten Hälfte des Februarmonats 1878 im atlantischen Ozean und an der Nordküste Amerika's geherrscht haben sollen, den Verlust der »Hadda« herbeigeführt haben, ist eine nicht unwahrscheinliche, aber unerwiesene Vermuthung des Korrespondent-Rheders Lund.

Hiernach musste das Seeamt seinen Spruch dahin abgeben:

> Dass sich über den Verbleib des am 8. Februar 1878 von Boston nach Queenstown für Ordre versegelten deutschen Barkschiffes »Hadda« nichts hat ermitteln lassen, und somit, wenn auch mit aller Wahrscheinlichkeit anzunehmen ist, dass ein die »Hadda« betroffen habender Seeunfall deren Verlust herbeigeführt hat, die Ursachen dieses zu muthmaassenden Seeunfalls nicht konstatirt werden konnten.

211. Spruch des Seeamts zu Hamburg vom 22. November 1879, betreffend den Seeunfall der deutschen Brigg „Japan“ von Neuenfelde.

Schiff auf der Barre vor Lagos durchgestossen und wrack geworden.

Die in Neuenfelde, Amts Jork, heimathberechtigte deutsche Brigg »Japan« — NDCF —, geführt von dem zu $1/8$ Part am Eigenthum des Schiffes betheiligten Kapitän Nikolaus Wölken aus Cranz, strandete am 12. Mai 1879 auf der Barre vor Lagos und ging total verloren. Das Schiff hatte einen Netto-Raumgehalt von 594,7 cbm.

Nach Aussage des Kapitäns hatte das Schiff, als es seine letzte Reise von Hamburg mit einer aus Genever und Rum bestehenden Ladung antrat, einen Tiefgang von 12 Fuss, während es unbeladen $7\frac{1}{2}$ Fuss tief ging.

Nach Maassgabe der Verklarung, sowie der Aussagen der vom Seeamt vernommenen Zeugen, des Kapitäns, eines Matrosen, des Schiffskoches und eines zur Zeit des Unfalls als Lootse in Lagos befindlich gewesenen deutschen Schiffskapitäns Plambeck, hat sich der Unfall folgendermaassen ereignet.

Die »Japan«, welche schon an einem andern Platz der afrikanischen Westküste von ihrer Ladung gelöscht hatte, leichtete auf der Aussenrhede von Lagos in den dortigen Schleppdampfer »Lagos« einen weiteren Theil ihrer Ladung und zwar so viel, dass sie nach einer vom Kapitän Wölken, dem mit dem »Lagos« an Bord gekommenen Lootsen Rabenhorst und dem Führer des »Lagos«, Kapitän Dittmer, angestellten Schätzung noch $10\frac{1}{2}$ Fuss und damit so tief ging, wie es die zu jener Zeit in Kraft befindliche Verordnung des Hafenmeisters von Lagos den die Barre passirenden Schiffen gestattete. Am Morgen des 12. Mai, nachdem die Luken verschalkt und die Segel auf des Lootsen Anweisung gelöst waren, nahm der Schlepper »Lagos« die Brigg mit doppelter Trosse in's Tau, um dieselbe nach Lagos zu schleppen. Der Wind war an dem Tage südwestlich von zunehmender Stärke. Als die »Japan« um $8\frac{3}{4}$ Uhr auf die Barre gelangt war, traten mit Hagelschauern untermischte Gewitterböen ein und wuchs Wind und Seegang.

Die »Japan« befand sich erst kurze Zeit auf der Barre, als sie, während noch 14 Fuss gelothet wurden, mehrere Male hintereinander heftig auf Grund stiess. Kapitän Wölken selbst befand sich am Ruder und will nach des Lootsen Anweisung so gesteuert haben, dass die »Japan« sich stets im Kielwasser des Schleppers hielt. Als das Schiff aufstiess, ertheilte der Lootse den Befehl, die Klüver zu setzen. Während das Schiff aber infolge dieses Manövers im Begriffe war abzufallen, erfolgte gleich darauf der Befehl, die Klüver wieder wegzunehmen, und luvte das Schiff infolge dessen wieder auf und kam wieder in das Kielwasser des Dampfers. Es machte dann noch etwas Fahrt, berührte aber fortwährend den Grund und gerieth etwa um 9½ a. m. vollständig fest. Der »Lagos«, welcher bei dem starken Seegang auf seine eigene Rettung bedacht sein musste, schlippte bald darauf die Trossen. Auf der »Japan« wurde dann zu wiederholten Malen der Versuch gemacht, das Schiff mit Hülfe der Segel wieder flott zu bekommen, aber ohne jeden Erfolg. Das Schiff blieb rettungslos festsitzen. Am Nachmittage, nachdem die Mannschaft aus dem Umstande, dass die Kupferplatten lose vom Schiff hingen, schon zu dem Schluss gekommen war, dass das Schiff in der Mitte gebrochen sei, kehrte der »Lagos« in Begleitung des Dampfers »Gaiser« in die Nähe der Unglücksstätte zurück und wurde vom »Gaiser« aus der Versuch gemacht, die schiffbrüchige Mannschaft der »Japan« mit Hülfe zweier unter Führung je eines Kapitäns befindlicher Kanoes zu retten. Die Kanoes konnten jedoch die »Japan« infolge der heftigen Strömung und des hohen Seeganges nicht erreichen und fuhren die beiden Dampfer um 5 Uhr unverrichteter Sache nach Lagos zurück. Inzwischen war das Wasser im Schiff so hoch gestiegen, dass dasselbe mit der umgebenden See gleich stand. Die See war so weit abgelaufen, dass nur noch 5 Fuss gelothet wurden. Die Besatzung der »Japan« beschloss hierauf, da ein ferneres Verbleiben an Bord bei Einbruch der Nacht äusserst gefahrdrohend erschien, das Schiff mittelst der eigenen Boote zu verlassen. Das kleine Boot kenterte beim Aussetzen, das Grossboot wurde glücklich zu Wasser gebracht und nahm den Lootsen und die ganze Besatzung auf, mit Ausnahme des Kapitäns, welcher noch etwas aus der Kajüte holen wollte, und dann nicht mehr in's Boot gelangen konnte, da, wenn das Boot nochmals längsseit vom Schiff gebracht wäre, ein Kentern desselben zu befürchten gestanden hätte. Die Mannschaft erreichte dann noch am Abend des Tages der Strandung glücklich den Hafen von Lagos, während Kapitän Wölken noch bis zum nächsten

Morgen in seiner gefährlichen Lage verharren musste und dann durch Hülfe des »Gaiser« gerettet wurde. Von der Ladung konnte in der Folge nichts geborgen werden.

Bei Beurtheilung des vorstehend geschilderten Thatbestandes musste das Seeamt die Ueberzeugung gewinnen, dass Schiffer und Mannschaft in Bezug auf den Verlust der »Japan« keinerlei Verschulden trifft. Nach der Beweisaufnahme muss angenommen werden, dass Kapitän Wölken alles gethan hat, was ihm als sorglichem Schiffsführer oblag, um sein Fahrzeug mit Sicherheit über die Barre vor Lagos zu bringen. Er hat vorher sein Schiff so sehr geleichtet, dass es den zu jener Zeit für das Passiren der Barre vorgeschriebenen Tiefgang von 10 ½ Fuss hatte. Er hat ferner einen Schleppdampfer engagirt und einen in Lagos konzessionirten Lootsen an Bord genommen. Am Morgen des 12. Mai war am Ufer das Signal gesetzt, welches das Passiren der Barre freigab und erfolgte die Abfahrt von der Aussenrhede so, dass man sich zur Zeit der höchsten Fluth auf der Barre befand. Das Wetter konnte, wenn auch der Wind lebhaft war und die See hoch ging, doch zumal in Anbetracht der damals herrschenden Regenzeit, an jenem Tage nicht als zu ungünstig gelten, um das Passiren der Barre zu unternehmen, zumal die Barre nach Aussage des vom Seeamt vernommenen Lootsen Plambeck damals einen besonders hohen Wasserstand — 15 Fuss zur Fluthzeit — hatte.

Vor Antritt der Fahrt sind die Luken ordnungsmässig verschalkt, die Segel der Hafenverordnung von Lagos gemäss gelöst worden und ist die »Japan« gleichfalls im Einklang mit der erwähnten Hafenverordnung durch zwei lange Trossen mit dem Schlepper verbunden worden. Das Ruder ist während der Fahrt von dem Kapitän Wölken selbst nach des Lootsen Anweisung gehandhabt worden und will Kapitän Wölken immer Sorge getragen haben, die »Japan« im Kielwasser des Dampfers zu halten. Wenn die »Japan« trotz aller geschilderten Vorsicht dennoch von dem Unglück betroffen wurde, auf der Barre festzugerathen und total wrack zu werden, so wird die Ursache hiervon vornehmlich in den unsicheren und wechselnden Verhältnissen der Barre vor Lagos, vermuthlich aber auch in einem Mangel an Erfahrung auf Seiten des Lootsen Rabenhorst, welcher die »Japan« zur Zeit des Unfalles befehligte, gesucht werden müssen.

Das Passiren der Barre ist, wie insbesondere auch der Zeuge Plambeck, welcher 5 Monate in Lagos als Lootse fungirte, bekundet hat, zumal während der Regenmonate infolge des heftigen Stromes und Seegangs an der dortigen Küste nie ganz ohne Gefahr und gehört, da die Barre selbst nicht betonnt ist und der Zustand derselben ein ausserordentlich veränderlicher ist, eine sehr genaue und in fortwährender Praxis geübte Kenntniss des Fahrwassers dazu, um ein Schiff mit Sicherheit über die Barre hinwegführen zu können. Es liegt nun die Vermuthung nahe, dass es dem Lootsen Rabenhorst in der fraglichen Richtung an genügender Erfahrung gefehlt hat. Zur Zeit des Unfalls war derselbe erst wenige Wochen in Lagos und war die »Japan« das erste oder zweite von ihm über die Barre gelootste Schiff. Für die erforderliche genaue und fortwährend geübte Kenntniss der Barre mag denn auch vielleicht der Umstand unzuträglich gewesen sein, dass Rabenhorst schon mehrere Tage vor dem Lootsen der »Japan« mit dem »Lagos« auf die Aussenrhede hinausgekommen war, ein Zeitraum, welcher in Anbetracht des Umstandes, dass die Barre so veränderlich ist, dass sie, wie der Zeuge Plambeck bekundet hat, alle acht Tage neu gepeilt werden muss, vielleicht schon von Einfluss in Bezug auf die Kenntniss der Barreverhältnisse sein kann. Von den Zeugen Plambeck, Kapitän Wölken und dem Matrosen Fabritz ist sodann das von Rabenhorst angeordnete Setzen der Klüver und das dadurch bewirkte Abfallen des Schiffes übereinstimmend als ein fehlerhaftes Manöver bezeichnet worden. Es ist dadurch den Wirkungen von Strom und Wind, welche das geschleppte Schiff und wahrscheinlich auch den Schleppdampfer selbst in Lee vom Kurse abtrieben, nur noch in einer für das Schicksal des Schiffes verhängnissvollen Weise in die Hand gearbeitet worden.

Hiernach hatte das Seeamt seinen Spruch dahin abzugeben:

dass die Strandung des deutschen Briggschiffes »Japan« den Wirkungen von Wind und Wetter unter muthmaasslicher Mitwirkung der vorstehend hervorgehobenen Thatumstände zuzuschreiben ist und dass Kapitän und Mannschaft keinerlei Verschulden an dem fraglichen Unfall trifft.

212. Spruch des Seeamts zu Hamburg vom 26. November 1879, betreffend den Seeunfall des deutschen Schraubendampfschiffes „Madagascar“ von Hamburg.

Schiff auf der Reise von Bangkok nach Hongkong verschollen.

Der der Firma Wm. O'Swald & Co. gehörige, in Hamburg heimathberechtigte eiserne Schraubendampfer »Madagascar« — RDLV — hat am 20. November 1878 auf einer Reise nach Hongkong den Hafen von Bangkok verlassen und fehlen seitdem alle Nachrichten über den Verbleib des Schiffes. Das Schiff war im Jahre 1872 erbaut worden und hatte in »Veritas« erste Klasse.

Im Jahre 1877 war der »Madagascar« zuletzt in Hamburg und befand sich seitdem in Küstenfahrt in den chinesischen und ostasiatischen Gewässern. Geführt wurde das Schiff vom Kapitän J. Timm aus Glückstadt und hatte dasselbe bei seiner letzten Anwesenheit in Hamburg eine Besatzung von, einschliesslich des Kapitäns, 30 Mann. Das untere Maschinenpersonal bestand ausschliesslich aus Chinesen bezw. Malaien, während die Offiziere und Ingenieure wie auch die übrige Mannschaft sich zu jener Zeit aus Europäern zusammensetzte. Doch hat Kapitän Timm im Herbst 1877 in Hongkong einen Theil seiner europäischen Mannschaft abgemustert, so dass sich zur Zeit der letzten Reise der »Madagascar« einschliesslich des Kapitäns, der Ingenieure und der Steuerleute nur noch sieben Europäer an Bord des »Madagascar« befunden haben dürften.

Die Ladung des Schiffes auf seiner letzten Reise bestand hauptsächlich aus Reis, daneben aus einer kleinen Partie Teakholzplanken. Es befanden sich vierzig chinesische Passagiere an Bord.

Die früheren Reisen des »Madagascar« zwischen Bangkok und Hongkong nahmen gegen den NO-Monsoon in der Regel 9 bis 10 Tage in Anspruch. Da Ausgang November und Anfang Dezember 1878 in den chinesischen Gewässern nachweislich starke Teifune geherrscht haben, von welchen auch eine Reihe anderer, zu jener Zeit auf See befindlicher Schiffe betroffen worden sind, so erscheint die Vermuthung gerechtfertigt, dass der »Madagascar« das Opfer eines solchen Wirbelsturmes geworden ist, um so mehr als in der Folge nicht einmal irgend ein Schiffs- oder Ladungstheil, welches als vom »Madagascar« herstammend hätte rekognoszirt werden können, aufgefunden worden oder angetrieben ist.

Das Seeamt muss daher seinen Spruch dahin abgeben:

dass, soweit sich die Ursachen des zu muthmaassenden Unterganges des verschollenen deutschen Dampfschiffes »Madagascar« haben ermitteln lassen, anzunehmen steht, dass dasselbe in einem im November/Dezember 1878 in den chinesischen Gewässern geherrscht habenden Teifun zu Grunde gegangen ist.

213. Spruch des Seeamts zu Tönning vom 26. November 1879, betreffend den Seeunfall der deutschen Galiote „Ellen Susan" von Wyk auf Föhr.

Strandung und Verlust des Schiffes an der britischen Nordseeküste.

In der Untersuchungssache, betreffend den Untergang der deutschen Galiote »Ellen Susan«, hat das Seeamt seinen Spruch dahin abgegeben:

Dem Schiffer Olufs ist nach den ermittelten Umständen bei dem stattgehabten Unfall ein Verschulden, welches die Entziehung der Befugniss zur Ausübung des Gewerbes als Schiffer bezw. Steuermann rechtfertigte, nicht beizumessen, wie auch dem Steuermann Handlungen oder Unterlassungen, welche den Unfall oder dessen Folgen verschuldet hätten, nicht zur Last zu legen sind.

Es ist ferner nichts ermittelt, woraus zu entnehmen wäre, dass Mängel in der Bauart, Beschaffenheit, Ausrüstung, Beladung oder in der Bemannung des Schiffes bezw. Mängel des Fahrwassers oder der für die Schifffahrt bestimmten Hülfseinrichtungen oder Handlungen oder Unterlassungen der zur Handhabung dieser Einrichtungen bestellten Personen den Unfall oder dessen Folgen herbeigeführt haben.

Wie die Verhandlungen denn auch ergeben haben, dass nach Eintritt des Unfalls Kapitän, Steuermann und Mannschaft ihren Pflichten genügt haben und dieselben in dieser Hinsicht also ebenfalls ein Vorwurf nicht trifft.

Gründe. Die dem Konsul Heymann in Wyk auf Föhr gehörige Galiote »Ellen Susan«, Kapitän Olufs, nicht klassifizirt, etwa 20 Jahr alt, aber im guten Zustande, nicht versichert, bestimmt für einen Kohlentransport aus England, verliess am 15. Juli 1879 in Ballast bei günstigem Wind und guter Witterung Wyk, um in Warkworth Steinkohlen einzunehmen. Dasselbe befand sich am 19. Juli, Nachmittags 4 Uhr, auf der Dogger-Bank, woselbst gelothet wurde. Am Mittag desselben Tages hat der Kapitän Besteck genommen und Observation gemacht. Nach dieser Zeit ist letzteres unmöglich gewesen, weil Nachmittags 2 Uhr starker Nebel eintrat, welcher am 19. und 20. Juli andauerte und den Kapitän verhinderte, weiter als einige Schiffslängen zu sehen. Am 20. Juli, Nachmittags 6 Uhr, hat der Kapitän auf's Neue gelothet und 40 Faden Tiefe gehabt. Da diese Lothung mit seinem Besteck übereinstimmte, nahm er an, 35 bis 36 englische Meilen von der englischen Küste entfernt zu sein. Der Kapitän behielt deshalb den Kurs bei und machte kleinere Segel; der Wind war NNO. Um 9½ Uhr, während der Steuermann die Wache hatte, kam der Kapitän, welcher sich um 8 Uhr in die Kajüte zurückgezogen hatte, wieder an Deck und ordnete an, dass aus dem Grosssegel ein Reff ausgesteckt werden möge, damit das Schiff nicht zu weit vom Winde abtreibe und der Küste zu nahe käme. Er ordnete ferner an, dass das Schiff um 12 Uhr gewendet werden solle. Bevor dieser Zeitpunkt erreicht war, erfolgte das Aufstossen des Schiffes und der Unglücksfall, indem das Schiff wiederholt auf felsigen Grund stiess und sofort dermaassen leck wurde, dass die Mannschaft, um ihr Leben zu retten, schleunigst das Rettungsboot aussetzen musste, vermittelst dessen sie unter Lebensgefahr in kurzer Zeit die englische Küste bei Byrling-Carrocks nahe bei Amble erreichte. Das Schiff wurde wrack und ging vollständig verloren, nachdem von demselben bei niedriger Ebbe am anderen Tage noch die Schiffspapiere und die meisten Effekten geborgen waren. Wenn der Kapitän bei der Aufnahme des Bestecks sich nicht geirrt hätte, würden die angewandten Vorsichtsmaasregeln vollständig genügt haben, um das Schiff gegen einen Unfall zu sichern, weil bei der angenommenen Entfernung und da das Schiff nur zwei englische Meilen in der Stunde machte, die Annahme ausgeschlossen war, dass dasselbe vor 12 Uhr Nachts die Küste erreichen konnte. Dass ein Irrthum in der Aufnahme des Bestecks eingetreten, erklärt sich dadurch, dass der Nebel am 19. eingetreten und am 20. fortdauerte und der Kapitän keine spätere Observation bekommen konnte und dass durch die namentlich an der englischen Küste starke Strömung des Meeres und das Treiben des Schiffes leicht eine Abweichung vom Kurse von etwa 30 englischen Meilen stattfinden kann, welche ohne Observation nicht wahrzunehmen ist. Dass der Kapitän nach 6 Uhr Abends nicht ferner hat lothen lassen, ist demselben nach Ansicht des Seeamts deshalb nicht zum Vorwurf zu machen, weil er annehmen konnte, dass das Schiff sich noch weit von der Küste befände und weil auch Lothungen an diesem Punkt der englischen Küste einen genügenden Anhalt nicht bieten, indem dort das Meer bis hart an's Ufer heran eine sehr bedeutende Tiefe hat, zwei englische Meilen von der Küste noch eine Tiefe von etwa 53 Metern.

Aus demselben Grunde wird nach Ansicht des Seeamts dem Kapitän auch daraus ein Vorwurf nicht gemacht werden können, dass er nicht gleichzeitig mit Aussteckung des Reffs aus dem Grosssegel eine Wendung des Schiffes anordnete, durch welche möglicherweise der Unfall hätte vermieden werden können.

214. Spruch des Seeamts zu Hamburg vom 26. November 1879, betreffend den Seeunfall der deutschen Bark „Maria" von Hamburg.

Schiff in der Nordsee leck geworden und etwa 60 Seemeilen westlich von Helgoland aufgegeben.

Die in Hamburg heimathberechtigte deutsche Bark »Maria« — RBNW —, von 618,0 cbm Netto-Raumgehalt, geführt von dem Kapitän H. Debrodt, auf einer Reise von der Elbe nach Hartlepool in Ballast begriffen, wurde am 3. November 1879 in der Nordsee, ungefähr 60 Seemeilen westlich von Helgoland in sinkendem Zustande verlassen und ist als vollständig verloren zu betrachten. Die Mannschaft rettete sich auf ein von ihr selbst aus Schiffstheilen gezimmertes Floss und wurde, nachdem sie zwei bis drei Stunden auf offenem Meere getrieben hatte, im Augenblicke der höchsten Noth, als schon das Floss, welches die Last nicht zu tragen vermochte, weg zu sinken drohte, von dem nach Tönning bestimmten britischen Dampfer »John Ormston«, Kapitän Williamson, geborgen und nach Tönning gebracht. Weder vom Schiffsinventar noch von den Effekten der Mannschaft wurde irgend etwas gerettet und sind auch Journal sowie sämmtliche Schiffspapiere verloren gegangen.

Nach den Aussagen des Kapitäns, des Steuermanns und der übrigen aus fünf Personen bestehenden Mannschaft der »Maria«, welche schon am zweiten Tage nach dem Unfall einer vorläufigen Vernehmung durch das Seeamt Tönning unterzogen worden ist und mit Ausnahme eines Matrosen und des Schiffsjungen auch zur Hauptverhandlung herangezogen werden konnte, hat sich der Unfall folgendermaassen ereignet.

Die »Maria«, welche an die Firma Agecke Köster & Co. in Glückstadt zu einer Frachtrate von 6 £ per keel fest verchartert war, um Kohlen von England zu holen, trat Mitte Oktober 1879 eine neue Ausreise in Ballast nach Hartlepool an. Es sollte diese Reise nach Aussage des Kapitäns Debrodt die letzte im Jahre 1879 sein, indem die Rhederei das Schiff während der rauhen Jahreszeit aufzulegen beabsichtigte, wie solches auch im Winter 1878/79 geschehen war. Auch im Jahre 1878 hatte die »Maria« Ende Oktober ihre letzte Reise gemacht und hoffte die Rhederei das Schiff im Jahre 1879 ebenfalls Ende Oktober auf der Elbe zurückerwarten zu können. Die »Maria« war aber infolge verschiedener Beschädigungen an Segeln und Tauwerk und weil der aus Sand bestehende Ballast sich in die Pumpen gesetzt hatte, genöthigt, nach der Elbe zurückzukehren und reparirte dann vom 18. bis zum 28. Oktober bei Pagensand. Ausser Reparatur der Takelage wurde eine neue Verschalung bei der Wegerung vorgenommen. Das Schiff ging am 31. Oktober wieder in See und hatte anfänglich ruhiges Wetter. Am Sonnabend, den 1. November, wurde aber der Wind von NW nach NO umlaufend und trat dann am Sonntag sehr schweres Wetter mit häufigen Hagelböen ein. Schon in der Nacht vom Sonnabend auf Sonntag machte die »Maria« mehr Wasser als gewöhnlich und wurde am Sonntag Morgen bei Untersuchung des Raumes entdeckt, dass sich vorn am Bug an der Backbord-Seite eine Naht gelöst hatte. Es gelang dann aber diesen Leck zu dichten, so dass der Steuermann, ehe er um 2 Uhr p. m. zu Koje ging, den Schiffsraum bei einer vorgenommenen Untersuchung von Wasser wieder völlig frei fand. Wenige Stunden darauf war aber der Leck bei dem heftigen Arbeiten des Schiffes abermals aufgesprungen und drang das Wasser mit solcher Heftigkeit in den Raum, dass man vermuthen musste, der Leck beschränke sich nicht mehr auf die Lösung einer Naht, sondern es sei jetzt eine Planke losgesprungen. Alle Versuche, den Leck mittelst des Wergs und der Sägespähne, welche man in Säcken mitzuführen pflegte, zu verstopfen, misslangen und musste man bald von weiteren Versuchen in dieser Richtung abstehen, da der immer mehr steigende Wasserstand im Raum ein ferneres Arbeiten in demselben unmöglich machte. Nachdem der Zustand des Schiffes ein hoffnungsloser geworden war, suchte die Mannschaft am Abend das Grossboot auszubringen, welches man mit Proviant und einigem Schiffsinventar versehen hatte, dasselbe wurde aber durch eine überbrechende Sturzsee zertrümmert. Das Schiff hatte sich inzwischen auf die eine Seite geneigt und wurde, um die Oberlast desselben zu vermindern und ein Kentern zu verhüten zwischen 8 und 9 Uhr Abends beschlossen, die Masten zu kappen. Hierbei wurde das Verdeck und ein Theil der Schanzkleidung durch den niederschlagenden Fockmast zertrümmert und musste man das entstandene Loch im Deck so gut als möglich mit einem alten Reservesegel dichten. Beim Kappen hatte sich auch der untere Theil des Fockmastes losgelöst. Derselbe trieb dann auf dem Wasser im Raume umher und wurde bei der starken schlingernden Bewegung des Schiffes ebenso wie die gleichfalls in's Schwimmen gerathenen Wasserfässer fortwährend mit Heftigkeit gegen die Seitenwände im Innern des Schiffes geworfen, ohne jedoch, soweit die Mannschaft der »Maria« bemerkt hat, weitere Beschädigungen am Rumpf zu bewirken. Da das Schiff somit mit Ausnahme des Lecks am Vorderbug dicht blieb, so war es der Mannschaft möglich noch bis zum nächsten Nachmittag 2 Uhr an Bord zu bleiben. Von den nach Aussage aller darüber vernommenen Zeugen in bestem Stande befindlichen beiden Pumpen, an welchen die Mannschaft sich fortwährend ablöste, wurde die Leepumpe am Sonntag Abend etwa um 10 Uhr unklar, während die Luvpumpe noch bis zum nächsten Morgen 9 oder 10 Uhr in Gang gehalten werden konnte. Es verdient noch hervorgehoben zu werden, dass man, um die Pumpen thunlichst klar zu halten, schon als das Schiff zuerst leck geworden war, alle an Bord vorhandenen leeren Säcke mit Sand gefüllt und dieselben vor den übrigen Ballast geworfen hatte.

Konnte bei Beurtheilung des vorliegenden Seeunfalles nun auch darüber kein Zweifel obwalten, dass die unmittelbare Ursache des Unterganges der »Maria« der am Backbord-Bug gesprungene Leck gewesen ist und musste es auch als ebenso zweifellos angesehen werden, dass Kapitän wie Mannschaft nach eingetretener Seegefahr ihre Pflicht in vollem Umfange erfüllt und unter äusserstem Kraftaufgebot alles gethan haben, um Schiff und Leben zu retten, so war doch der gegenwärtige Fall in sofern Bedenken zu erregen geeignet, als Zweifel daran, ob die »Maria« ihre letzte Reise in seetüchtiger Beschaffenheit angetreten habe, nicht von vorn herein ausgeschlossen erschienen. Es kam in dieser Beziehung zunächst das sehr hohe Alter der »Maria« in Betracht. Dieselbe ist laut der amtlichen Schiffsliste im Jahre 1815 erbaut, würde somit jetzt ein Alter von 64 Jahren erreicht haben. Das Schiff war sodann vor ungefähr zwei Jahren von der jetzigen Rhederei desselben, bestehend aus dem Führer des Schiffes, Kapitän Debrodt zu ½ Part und den früheren Schiffern H. Brütt, Schwiegervater des Kapitäns Debrodt, in Seestermühe bei Elmshorn und J. Zander in Eimsbüttel zu je ¼ Part zu dem ausserordentlich geringen Preise von 6 000 ℳ. angekauft worden. Die Klasse des Schiffes war erloschen und war eine Versicherung für das Casco des Schiffes nicht geschlossen worden.

Das Unterlassen einer Versicherung des Schiffes erklärte die Rhederei aus dem Umstande, dass man in Anbetracht des geringen Frachtverdienstes die hohen Versicherungsprämien, 14 bis 15 %, nicht habe tragen können.

Bei Erwerb des Schiffes wollen die jetzigen Rheder, welche einzeln vom Seeamt vernommen worden sind, sich über die bauliche Beschaffenheit desselben dadurch vergewissert haben, dass sie in Gegenwart des früheren Korrespondent-Rheders, Kapitän Sinn, eine Stelle am Bug und einen Theil der Füllungen offen legten und das Holz an den so untersuchten Stellen gesund fanden. Auch im Winter 1878/79 hat nach Aussage des Kapitäns Debrodt eine Untersuchung der Innenhölzer durch theilweises Aufschlagen des Schiffes bei Gelegenheit einer in Spikerhörn vorgenommenen Reparatur stattgefunden, ohne dass man auf ungesunde Stellen im Holze aufmerksam geworden wäre. In den ungefähr zwei Jahren ihres Eigenthums am Schiff hat die jetzige Rhederei zu wiederholten Malen, sowohl in Deutschland wie zuletzt im September 1879 in einem Trockendock in South-Shields, eine Reihe von Reparaturen an Takelung wie Rumpf des Schiffes vornehmen lassen. Doch haben sich die jetzigen Rheder sowohl beim Erwerb des Schiffes auf ihr eigenes Urtheil hinsichtlich der Beschaffenheit des Holzes verlassen, ohne das sachkundige Urtheil eines Schiffsbauers zu Rathe zu ziehen, wie sie auch in der Folge die vorgenommenen Reparaturen allein und nach eigenem Gutdünken ohne technisch sachverständige Mitwirkung angeordnet haben.

Wird nun allerdings nicht verkannt werden können, dass die Zuratheziehung eines im Schiffbaufach erfahrenen Technikers ein grösseres Maass an Vorsicht auf Seiten der Rhederei bekundet hätte, so wird derselben doch der Vorwurf einer schuldvollen

Nachlässigkeit in dieser Beziehung nicht gemacht werden können, wenn man berücksichtigt, dass das Holz alter Schiffe unter der Wasserlinie an Festigkeit zu gewinnen pflegt und die Rheder bei wiederholtem Aufschlagen des Schiffes auf schadhafte Stellen nicht gestossen waren.

Nach der stattgehabten Beweisaufnahme kann denn auch die Annahme, dass die »Maria« ihre letzte Reise in seeuntüchtigem Zustande angetreten habe, keineswegs für erwiesen gelten. Dem Umstande, dass das Schiff schon auf seinen früheren Reisen und zumal in beladenem Zustande ziemlich viel Wasser gemacht hat, wird eine wesentliche Bedeutung in dieser Beziehung nicht beigelegt werden können. Das Schiff hat, wie sich auch mehrere der vernommenen Zeugen dahin geäussert haben, einen sogenannten »festen Leck« gehabt, eine Eigenschaft, die sehr vielen und vorzugsweise älteren Schiffen eigen ist und der man auf der »Maria« dadurch und zwar mit Erfolg zu begegnen bemüht gewesen ist, dass man dieselbe mit besonders guten und wirksamen Pumpen versehen hat. In wie hohem Grade man bei früheren Reisen dieses »festen Leckes« Herr gewesen ist, erhellt am besten aus dem vom Kapitän Debrodt bezeugten Umstande, dass die »Maria« ihre Kohlenladungen immer in völlig trockenem und gutem Zustande abgeliefert hat.

Aus dem Umstande, dass das Schiff etwas reichlich Wasser gemacht hat, würde man somit einen begründeten Vorwurf nur dann herleiten können, wenn man Schiffen einer gewissen Altersgrenze überhaupt die zur Seetüchtigkeit erforderlichen Eigenschaften absprechen wollte, wozu es aber an jeder gesetzlichen Handhabe fehlt. Die Thatsache, dass das Schiff bei hohem Seegange und stürmischem Wetter einen Leck in der Naht sprang, welcher sich bald muthmaasslich durch Abspringen einer Planke zu einer beträchtlichen Oeffnung erweiterte, beweist allerdings, dass der Schiffskörper von tadelloser Beschaffenheit nicht gewesen sein wird, lässt aber für sich allein auf eine eigentliche Seeuntüchtigkeit des Schiffes nicht schliessen. Noch viel weniger wird aber für erwiesen gelten können, dass der Rhederei und dem Führer der »Maria« deren Seeuntüchtigkeit, wenn solche wirklich vorgelegen haben sollte, bewusst gewesen sei. Es kann in dieser Beziehung nicht unbeachtet bleiben, dass keiner von den zur Besatzung der »Maria« gehörig gewesenen Schiffsleuten, welche vom Seeamte vernommen wurden, die Seeuntüchtigkeit des

Schiffes zu behaupten vermocht hat, vielmehr die Mehrzahl und auch der Steuermann, welcher bereits vier Reisen mit dem Schiffe gemacht hatte, ihre Ueberzeugung in entgegengesetzter Richtung ausgesprochen haben. Hiernach wird man nicht umhin können, den überdies zum Theil eidlichen Versicherungen der drei Mitrheder, dass sie sich von der trotz des hohen Alters der »Maria« soliden baulichen Beschaffenheit derselben und somit von deren Seetüchtigkeit überzeugt gehalten haben, Glauben zu schenken.

Es wird in dieser Beziehung auch nicht unbeachtet bleiben dürfen, dass nicht nur sämmtliche Mitrheder für ihre Verhältnisse nicht unbeträchtliche Kapitalien auf Ankauf und Instandhaltung des Schiffes verwandt hatten, welche sie, da sie nicht versichert waren, bei jeder Reise des Schiffes auf's Spiel setzten, wie zumal Kapitän Debrodt mit dem Schiffe seine ganzen Ersparnisse verloren haben will, sondern dass auch der Mitrheder Brütt gewiss nicht gemeint gewesen sein kann, das Leben seines Schwiegersohnes, des Kapitäns Debrodt, auf einem Schiffe auf's Spiel zu setzen, dessen Seeuntüchtigkeit er kannte.

Dass die »Maria« nur mit einem Boote ausgerüstet gewesen ist, wird der Rhederei zum ernstlichen Vorwurf nicht gereichen können, da gesetzliche Vorschriften in dieser Beziehung für Kauffahrteischiffe in Deutschland nicht bestehen, das eine Boot aber zur Aufnahme der aus sieben Personen bestehenden Besatzung des Schiffes zureichend erscheinen konnte. Vorsichtiger würde es allerdings gewesen sein, die »Maria«, wie die meisten Schiffe gleicher Grösse damit versehen sind, mit zwei Booten auszurüsten. Wenn die »Maria« auf ihrer letzten Reise nur sieben Mann, einschliesslich des Kapitäns gefahren hat, so erscheint diese Anzahl für eine Bark, wie die »Maria« es war, allerdings sehr gering. Doch ist in dieser Beziehung nicht ausser Acht zu lassen, dass Kapitän Debrodt nach seinem eigenen Zeugniss selbst Schiffsarbeiten mit verrichtet hat und dass die für die letzte Reise gemusterte Zahl acht betrug, welche erst durch die plötzliche Erkrankung eines Mannes am Tage der Abreise auf sieben reduzirt wurde.

Auf Grund vorstehender Erwägungen giebt das Seeamt seinen Spruch dahin ab:

> Der Untergang der hamburgischen Bark »Maria« ist durch das bei hohem Seegang und stürmischem Wetter in ungefähr 60 Seemeilen Abstand westlich von Helgoland erfolgte Springen eines Lecks am Backbord-Bug des Schiffes

verursacht worden. Eine seeuntüchtige Beschaffenheit des Schiffes, sowie namentlich das Bewusstsein der Rhederei oder des Schiffers um solche Seeuntüchtigkeit hat nach den stattgehabten Ermittelungen nicht vorgelegen.

Tadelnd hervorgehoben zu werden verdient aber die zu geringe Bemannung des Schiffes, wie es auch vorsichtiger gewesen sein würde, das Schiff mit zwei Booten zu versehen.

Schliesslich glaubte das Seeamt den Umstand nicht unerwähnt lassen zu sollen, dass nach der übereinstimmenden Aussage der Besatzung der »Maria« am Montag Morgen, 3. November, ein deutscher Schooner, dessen Namen derzeit nicht ermittelt werden konnte, in die Nähe des sinkenden Schiffes gekommen ist, sich aber, ohne Hülfe zu bringen, wieder entfernt hat. Nach Schätzung der darüber vernommenen Zeugen befand sich das Schiff in ungefähr $^1/_2$ bis 1 Seemeile Abstand von der »Maria«, so dass auf demselben deutlich einzelne Personen unterschieden werden konnten; wie die Mannschaft der »Maria« unter Anderem auch wahrgenommen haben will, dass man auf jenem Schiffe im Begriffe gewesen ist, ein Boot zum Aussetzen klar zu machen. Kapitän Debrodt will jenes Schiff noch bis zum Abend, als die Besatzung der »Maria« sich bereits auf dem Floss befand, im Auge behalten haben und hat die Vermuthung geäussert, dass dasselbe bei Borkum eingelaufen sei.

Die vom Seeamte diesbezüglich angestellten Ermittelungen haben ergeben, dass jenes Schiff die auf einer Reise von Schweden nach Papenburg begriffene Schoonerbrigg »W. Brügmann & Sohn No. 1«, Kapitän Schmidt, von Papenburg gewesen ist.

215. Spruch des Seeamts zu Emden vom 29. November 1879, betreffend den Seeunfall der deutschen Kuff „Heilke Boekhoff" von Oldersum.

Schiff in der Nordsee leck geworden, unweit Norderney aufgegeben und gesunken.

Das Seeamt hat folgenden Spruch verkündet:

Der Verlust des Schiffes »Heilke Boekhoff« — KFHP — ist auf die stürmische Witterung während der Tage vom 17. bis 21. Oktober 1879 zurückzuführen.

Thatbestand. Das im Jahre 1872 zu Jemgum neu erbaute, zu Oldersum heimathberechtigt gewesene Kuffschiff »Heilke Boekhoff« — KFHP — ist am 22. Oktober 1879 unweit Norderney von seiner Besatzung in sinkendem Zustande verlassen und bald darauf vor den Augen der letzteren versunken.

Das Schiff gehörte einer Rhederei in Oldersum, an welcher der Führer desselben, Schiffskapitän Harm. G. Spelde zu Oldersum, persönlich nicht betheiligt war, und war dasselbe bei einem Versicherungswerthe von etwa 12 bis 13 000 *M.* bei zwei verschiedenen Kompakten für im ganzen 11 165 *M.* versichert, bei der stattgehabten Vermessung aber, welche die Hauptmaasse auf 20,75 m Länge, 4,73 m Breite und 1,89 m Tiefe feststellte, dessen Netto-Raumgehalt zu 145,6 cbm oder 51,39 Register-Tons ermittelt.

Das Schiff war nach seiner Erbauung beim Bureau Veritas klassifizirt, hatte Klasse 3/3, 1. 1. erhalten und wurde diese Klasse, nachdem die »Heilke Boekhoff«, welche durch eine im vorigen Herbste unweit Helsingör erfolgte Ansegelung durch ein nicht zu ermitteln gewesenes fremdes Schiff nicht unbedeutende Beschädigungen erlitten hatte, zunächst in Malmoe und später in Harburg reparirt war, nach vorgängiger Besichtigung durch einen Hamburger Experten am 17. März 1879 durch ein Visum auf dem betreffenden Klassifikations-Certifikate auf's Neue bestätigt.

Die Besatzung des Schiffes bestand regelmässig aus 3 Personen und so insbesondere auch auf der letzten Reise, welche am 8. Oktober 1879 mit einer für Flensburg bestimmten Ladung Schiefer angetreten wurde. Die ganze Ladung betrug 90 Tons und hatte die »Heilke Boekhoff« mit derselben einen Tiefgang von 6 Fuss bei einer Auswässerung von 12 Zoll.

Erst am 17. Oktober gelangte man in See und trat nun an demselben Tage stürmische Witterung ein, die auch an den folgenden Tagen anhielt. Das Schiff nahm viel Wasser über Deck, eine Sturzsee zerschlug das Deckfenster der Kajüte, so dass sich letztere mit Wasser füllte und wollte es nach dem 20. Oktober aller Anstrengungen ungeachtet nicht mehr gelingen, lens zu pumpen. In der Nacht vom 20./21. Oktober wurde, um das Schiff zu erleichtern ein Theil der Ladung aus der Sturzluke geworfen und, nachdem man am 21. Oktober bei fortdauernd stürmischer Witterung beständig hatte pumpen müssen, sodann am 22. Oktober, Morgens etwa um 4 Uhr, das Norderneyer Feuer Süd bei etwa 14 Meilen Abstand gepeilt. Nunmehr richtete der Schiffer, indem er dienliche Segel setzte, gleichzeitig aber auch die Nothflagge heisste, seinen Kurs auf die Jade, die er bei der inzwischen eingetretenen besseren Witterung noch glaubte erreichen zu können, indessen nahm das Wasser im Raume so stark zu, dass sich die Besatzung am Nachmittage des 22. Oktober entschliessen musste, die »Heilke Boekhoff« zu verlassen.

Schon nach Verlauf von etwa 10 Minuten sank die letztere unter, die Besatzung aber wurde nach Verlauf von etwa einer weiteren Stunde von einem Geestemünder Lootsenschooner aufgenommen, sodann später auf ein zweites Geestemünder Lootsenschiff abgegeben und von dem letzteren am Abend des 23. Oktober in Geestemünde gelandet.

Wegen der Witterungsverhältnisse in den Tagen vom 17. bis 22. Oktober 1879 wird schliesslich auf den von der Agentur der deutschen Seewarte in Emden eingezogenen Witterungsbericht Bezug genommen.

Entscheidungsgründe. Vom Seeamte ist sodann Folgendes erwogen:

1. Durch die Aussagen der vernommenen Schiffspersonen bezw. die vom Zentralbureau des Bureau Veritas in Hamburg unterm 6. November 1879 ertheilte Auskunft ist für festgestellt zu erachten, dass sich die »Heilke Boekhoff« bei ihrer Ausfahrt von Antwerpen in dichtem, seetüchtigen Zustande befunden habe und liegt ebensowenig ein Grund vor, die Zulänglichkeit der Bemannung derselben irgendwie zu bemängeln.

2. Dagegen ist freilich die von der »Heilke Boekhoff« geführte Ladung nicht blos als eine schwere, sondern auch insbesondere als eine nicht ungefährliche zu bezeichnen, gleichwohl ist jedoch mit Rücksicht auf das geringe Alter des Schiffes nicht abzusehen, dass die Einnahme derselben an sich dem Schiffer irgend welche Bedenken hätte erregen können, und kann sich daher nur fragen ob nicht im Verhältnisse zu dem durch die stattgehabte Schiffsvermessung festgestellten Netto-Raumgehalte eine Ueberladung der »Heilke Boekhoff« stattgefunden habe. Indessen ist diese Frage zu verneinen, da durch die Aussagen der vernommenen Schiffspersonen nachgewiesen erscheint, dass bei einem Tiefgange von 6 Fuss noch eine Auswässerung von 12 Zoll verblieben sei.

3. Daneben ist durch die Aussagen der Zeugen bezw. durch den von der Agentur der deutschen Seewarte in Emden eingezogenen Witterungsbericht festgestellt, dass die »Heilke Boekhoff« auf ihrer Reise in den Tagen vom 17. bis 21. Oktober 1879 von einem

überaus schweren Wetter betroffen wurde, und findet durch letzteres die eingetretene Beschädigung nicht bloss eine ausreichende Erklärung, sondern ist auch in Ermangelung aller und jeder Anhaltspunkte für die Annahme anderer mitwirkender Ursachen als die alleinige Ursache derselben anzusehen.

4. Endlich ist durch die stattgehabte Verhandlung erwiesen, dass die »Heilke Boekhoff« binnen sehr kurzer Zeit nach dem Verlassen derselben durch die Mannschaft vor den Augen der letzteren gesunken ist. Daraus ergiebt sich, dass die Mannschaft bis zum letzten Augenblicke ausgehalten habe, und wird denn ferner unter solchen Umständen auch kein Grund vorliegen können, die Angaben derselben, dass auch schon vorher alles in ihren Kräften Stehende zur Erhaltung von Schiff und Ladung geschehen sei, einem Zweifel zu unterziehen. Nicht weniger ist wegen Bergung der Schiffbrüchigen seitens der Geestemünder Lootsen pflichtgemäss verfahren, und war aus allen diesen Gründen so, wie geschehen, zu erkennen.

216. Spruch des Seeamts zu Bremerhaven vom 29. November 1879, betreffend den Seeunfall des deutschen Schraubendampfschiffes „H. F. Ulrichs“ von Bremen.

Strandung und Verlust des Schiffes in der Nähe von Terschelling an der niederländischen Küste.

In Sachen, betreffend die Untersuchung des Unterganges des Dampfers »H. F. Ulrichs«, Kapitän Blank, hat das Seeamt folgenden Spruch verkündet:

Der Dampfer »H. F. Ulrichs« war im Jahre 1873 auf Ulrichs Werft in Vegesack nach erster Klasse Veritas neu erbaut, wurde im Jahre 1874 von der Dampfschifffahrts-Gesellschaft Neptun in Bremen angekauft, erhielt im Jahre 1876 und im Mai 1879 gründliche Reparaturen und wurde nach der letzteren Reparatur auf drei Jahre erster Klasse Veritas certificirt. Derselbe hatte am 3. November 1879 den Hafen von Cronstadt mit einer vollen Ladung Roggen verlassen; Bestimmungsort war Rotterdam. Am 8. November lief das Schiff Copenhagen an und am 9. November passirte dasselbe Hanstholmen in zehn Meilen Abstand als letztgesehene Landmarke. Das Wetter war während der ganzen Reise stürmisch und die See stark erregt, so dass das Schiff viel Wasser an Deck erhielt und astronomische Beobachtung mehrfach nicht vorgenommen werden konnte, insbesondere konnten am 10. und 11. November gar keine und am 12. November nur ungenaue Beobachtungen angestellt werden. Chronometer waren nicht an Bord.

Am 12. November war schwerer Sturm aus NNW bis West nach dem Kompass mit häufigen Hagelböen, bei deren Eintritt die Kimm mitunter stundenlang verdeckt war. Von Mittag an wurde SWzW nach dem Kompass, gleich missweisend SW¼W gesteuert, und Kapitän Blank war auf Grund seiner Berechnungen der Meinung, dass dieser Kurs frei von Texel, nämlich 5 bis 6 Meilen ausserhalb Texel-Feuerkreis führen müsse. Um 7 Uhr Abends wurde gelothet und 17 Faden Tiefe gefunden; der gelothete Grund wurde nicht festgestellt. Vorher und nachher wurden weitere Lothungen nicht vorgenommen. Der Kapitän hatte Mittags etwa 70 Meilen bis Texel-Feuerkreis gerechnet und rechnete die zurückgelegte Entfernung vom Mittag bis zur Lothung Abends 45 Meilen. Obwohl die Böen nach Sonnenuntergang sehr an Stärke zugenommen hatten, wurde der Kurs SW¼W ununterbrochen fortgesetzt, bis um 8½ Uhr Abends eine furchtbare Sturzsee über das Schiff hinbrandete, Boote, Kappen, Kappfenster, Kompasse, Seitenlaternen und die eiserne Steuerbord-Verschanzung wegriss und viel Wasser in den Maschinenraum, die Kajüte und das Logis spülte. Um bei den weiter auf das Schiff einstürzenden Seen das Einströmen von Wasser thunlichst zu verhindern und die entstandenen Oeffnungen wieder zu dichten, versuchte Kapitän Blank das Schiff auf der See zu halten, hierbei liess sich jedoch ein Dichten der Oeffnungen nicht ermöglichen, und liess der Kapitän deshalb das Schiff etwa ¾ Stunden lang vor dem Winde liegen, während welcher Zeit es gelang, das Maschinen-Kappfenster dicht zu machen. Hierauf wurde das Schiff wieder in den Wind gelegt. Die Fahrgeschwindigkeit — vorher 6 bis 7 Knoten bei voller Kraft — war seit 8½ Uhr auf halbe Kraft gemindert; ausserdem wurden sofort nach der ersten grossen Sturzsee die Pumpen mit Einschluss der Nothpumpe in Bewegung gesetzt und unausgesetzt in Bewegung gehalten. Trotzdem nahm, da immer neue Sturzseen über das Deck hinstürzten und neue Wassermassen in das Schiff brachten, das Wasser so sehr zu, dass im Maschinenraume die Lichter erloschen und die dort beschäftigten Leute im hohen Wasser standen. Die Maschine arbeitete nur noch ungenügend.

Die Lage des Schiffes war schliesslich eine solche geworden, dass Kapitän Blank ein Sinken auf hoher See befürchtete und bereits eine Flaschenpost, durch welche er über das Schicksal des Schiffes Auskunft geben wollte, zurecht gemacht hatte. Etwa um 10½ Uhr stiess das Schiff dann plötzlich mit dem Hintersteven auf, wurde darauf unter fortwährendem Aufstossen von der See noch weiter auf das Land geworfen und sass nach etwa ¼ Stunde ganz fest, während von allen Seiten Seen über das Schiff hinbrachen. Um ein Querschlagen zu verhüten, liess Kapitän Blank beide Anker auswerfen, und hatte die Maassregel den beabsichtigten Erfolg. Um 11 Uhr wurde das bis dahin nicht bemerkte Feuer von Terschelling erblickt. Das Schiff war um diese Zeit schon ganz voll Wasser geschlagen und um 12 Uhr befand sich dasselbe schon etwa 6 Fuss unter Wasser. Die Mannschaften hatten sich in die Masten gerettet und sassen da die ganze Nacht und den folgenden Vormittag, bis sie um 11½ Uhr Vormittags durch das von Terschelling zu Hülfe kommende Rettungsboot gerettet wurden.

Das Seeamt nimmt bei Beurtheilung des vorliegenden Falles an, dass das Schiff bei der nordwestlichen Richtung von Wind und Seegang schon von Hanstholmen an mehr vom Kurse abgetrieben ist, als Kapitän Blank angenommen hat, und dass dasselbe demzufolge sich am Mittag des 12. November weiter östlich befand, als die Loggrechnung des Kapitäns ergab. Abgesehen von dieser nicht vorgesehenen Abweichung war der vom Kapitän aufgegebene Kurs, 24 Meilen von Texel, genügend vom Lande entfernt gesetzt und gesteuert. Es ist ferner anzunehmen, dass das Schiff durch das anhaltende und am 12. November erheblich zunehmende stürmische Wetter, insbesondere durch die Sturzseen, welche am Abend nach 8 Uhr auf dasselbe einschlugen, in einen derartig seeuntüchtigen Zustand versetzt worden ist, dass eine Beibehaltung des Kurses vorläufig nicht möglich, und es, nachdem der Versuch, das Schiff in den Wind zu legen, misslungen, durchaus richtig war, dasselbe vor den Wind zu legen, um auf diese Weise die Möglichkeit herbeizuführen, dass die aufgeschlagenen bezw. zertrümmerten Oeffnungen wieder gedichtet wurden. Während des nach der möglichst gut vorgenommenen Dichtung gemachten Versuchs, wieder mehr nordwestlich zu steuern, ist das Schiff sodann dem Lande näher getrieben, wobei der Umstand, dass die Maschine nicht genügend mehr arbeiten konnte und das Schiff sich auch immer mehr mit Wasser füllte, nicht unerheblich mitgewirkt haben muss. Die nach der erfolgten Strandung vorgenommenen Maassregeln waren den Umständen nach angemessen, insbesondere war es durchaus richtig, dass die beiden Anker ausgeworfen wurden, um das Schiff auf diese Weise auf flachem Wasser zu halten und dadurch die Rettung der Mannschaft zu sichern.

217. Spruch des Seeamts zu Königsberg vom 1. Dezember 1879, betreffend den Seeunfall der deutschen Jacht „Meta" von Stettin.

Fahrzeug muthmaasslich gekentert und wrack an die kurische Nehrung zwischen Cranz und Sarkau getrieben; Besatzung wahrscheinlich ertrunken.

Das Seeamt hat seinen Spruch dahin abgegeben:

dass der Seeunfall der Jacht »Meta« durch elementare Ereignisse verursacht worden und dass nach Lage des Falles nicht hat festgestellt werden können, ob ausserdem noch anderweite Umstände (§ 4 ad 1—4 des Reichsgesetzes vom 27. Juli 1877) dabei mitgewirkt haben.

Gründe. Am 7. Oktober 1879 trieb an die kurische Nehrung zwischen Cranz und Sarkau das auf der Breitseite liegende Wrack einer Jacht, welche, nachdem das Wrack am 8. Oktober über das vor dem Strande liegende Riff bis auf 15 Schritte Abstand vom Lande aufgetrieben war, nach der Aufschrift am Spiegel sich als die »Meta« von Ueckermünde auswies. Die Luken des Schiffes standen offen. Auf demselben wurde, ausser der im Schiffsraum befindlichen Dielenladung, Nichts weiter als das sehr zerfetzte und zerrissene Segel- und Tauwerk, drei Anker und mehrere Paar Stiefel vorgefunden. Von der Mannschaft zeigte sich keine Spur.

Nach den stattgehabten Ermittelungen ist die Jacht »Meta« — JCFR —, Heimathshafen Stettin, von 108,4 cbm oder 38,27 Register-Tons Netto-Raumgehalt, am 2. Oktober 1879 von Memel mit einer Ladung Dielen nach Lübeck ausgegangen. Das Schiff war im Jahre 1864 zu Demmin aus Eichenholz gebaut, als Schaluppe getakelt, und stand unter der Führung ihres Eigenthümers, des Schiffers Carl Friedrich Wilhelm Ramm aus Ueckermünde, ausser welchem auf der Reise von Memel nach Lübeck noch der Bestmann

C. Seidler und der Bruder des Kapitäns, Halbmann Albert Ramm, die Schiffsbesatzung bildeten.

Das Schiff fuhr, nach der bestimmten Angabe der Mutter und des Bruders der Gebrüder Ramm, unversichert, dagegen war die, der Handlung L. Schier & Sohn in Hamburg gehörige Ladung Dielen mit 1 500 *M.* bei der Pester Versicherungs-Gesellschaft zu Budapest und bei der Moskauer Versicherungs-Gesellschaft »Jakoy« versichert. Auf die Fracht hatte Kapitän Ramm durch die Handlung J. G. Gerlach in Memel für Rechnung von L. Schier & Sohn bereits in Memel 100 *M.* gezahlt erhalten.

Die vom 9. Oktober ab an's Land geborgene Ladung ist daselbst für Rechnung der genannten Versicherungs-Gesellschaft durch den Strandvogt Binder meistbietend verkauft. Desgleichen auf Anweisung des Strandamts das von den Wellen völlig zerschlagene Wrack, während die übrigen vorbezeichneten, auf dem Wrack noch vorgefundenen Gegenstände auf Anweisung des Strandamts Memel dorthin gesandt sind.

Da vom 8. Oktober bis zu der, am 1. Dezember stattgehabten Hauptverhandlung, weder am Orte der Strandung oder im Ausgangshafen des Schiffes, Memel, noch bei dem Eigenthümer der Ladung, L. Schier & Sohn in Hamburg, noch endlich bei den Angehörigen der Gebrüder Ramm in Ueckermünde, von deren Leben oder Tode irgend welche Nachricht eingegangen ist, so muss angenommen werden, dass dieselben auf hoher See ihren Tod in den Wellen gefunden haben.

Nach den Witterungsaufzeichnungen der Königlichen Hafenpolizei-Kommission zu Pillau schlug der am 2. Oktober mässig aus SSO wehende Wind schon am 3. Oktober nach SSW um, schwankte dann an diesem und dem folgenden Tage zwischen SSW und WNW, entwickelte sich am 5. Oktober zum West-Sturm bei hohem Seegang und Regenböen und stillte sich, unter Beibehaltung der westlichen, aber mehr nach Norden schwankenden Richtung, am 6. und 7. Oktober wieder ab.

Bei dieser Sachlage muss der am 4. und 5. Oktober herrschende Sturm und hohe Seegang als die Ursache des Seeunfalls angesehen werden. Ueber die näheren Umstände können nur Vermuthungen aufgestellt werden.

Wahrscheinlich ist es, dass die Mannschaft vielleicht mit dem, nach dem Schiffsregister vorhanden gewesenen, auf dem Wrack aber nicht mehr vorgefundenen, und deshalb vermuthlich von

Sturzseen fortgeschlagenen Deckhause, ebenso wie die gesammte Deckladung, die vermuthlich im Deckhause befindlich gewesenen Schiffsvorräthe und Kleider, sowie das gesammte sonstige auf Deck befindliche stehende Gut nebst dem Schiffsboote entweder gleichzeitig oder nach einander über Bord gespült worden ist. Weniger wahrscheinlich, dass dieselbe etwa aus Furcht vor dem Kentern des Fahrzeuges, oder aus einem sonstigen unbekannten Grunde, auf dem Schiffsboote, unter Mitnahme der Schiffsvorräthe das Schiff verlassen haben.

Ob irgend welche andere Umstände, ausser Wind, Wetter und Seegang, namentlich die im § 4 des Seeunfallsgesetzes aufgeführten, bei dem Verluste des Schiffes und der Mannschaft mitgewirkt haben, konnte, da kein Augenzeuge hat vernommen werden können und jeder weitere Anhalt fehlt, nicht festgestellt werden.

Zu bemerken ist noch, dass nach dem Schiffsregister die »Meta« zwei Masten gehabt haben soll. Ob dies früher der Fall gewesen und etwa ein Umbau stattgehabt hat, kann dahin gestellt bleiben. Auf der letzten Reise führte sie nur einen Mast. Uebrigens besagt schon das Schiffsregister, trotzdem dasselbe zwei Masten angiebt, dass die Meta als »Schaluppe« getakelt war.

218. Spruch des Seeamts zu Hamburg vom 3. Dezember 1879, betreffend den Seeunfall des deutschen Evers „Frau Margaretha" von Büsum.

Schiff beim Friedrichskoog an der Westküste Schleswig-Holsteins an Grund gerathen, durchgebrochen und gesunken.

Der in Büsum heimathberechtigte Ever »Frau Margaretha« — LQHF — Eigenthum der Büsumer Schiffer J. N. Haack und J. E. Carstens, welche auch die Besatzung des Evers bildeten, hatte in Warwerort eine Ladung von 302 Tonnen Weizen für Harburg eingenommen und trat seine Reise am Mittag des 18. Oktober an. Der Wind war so hart aus NNW, dass das Schiff den sogenannten Dieksander Priel nicht aufzukreuzen vermochte, und Schiffer Haack sich somit gezwungen sah, am Abend des 18. Oktober in der Nähe des Friedrichskoog an einer mit Baken bezeichneten Stelle zu Anker zu gehen. Das Schiff kam am Abend bei Ebbe gut auf Grund und wurde bei nächster Fluth wieder flott, ohne Schaden genommen zu haben. Als aber am folgenden Morgen, den 19. Oktober, das Wasser wieder ablief, hatte der inzwischen nach SSW umgelaufene Wind das Schiff zum Schwajen gebracht, so dass es quer im Ebbstrom lag. Während nun der Ever mit seinem mittleren Theil auf dem Grund festsass, bildete sich unter demselben ein Priel, derart, dass der Sand am Vor- und Hintersteven des Schiffes weggespült wurde und dasselbe somit vorn und hinten ohne Stütze war. Als das Wasser bis auf 1½ Fuss abgelaufen war, brach der Ever um 7 Uhr Morgens plötzlich mitten durch, so dass der Dwarsbalken etwa 1½ Fuss aus der grossen Luke hervorsprang. Bei der Fluth lief der Ever sodann voll Wasser und sah sich die Besatzung genöthigt, um 10 Uhr ihr Fahrzeug im Boot zu verlassen. Es gelang ihr aber nicht, den Friedrichskoog zu erreichen, da das Wasser zu niedrig war. Um 2 Uhr, nachdem die beiden Leute zu ihrem Fahrzeug zurückgekehrt waren und sich am Bugspriet desselben festgehalten hatten, kam der Büsumer Schiffer Strüben, dessen Ever leer von der Elbe zurückkehrte, an die »Frau Margaretha« heran und rettete die Mannschaft. Schiffer Strüben blieb dann noch bis zum nächsten Mittag bei dem gesunkenen Fahrzeug und gelang es, die Takelage, wie auch etwa 200 Tonnen Weizen zu bergen. Von ferneren Rettungsversuchen musste am 20. abgesehen werden, da sich ein sehr heftiger Wind aus SWzW erhoben hatte, welcher ein ferneres Verbleiben bei dem Wrack gefährlich, und, da das Wasser bei Ebbe nicht genügend ablief, auch nutzlos erscheinen liess. Von anderer Seite sind dann später noch ungefähr 50 Tonnen Weizen geborgen. Der Ever selbst, von dem nur noch etwas Wrackholz gerettet werden konnte, ist im Grunde versunken.

Nach dem vorstehend geschilderten Sachverhalt, wie er sich aus der vor dem Amtsgericht Wesselburen belegten Verklarung und den völlig glaubwürdig erscheinenden Aussagen, welche die genannten Schiffer Haack, Carstens und Strüben vor dem Seeamt gemacht haben, ergiebt, kann nur angenommen werden, dass der in Frage stehende Unfall auf höhere Gewalt zurückzuführen ist. War auch das Alter des im Jahre 1838 erbauten Evers ein beträchtliches, so hat doch die Beweisaufnahme dafür, dass derselbe sich in irgend einer Hinsicht in seeuntüchtigem Zustande befunden hätte, nichts erbracht. Gegen eine solche Annahme sprechen übereinstimmend die Aussagen der jetzigen Eigenthümer, Schiffer

Haack und Carstens, und des Zimmermannes Münster aus Schulau, welcher letztere das Fahrzeug im Jahre 1877 zu Eigenthum gehabt, selbst gefahren und damals in völlig gutem Zustande befunden hat. Der letztgenannte Zeuge hat denn auch bekundet, dass das Fahrzeug zwei Jahre bevor er es gefahren, für 1 500 ℔ Crt. neu verzimmert worden sei, eine Summe, welche im Vergleiche zum Werthe des Schiffes — Haack und Carstens wollen es zu 2 275 ℳ. von dem genannten Münster angekauft haben — sehr bedeutend erscheint. Auch die jetzigen Eigenthümer haben ihrem Zeugniss zufolge das Schiff auf der Helling gehabt und dasselbe neu kalfatern lassen, so dass nichts versäumt zu sein scheint, um das Schiff in solidem Zustande zu erhalten. Dass man von beikommender Seite Vertrauen zu dem Fahrzeug gehabt hat, dafür spricht auch der Umstand, dass dasselbe mit einer so werthvollen und empfindlichen Ladung, wie Weizen, befrachtet worden ist.

Eben so wenig kann angenommen werden, dass der Ever, welcher einen Netto-Raumgehalt von 19,63 Register-Tons hatte, mit 302 Tonnen Weizen, die Tonne zu 210 ℔ gerechnet, das macht ungefähr 31 Tons Schwergut, überladen gewesen sei.

Bei der Bergungsarbeit haben nach allem was vorliegt, sowohl Haack wie Carstens es an Thätigkeit und Energie nicht fehlen lassen. Hervorzuheben bleibt noch, dass die jetzigen Eigenthümer ihr Schiff nur zu 1 400 ℳ. bei einem Kompakt in Uetersen versichert hatten und somit einen grossen Theil des Risiko selbst liefen.

Hiernach hat der Spruch des Seeamtes dahin zu lauten:

> Der Untergang der »Frau Margaretha« ist dadurch verursacht, dass dieselbe, als sie bei der Ebbe auf Grund gerieth, am Vor- und Hintersteven vom Wasser unterwühlt wurde und infolge dessen durch den zu grossen Druck, den die Ladung auf die freischwebenden Enden des Schiffes ausübte, mitten durchbrach. Der Besatzung des Schiffes ist keinerlei Verschulden hinsichtlich dieses Ereignisses beizumessen, vielmehr ist dasselbe auf höhere Gewalt zurückzuführen.

219. Spruch des Seeamts zu Hamburg vom 4. Dezember 1879, betreffend den Seeunfall des deutschen Schraubendampfschiffes „Hermann Sauber" von Hamburg.

Schiff auf einer Reise von Sunderland nach Hamburg verschollen.

Das in Hamburg heimathberechtigte, der Handelsfirma Sauber Gebrüder gehörige, eiserne Schraubendampfschiff »Hermann Sauber« — RFGB — verliess am 23. Oktober 1878 Sunderland an der Ostküste England's mit einer Ladung Kohlen für Hamburg bestimmt. Seitdem fehlt jede Kunde über den Verbleib des Schiffes und ist dasselbe als verschollen zu betrachten.

Bemannt war das von Kapitän F. A. W. von Krenzki geführte Schiff bei Antritt seiner letzten Reise mit zwei Steuerleuten, einem Zimmermann, einem Koch, einem Steward, sechs Matrosen, zwei Maschinisten und fünf Heizern, sonach, einschliesslich des Kapitäns, mit 19 Mann.

Das Schiff, welches einen Netto-Raumgehalt von 2 753,9 cbm oder 972,12 Register-Tons hatte, war mit im ganzen 1 563 Tons Kohlen beladen, nämlich mit 1 513 Tons Frachtgut im Raum und 50 Tons in den Bunkern für Schiffsbedarf. Vor Antritt der letzten Reise, am 23. Oktober, waren die Kompasse des Schiffes in Sunderland regulirt und war das Schiff mit Deviationstabellen versehen worden.

Anlangend die Ursachen des mit Gewissheit anzunehmenden Unterganges des »Hermann Sauber«, kann, nachdem auch eine im April 1879 vom Seeamte erlassene öffentliche Aufforderung zur Auskunftertheilung über den Verbleib des Schiffes, ohne Erfolg geblieben ist, nur die Vermuthung aufgestellt werden, dass das Schiff ein Opfer der heftigen Stürme geworden ist, welche in der letzten Oktoberwoche des vergangenen Jahres in der Nordsee geherrscht und, wie dem Seeamt aus einer früheren Untersuchung aktenmässig bekannt, auch den Untergang der Hamburger Brigg »Superb« — RBLG —, Kapitän C. H. Meier, herbeigeführt haben.

Für die Annahme, dass Führung, Beschaffenheit oder Beladung des Schiffes in irgend einer Weise zu dessen Untergang mitgewirkt haben könnten, haben die vom Seeamte angestellten Ermittelungen nichts ergeben. Dem Kapitän von Krenzki wird von seinem Rheder, dem vom Seeamte vernommenen Carl Hermann Sauber, in Firma: Sauber Gebrüder, das Zeugniss eines erfahrenen und vorsichtigen

Seemannes ertheilt. Die Bemannung des Schiffes muss für eine ausreichende erachtet werden. Das Schiff, welches im Jahre 1875 auf der »Reiherstieg-Schiffswerfte und Maschinenfabrik« in Hamburg erbaut war, hatte die Klasse 90 A. 1. in Lloyds-Register.

Das Urtheil des vom Seeamte vernommenen Carl Hermann Sauber dahin, dass das Schiff sich bei Antritt seiner letzten Reise in jeder Beziehung in bester Beschaffenheit befunden habe, zu bezweifeln, liegt keinerlei begründeter Anlass vor. Eben so wenig kann angenommen werden, dass dasselbe seine letzte Reise in überladenem Zustande angetreten habe. Die in dieser Hinsicht bei der Erbauerin des Schiffes, der »Reiherstieg-Schiffswerfte und Maschinenfabrik« eingezogenen Erkundigungen haben Folgendes ergeben.

Das Schiff hatte ein Deplacement von im ganzen 2800 Tons dead weight, hiervon ab das eigene Gewicht des Schiffes einschliesslich Takelung und Inventar mit 950 Tons, verbleibt eine Tragfähigkeit des »Hermann Sauber« von 1850 Tons dead weight, wie derselbe auch nach Maassgabe des vom Seeamte eingesehenen Baukontrakts für eine Tragfähigkeit von 1800 Tons konstruirt werden sollte. Von dieser äussersten Grenze der Tragfähigkeit ist nun aber bei der Beladung des Schiffes für die hier fragliche Reise sehr erheblich zurückgeblieben worden, wenn dasselbe nur Kohlen im Gesammtgewicht von 1563 Tons dead weight einnahm. Es muss angenommen werden, dass damit in genügender Weise allen zu erwartenden Zufällen der Reise, insbesondere dem in jener Jahreszeit gewöhnlichen rauhen und stürmischen Wetter Rechnung getragen worden ist. Aus der Deplacementskala des Schiffes ergiebt sich, dass dasselbe bei der in Frage stehenden Beladung einen mittleren Tiefgang von 17 Fuss 2 Zoll hatte. Die Auswässerung muss somit, da der »Hermann Sauber«, von der Unterkante des Kiels bis zur Unterkante des Schanddecks gerechnet, eine Tiefe von 21 Fuss 8 Zoll hatte, in der Mitte, an der niedrigsten Stelle des Schiffes, 4 Fuss 6 Zoll betragen haben. Einen Tiefgang von 18 Fuss würde das Schiff erst bei einer Ladung von insgesammt 1718 Tons dead weight erreicht haben. Es erscheint hiernach vollkommen glaubwürdig, dass der »Hermann Sauber«, wie der Rheder Carl Hermann Sauber bezeugt hat, auf Reisen zwischen England und Ostseehäfen um 100 bis 200 Tons grössere Ladungen eingenommen hat, als diejenigen waren, welche das Schiff in Rücksicht auf die Tiefe des Fahrwassers der Elbe zwischen

England und Hamburg zu tragen pflegte. Letztere giebt der genannte Zeuge auf einschliesslich der Bunkerkohlen zwischen 1500 und 1587 Tons variirend an, während das Schiff nach demselben Zeugniss beispielsweise auf einer Reise nach Cronstadt 1724 Tons Kohlen, einschliesslich 150 Tons für Schiffsbedarf, auf einer Reise im Sommer nach Kopenhagen sogar 1786 Tons, einschliesslich 180 Tons in den Bunkern geladen hat.

Eine Vermuthung dahin, dass Ladungen von der angegebenen Grösse, von denen die letztbezeichnete allerdings an das äusserste Maass dessen, was das Schiff auf See zu tragen vermochte, heranging, auf die bauliche Beschaffenheit desselben ungünstig eingewirkt hätten, konnte das Seeamt für begründet nicht erachten.

Das Seeamt musste hiernach seinen Spruch dahin abgeben:

dass der Untergang des als verschollen zu betrachtenden Dampfschiffes »Hermann Sauber«, soweit sich dessen Ursachen haben ermitteln lassen, vermuthlich den Ende Oktober 1878 auf der Nordsee geherrscht habenden heftigen Stürmen zuzuschreiben ist.

220. Spruch des Seeamts zu Emden vom 6. Dezember 1879, betreffend den Seeunfall der deutschen Tjalk „Einigkeit“ von Karolinensiel.

Schiff in der Sengwarder Balje auf Grund gestossen, leck geworden und gesunken.

Das Seeamt hat folgenden Spruch verkündet:

Der Verlust des Schiffes »Einigkeit« — KFQL — von Karolinensiel ist auf die Witterungsverhältnisse am 15. Oktober 1879, insbesondere plötzliches Umspringen des Windes zurückzuführen.

Thatbestand. Die im Jahre 1860 erbaute, zu Karolinensiel heimathberechtigt gewesene Tjalk »Einigkeit« — KFQL —, welche im Alleineigenthum ihres Führers, des Schiffers Hinrich Peters Neunaber zu Karolinensiel, stand und im August 1878, sowie im Juli 1879 durch den Schiffsbaumeister Seemann daselbst wiederholt nachgesehen war, ist am 15. Oktober 1879 in der Sengwarder Balje auf Grund gerathen, leck gestossen und gesunken.

Die »Einigkeit«, welche bei einem Versicherungswerthe von etwa 4000 ℳ. bei verschiedenen Kompakten zu im ganzen 2700 ℳ. versichert und deren Netto-Raumgehalt bei der stattgehabten Schiffsvermessung, welche die Hauptmaasse auf 14,10 m Länge, 4,71 m Breite und 1,65 m Tiefe feststellte, zu 63,9 cbm oder 22,56 Register-Tons ermittelt war, befand sich damals mit ihrer regelmässigen Besatzung von im ganzen 2 Personen auf der Reise von Brake bezw. Nordenhamm nach Karolinensiel, hatte dort 9200 Stück Ziegelsteine, 10 Fässer und 150 Säcke Cement — nach Schätzung des Schiffers etwa 20 Last schwer — sowie reichlich ½ Last dem Schiffer selbst gehöriger Waare eingenommen, und soll die Auswässerung des Schiffes mit dieser Ladung, bei einem Tiefgange von 5 Fuss 3 Zoll rheinl., 18 Zoll betragen haben.

Die Reise wurde am 11. Oktober 1879 angetreten, in der Nacht vom 14./15. Oktober hatte die »Einigkeit« in der Hohenwegsbalje vor Anker gelegen, und segelte man dann am Morgen des 15. Oktober etwa um 8 Uhr unter heftigen umspringenden Böen die Balje entlang, wobei der Schiffsjunge mittelst Peilstange die Wassertiefe ausstach. Als letztere nun etwa eine Stunde vor Hochwasser bis auf 7 bis 8 Fuss abgenommen hatte, sollte das Schiff gewendet werden; während man dabei beschäftigt war, sprang, nachdem der anfänglich nördliche Wind später nach Westen herumgegangen war, plötzlich wieder eine nördliche Bö ein, und wurde da vom Schiffe das Wenden versagt. Der Schiffer holte nun die vorderen Segel herunter und liess beide Anker fallen, da wegen einer vorliegenden Plate ein Halsen nicht möglich war. Bevor die Anker fassten, stiess jedoch die »Einigkeit« wiederholt heftig auf den Grund und wurde so stark leck, dass das Wasser mit Gewalt in das Schiff eindrang und die Mannschaft sich vergeblich bemühte, das Wasser auszupumpen. Es wurde daher die Nothflagge geheisst, und wurde hiernächst, nach Verlauf von etwa einer halben Stunde, nachdem man vergeblich versucht hatte, das Schiff mittelst des eigenen Bootes zu verlassen, übrigens aber das Wasser bereits so hoch gestiegen war, dass die Mannschaft bis an die Brust im Wasser stand, die letztere durch ein Boot des Feuerschiffes »Geniusbank« abgeholt.

Am folgenden Tage gelang es dem Schiffer von Wilhelmshaven aus noch einige Fleethstücke, sowie einen Theil der ihm selbst gehörigen Ladung zu bergen, im übrigen aber ist sowohl das Schiff als die Ladung vollständig verloren, und hat auch von den Schiffspapieren nur das Certifikat geborgen werden können.

Wegen der Witterungverhältnisse wird schliesslich auf den von der Agentur der deutschen Seewarte in Emden eingezogenen Witterungsbericht verwiesen.

Entscheidungsgründe. Vom Seeamte ist sodann Folgendes erwogen:

1. Nach den stattgehabten Verhandlungen liegen überall keine Gründe vor, die Beschaffenheit, Bauart und Ausrüstung der »Einigkeit« als Watt- und Küstenschiff zu bemängeln, und ist auch mit Rücksicht auf die Grösse derselben die Bemannung mit nur 2 Personen für ausreichend zu erachten.

2. Dagegen erscheint nach dem Resultate der stattgehabten Vermessung des Schiffes die Angabe des Schiffers, dass die »Einigkeit« 25 Last habe laden können, zwar immerhin auffällig, und würde selbst die auf der letzten Reise eingenommene, der Aussage des Schiffers zufolge reichlich 20 Last betragende Ladung schon mit dem Resultate der Vermessung im Missverhältnisse stehen, indessen ist anzuerkennen, dass letztere namentlich bei kleineren, flach gebauten Schiffen keinen zuverlässigen Maassstab für deren Tragfähigkeit bietet. Vielmehr ist für die Frage einer etwaigen Ueberladung des Schiffes lediglich das Verhältniss seines Tiefganges zur Auswässerung entscheidend, und ist unter solchen Umständen und, da nach den Aussagen der vernommenen Schiffspersonen bei einem Tiefgange von 5 Fuss 3 Zoll eine Auswässerung von 18 Zoll verblieben war, jene Frage im vorliegenden Falle zu verneinen.

3. Im übrigen ist durch die stattgehabte Verhandlung erwiesen, dass am 15. Oktober stürmisches, böiges Wetter herrschte, und sind danach nicht blos die Angaben der Zeugen, dass infolge einer bei dem beabsichtigten Wenden des Schiffes plötzlich von Norden einfallenden Bö die »Einigkeit« das Wenden versagt habe, für glaubwürdig zu erachten, sondern bieten auch deren fernere Aussagen über das Leckstossen und Sinken des Schiffes zu begründeten Zweifeln keine Veranlassung.

4. Insbesondere ist endlich als erwiesen angesehen, dass die Besatzung der »Einigkeit«, als sie von dem Boote des Feuerschiffes »Geniusbank« aufgenommen wurde, bereits bis an die Brust im Wasser gestanden habe. Somit war das Verlassen des Schiffes völlig gerechtfertigt, daneben aber auch anzuerkennen, dass seitens des Feuerschiffes »Geniusbank« den Schiffbrüchigen die überhaupt mögliche Hülfe geleistet wurde, während es dagegen für die Annahme, dass späterhin vom Schiffe und dessen Inventar bezw. der

Ladung noch mehr, als wirklich geschehen, zu bergen gewesen wäre, an thatsächlichen Anhaltspunkten mangelt, und ist danach so, wie geschehen, erkannt worden.

221. Spruch des Seeamts zu Emden vom 6. Dezember 1879, betreffend den Seeunfall der deutschen Tjalk „Johanna Hinrika" von Warsingsfehn.

Fahrzeug beim Ankern auf dem Langeooger Watt auf seinen Anker getrieben und dadurch leck geworden.

Das Seeamt hat folgenden Spruch verkündet:

Der Seeunfall des Schiffes »Johanna Hinrika« — KFSH — von Warsingsfehn ist auf die Nachlässigkeit des Schiffers Buss zurückzuführen.

Thatbestand. Die im Jahre 1863/64 zu Jhlowerfehn erbaute, zu Warsingsfehn heimathberechtigte Tjalk »Johanna Hinrika« — KFSH —, im Alleineigenthum des Schiffers Freerk Roelfs Buss zu Warsingsfehn stehend, ist am 17. Oktober 1879 unter Langeoog leck geworden, später jedoch nach Neuharrlingersiel binnen und auf eine Helling in Rorichmoor zur Reparatur gebracht worden.

Die »Johanna Hinrika« befand sich damals mit einer Ladung Roggen und ihrer regelmässigen Besatzung von im ganzen zwei Personen, von denen der Schiffer Buss sich im Besitze eines von der Königlichen Landdrostei zu Aurich unterm 9. Januar 1878 über die Befähigung zur Führung von im vormaligen Königreich Hannover heimathlichen Watt- und Küstenschiffen ertheilten Zeugnisses befindet, auf der Reise von Geestemünde nach Norden und hatte am Nachmittage des gedachten Tages beim Aufsegeln auf das Langeooger Watt zu Anker gehen müssen, weil nicht genügend Wasser aufgelaufen war, um die Reise fortsetzen zu können. Abends 6 Uhr legte sich der Schiffer sodann mit seinem Schiffsmann, ohne eine Ankerlaterne aufzusetzen, zum Schlafen nieder und fand dann, als er um 9½ Uhr wieder auf Deck kam, um wegen Fortsetzung seiner Reise das Nöthige anzuordnen, nicht bloss, dass auf dem Deck Wasser stand, sondern auch, dass ihm ein Ever vor den Bug getrieben war. Nachdem man von dem

Ever frei gekommen war, gerieth das auf dem Watt liegende Schiff mit der aufsteigenden Fluth immer tiefer unter Wasser und war die Besatzung gezwungen, während der Nacht auf dem Roof zuzubringen. Nach dem Wiederablaufen des Wassers am folgenden Morgen gelang es jedoch, den Leck der »Johanna Hinrika«, welcher dadurch entstanden war, dass die letztere beim Wiedereintritt der Fluth auf ihren Anker getrieben war, zu dichten und wurde sodann der grösste Theil der Ladung durch zur Hülfe herbeigekommene Schiffe übergenommen und nach Neuharrlingersiel binnen gebracht. Mit dem Reste der Ladung gelang es dem Schiffer Buss gleichfalls noch in Neuharrlingersiel einzulaufen und dort sein Schiff, welches übrigens auch noch dadurch Beschädigungen erlitten hatte, dass infolge des Aufquellens der nassgewordenen Ladung die Nähte des Decks gesprungen waren, in Sicherheit zu bringen.

Entscheidungsgründe. Vom Seeamte ist sodann Folgendes erwogen:

1. Die stattgehabte Verhandlung bietet keine Anhaltspunkte für die Annahme, dass Mängel in der Bauart, Beschaffenheit, Ausrüstung oder Beladung der »Johanna Hinrika« als die Ursachen des von derselben erlittenen Seeunfalles angesehen werden könnten. Eben so wenig kann derselbe auf Mängel des Fahrwassers oder der für die Schifffahrt bestehenden Hülfseinrichtungen zurückgeführt werden und erscheint auch die Besatzung des Schiffes von im ganzen zwei Personen mit Rücksicht auf dessen Grösse ausreichend.

2. Im übrigen ist durch die eigenen Angaben des Schiffers Buss erwiesen, dass er am Abende des 17. Oktober 1879 sein unter Langeoog liegendes Schiff nicht bloss mehrere Stunden ohne Aufsicht gelassen hat, indem er sich gleichzeitig mit seinem Schiffsmann zum Schlafe hinlegte, sondern auch von ihm versäumt ist, die vorschriftsmässige Ankerlaterne aufzusetzen und hat sich danach der Schiffer Buss in doppelter Beziehung einer Nachlässigkeit bezw. Pflichtverletzung schuldig gemacht.

3. Durch das unterlassene Aufsetzen der Ankerlaterne ist von ihm gegen die ausdrückliche Vorschrift des Art. 7 der Kaiserlichen Verordnung vom 23. Dezember 1871 verstossen und beweist zugleich der Umstand, dass der Schiffer, als er sich Abends behufs Fortsetzung seiner Reise wieder auf Deck begab, ein fremdes Schiff vor dem Bug des eigenen Schiffes vorfand, wie nothwendig auch an dem von ihm gewählten Ankerplatze die Beobachtung

der in Frage stehenden Vorschrift gewesen wäre. Freilich hat nun im vorliegenden Falle die Nichtbeobachtung jener Vorschrift zu nachtheiligen Folgen nicht geführt, indessen ist das nicht sowohl einem Verdienste des Schiffers Buss als vielmehr nur einem glücklichen Zufalle zu danken.

4. Die alleinige Ursache des der »Johanna Hinrika« widerfahrenen Seeunfalles ist der zuerst gerügte Mangel an ordnungsmässiger Beaufsichtigung des Schiffes gewesen, welcher zur Folge hatte, dass die »Johanna Hinrika« durch die wieder aufkommende Fluth auf ihren Anker getrieben und dadurch leck gestossen wurde. Dabei kann es auch dem Schiffer Buss nicht zur Entschuldigung gereichen, dass vielleicht von den Wattschiffern vielfach in gleich sorgloser Weise verfahren werde, vielmehr würde darin nur eine doppelte Veranlassung zu finden sein, auf Abstellung solcher Missbräuche durch Rüge derselben so viel als thunlich hinzuwirken.

5. Zu einer Prüfung der Frage, ob etwa das Verschulden des Schiffers Buss auf den Mangel solcher Eigenschaften auf Seiten des letzteren zurückzuführen sei, welche zur Ausübung seines Gewerbes erforderlich sind, hatte das Seeamt in Ermangelung eines bezüglichen Antrages des Reichskommissars keine Veranlassung und war daher nur dieses Verschulden, so wie geschehen, festzustellen.

222. Spruch des Seeamts zu Emden vom 6. Dezember 1879, betreffend den Seeunfall der deutschen Tjalk „Ubbina" von Ost-Rhauderfehn.

Fahrzeug leck geworden und bei Wangeroog gesunken.

Das Seeamt hat folgenden Spruch verkündet:

Der Verlust des Schiffes »Ubbina« — KFNM — von Ost-Rhauderfehn ist auf die stürmische Witterung am Abend des 2. November 1879 und während der darauf folgenden Nacht zuzückzuführen.

Thatbestand. Das im Jahre 1868/69 zu Hengsforde erbaute, zu Ost-Rhauderfehn heimathberechtigt gewesene Schiff »Ubbina« — KFNM —, welches im Alleineigenthum seines Führers, des

Schiffers Geerd Hayen Prahm, stand und im verflossenen Frühjahre auf der Schiffswerfte des Schiffszimmermanns van Wahden zu Ost-Rhauderfehn zuletzt einer Reparatur unterzogen war, ist am 3. November 1879 unter Wangeroog gesunken.

Die »Ubbina«, deren Netto-Raumgehalt bei der stattgehabten Vermessung, welche die Hauptmaasse auf 16,86 m Länge, 4,27 m Breite und 1,42 m Tiefe feststellte, zu 72,2 cbm oder 25,49 Register-Tons ermittelt worden, war mit einer in Katingsiel für Altona eingenommenen Ladung Weizen am Tage vorher die Eider ausgelaufen, und betrug die eingenommene Ladung nach Angabe des Schiffers 424 Tonnen à 215 ℔, was eine Belastung von 45 580 Kilogramm ergeben würde. Mit dieser Ladung war die »Ubbina« angeblich vollständig gefüllt, und würde ihr Tiefgang mit derselben nach dem Durchschnitt der darüber vorliegenden Angaben sich auf 4³/₄ bis 5 Fuss vorn, 4¹/₂ bis 4³/₄ Fuss hinten bei einer Auswässerung von 6 bis 8 Zoll gestellt haben. Schotten waren nicht gesetzt, die Besatzung bestand aus nur 2 Personen, obgleich die »Ubbina« auf verschiedenen während des Sommers gemachten Reisen 3 Personen an Bord gehabt hatte.

Nachdem man am Nachmittage des 2. November etwa um 5 Uhr in See gekommen war, trat bald nachher stürmische Witterung ein und wurde Abends um 8 Uhr, als man gerade im Begriffe war, Segel zu bergen, durch eine überkommende Sturzsee das Boot weggeschlagen, ausserdem aber auch ein Theil der Schanzkleidung, sowie das Backbord-Schwert weggerissen. Man suchte nun zwar das letztere auf Deck zu ziehen, bis dahin, dass dies gelang, schlug dasselbe jedoch fortwährend gegen die Schiffswand, und stellte sich demnächst heraus, dass Wasser im Schiff sei.

Indessen war die Schanzkleidung über die Pumpen hingeschlagen und konnte daher von den letzteren kein Gebrauch gemacht werden. Unter solchen Umständen nahm dann das Wasser im Schiffe, obgleich man dasselbe mit Eimern auszuschöpfen versuchte, immer mehr zu und musste daher der Schiffer sein Vorhaben, die Weser oder Jade einzulaufen, aufgeben, sich vielmehr entschliessen, die »Ubbina« auf Wangeroog auf den Strand zu setzen. Auch dies wollte jedoch nicht mehr gelingen und sank die »Ubbina« bereits in einer Entfernung von 2 bis 300 Metern vor Wangeroog Morgens zwischen 7 und 8 Uhr auf 12 Fuss Wasser unter.

Die Besatzung flüchtete in die Wanten, wurde sodann nach Verlauf von etwa ³/₄ Stunden von der Insel aus bemerkt und war hiernächst nach Verlauf von weiteren $^3/_4$ Stunden das Wangerooger Rettungsboot zu Wasser gelassen, um die Schiffbrüchigen abzuholen. Die Rettung gelang und traf das Boot gegen Mittag auf der Insel wieder ein, dagegen sind Schiff und Ladung vollständig verloren gegangen und hat auch von den Schiffspapieren überall nichts geborgen werden können.

Bezüglich der Witterungsverhältnisse am 2. und 3. November 1879 ist schliesslich auf den von der Agentur der deutschen Seewarte in Emden eingezogenen Witterungsbericht Bezug zu nehmen.

Entscheidungsgründe. Vom Seeamte ist sodann Folgendes erwogen:

1. Nach den Aussagen des Schiffszimmermanns van Wahden bezw. der übrigen vernommenen Zeugen wird als erwiesen angenommen, dass die »Ubbina« sich beim Antritt ihrer letzten Reise von Katingsiel nach Altona in einem seetüchtigen Zustande befunden habe und sind insbesondere auch rücksichtlich ihrer Ausrüstung Mängel überall nicht hervorgetreten.

2. Bezüglich ihrer Beladung ist ferner konstatirt, dass das Gewicht der Ladung die sich nach dem ermittelten Netto-Raumgehalte des Schiffes ergebende Tragfähigkeit desselben zwar um etwas überstiegen habe, gleichwohl ergaben jedoch die Aussagen des Schiffers und seines Schiffsmannes, wenngleich sie unter sich nicht völlig übereinstimmen, ein angemessenes Verhältniss zwischen Tiefgang und Auswässerung und kann denn unter solchen Umständen eine Ueberladung des Schiffes nicht als erwiesen angesehen werden, während auf das unterbliebene Schotten um deswillen nicht weiter einzugehen war, weil nach den stattgehabten Verhandlungen dieser Mangel für den hier fraglichen Seeunfall von einer weiteren Bedeutung nicht gewesen ist.

3. Uebrigens ist mit den Ausführungen des Reichskommissars wohl immerhin anzuerkennen, dass bei geringerer Belastung des Schiffes vermuthlich auch der Einfluss der stürmischen Witterung, von welcher die »Ubbina« am Abend des 2. November und während der darauf folgenden Nacht betroffen wurde, von weniger nachtheiligen Folgen gewesen wäre; da eine Ueberladung des Schiffes dem Vorstehenden zufolge verneint werden musste, wird indessen den Schiffer auch eine Verantwortlichkeit für jene Folgen nicht treffen können.

4. Eine Besatzung von nur 2 Personen, wie sie die »Ubbina« auf der hier fraglichen Reise hatte, erscheint, wenn sie auch sonst

der Grösse des Schiffes entsprach, für die offene See der Regel nach nicht genügend, dabei bleibt für den vorliegenden Fall jedoch zu berücksichtigen, dass die »Ubbina«, wenngleich sie am Nachmittage des 2. November in die offene See hinausging, letztere auf der vorhabenden Reise und ohne die eingetretenen Zwischenfälle doch nur für eine kurze Strecke zu passiren hatte und wird unter solchen Umständen denn auch die Annahme des Schiffers, für diese Reise mit der vorhandenen Besatzung ausreichen zu können, nicht unbedingt als ungerechtfertigt anzusehen sein. Auch erscheint es wenigstens zweifelhaft, ob mit einer Besatzung von 3 Personen der Verlust der »Ubbina« abzuwenden gewesen wäre.

5. Denn als die eigentliche Ursache ihres Verlustes sind die durch die stattgehabte Beweisaufnahme nachgewiesenen Thatumstände anzusehen, dass die »Ubbina« durch das Rammen des durch eine Sturzsee losgeschlagenen Backbord-Schwertes leck geschlagen und gleichzeitig dadurch, dass die Schanzkleidung über die Pumpen hinschlug, die Benutzung der letzteren verhindert wurde. Dem ersteren Umstande wäre nun freilich vielleicht durch ein zeitiges Kappen des Backbord-Schwertes zu begegnen gewesen und wird auch wohl angenommen werden dürfen, dass es an den dazu erforderlichen Geräthschaften an Bord nicht gefehlt habe, gleichwohl wird jedoch das Vorgehen des Schiffers auch für geradezu fehlsam nicht erachtet und daher aus demselben auch ein Grund zu einem Vorwurfe für den Schiffer nicht entnommen werden können.

6. Endlich wird, da das Sinken des Schiffes die Besatzung der grössten Lebensgefahr aussetzte, vernünftiger Weise nicht zu bezweifeln sein, dass seitens der Besatzung alles irgend Mögliche aufgeboten sein wird, um die »Ubbina« so lange als nur thunlich über Wasser zu halten, zu einer Bemängelung der Thätigkeit der Wangerooger Rettungsstation aber liegt um so weniger Veranlassung vor, als die mancherlei Vorbereitungen, welche das Zuwasserlassen des Rettungsbootes erforderte, in einer kürzeren Frist, als der im vorliegenden Falle verstrichenen Zeit von etwa ¾ Stunden, wohl schwerlich getroffen werden konnten und ist aus allen diesen Gründen so, wie geschehen, erkannt worden.

223. Spruch des Seeamts zu Brake vom 6. Dezember 1879, betreffend den Seeunfall des schwedischen Schooners „Wandringsmann“ von Hof.

Schiff, in der Weser vor Anker liegend, beim Schwajen auf eine Schlenge gerathen, gekentert und kondemnirt.

Der schwedische Schooner »Wandringsmann«, Kapitän A. Jönssen, verliess am 15. November 1879 den Braker Hafen; er war bestimmt, zunächst leer nach Geestemünde zu segeln, um dort Ladung einzunehmen.

Das Schiff war etwa 40 Jahre alt; sein Heimathshafen Hof in Schweden. Wegen ungünstigen Wetters ankerte es im Fahrwasser dem Hafen gegenüber vor 8 bis 11 Faden Kette.

Am 16. November, Morgens, bei zunehmendem Winde, ging das Schiff mit dem Anker durch und trieb mit dem Vorderende auf eine Schlenge. Von dieser brachte man es beim nächsten Hochwasser mittelst eines Warpankers wieder ab und verankerte es zwischen zwei Schlengen in der Nähe des Ufers. Bei den ferneren Versuchen, das Schiff durch Warpen weiter auf Strom zu legen, kam das Schiff wiederum in's Treiben, indem die Anker durchgingen, und blieb am Ufer sitzen. Erst am 18. November, Morgens 4 Uhr, gelang es, dasselbe wieder in flottes Wasser zu bringen; es wurde nun mit etwa 15 Faden Kette verankert und zwar, wie man glaubte, in sicherer Entfernung vom Ufer; man hatte jedoch bei der Dunkelheit nicht bemerkt, dass das Schiff mit dem Steuerbord-Bug in unmittelbarer Nähe der nächsten Schlenge lag. Etwa eine Stunde später trat die Ebbe ein; das Ruder war Steuerbord gelegt, um das Schiff vom Lande frei schwajen zu lassen; infolge des westlichen Windes aber schwajte es nach der Landseite und sass bald auf der Schlenge, von welcher es, auch durch Setzen aller Segel, nicht abzubringen war. Bei dem rasch fallenden Wasser neigte es sich bald auf die Seite und kenterte kurz vor Mittag. In wenigen Stunden lief es, obwohl die Luken verschalkt worden waren, voll Wasser. Das Inventar ist nachträglich fast sämmtlich geborgen; den Rumpf wieder zu heben, ist nicht gelungen und das Schiff nach geschehener Besichtigung kondemnirt. Für das Wrack sind 215 ℳ. gelöst.

Dieser Sachverhalt ergiebt sich aus der von der Besatzung abgelegten Verklarung und den Aussagen des Kapitäns und Steuermanns vor dem Seeamte. Bei der Feststellung der Ursachen des Unfalls muss zunächst bemerkt werden, dass derselbe ohne Zweifel vermieden worden wäre, wenn man sich eines Lootsen bedient hätte, wie dies bei allen von Brake ausgehenden Schiffern, die nicht gänzlich mit den Stromverhältnissen vertraut sind, Brauch ist. Der Kapitän glaubte der Hülfe eines Lootsen nicht zu bedürfen, weil er bereits früher einmal die Weser von Brake bis zur Mündung ohne einen solchen befahren hatte, auch auf seiner letzten Herreise mit dem beladenen Schiffe allein aufgesegelt war. Abgesehen davon, ist der Unfall dem Umstande zuzuschreiben, dass bei dem ersten Ankern nicht genügend Kette gesteckt worden ist; wäre dies geschehen, so hätte auch bei stärkerem Winde das fast leere Schiff überhaupt nicht zum Treiben kommen können. Dass dazu die Beschaffenheit des Ankergrundes keinen Anlass gegeben hat, erhellt schon aus der Thatsache, dass an der fraglichen Stelle täglich erheblich grössere und beladene Schiffe sicher ankern. Der Kapitän schreibt die Strandung seines Schiffes hauptsächlich dem Mangel von Erkennungszeichen auf den unteren Enden der Schlengen zu. Das Seeamt kann dem jedoch nicht beipflichten. Im vorliegenden Falle kann das Fehlen solcher Baken als eine Ursache des Unfalls um deswillen nicht angesehen werden, weil das Schiff bereits zwei Tage in nächster Nachbarschaft der Schlengen gelegen hatte und daher deren Lage und Beschaffenheit auch bei niedrigem Wasserstande zu beobachten genügende Veranlassung geboten war. Und besonders, nachdem das Schiff bereits einmal auf eine Schlenge getrieben (woran auch das Vorhandensein einer Bake nichts geändert haben würde) und wieder frei gekommen war, hätte bei der Wahl des neuen Ankerplatzes die Lage der Schlengen auch ohne Erkennungszeichen vor allem Anderen berücksichtigt und soweit die Dunkelheit dabei hinderlich war, nöthigenfalls durch ein ausgeschicktes Boot ermittelt werden müssen. Uebrigens wäre nach dem ersten Auftreiben auf die Schlenge am sichersten jede Gefahr beseitigt worden, wenn man, wozu vollauf Zeit und bei der unmittelbaren Nähe des Braker Hafens Gelegenheit geboten war, sogleich andere Hülfe, sei es durch einen Schleppdampfer oder auch nur durch einen Lootsen, requirirt hätte.

Was schliesslich die Frage betrifft, ob nicht, nachdem das Schiff das zweite Mal auf der Schlenge sitzen blieb und sich zu neigen begann, durch rasche Vorkehrungen das Kentern hätte verhütet werden können, so wird darüber sich ein sicheres Urtheil nicht gewinnen lassen, und daher eine Erörterung nicht angezeigt erscheinen, welche nur Vermuthungen zum Resultat haben könnte.

Der Spruch des Seeamtes lautet:

Die Strandung des schwedischen Schiffes »Wandringsmann« ist dadurch verursacht, dass es vor zu wenig Kette verankert worden ist, infolge dessen zum Treiben kam und dann in unmittelbarer Nähe einer Schlenge wieder vor Anker gelegt wurde.

224. Spruch des Seeamts zu Stralsund vom 10. Dezember 1879, betreffend den Seeunfall des deutschen Schooners „Amandus" von Stralsund.

Schiff in der Ostsee leck gesprungen und aufgegeben.

Das Seeamt hat seinen Spruch dahin abgegeben:

dass der Seeunfall dadurch veranlasst worden ist, dass das Schiff auf eine nicht zu erklärende Weise leck gesprungen ist, und dass den Kapitän eine Schuld nachweisbar nicht trifft.

Gründe. Der Schooner »Amandus« — JMCQ — von Stralsund, Kapitän E. Brüdgam, ging, nachdem er eine volle Ladung Fichten- und Eichenholz unter Deck und Fichtenbalken auf Deck eingenommen hatte, von Stettin nach Copenhagen bestimmt, am 28. Mai 1879, Nachmittags, von Swinemünde in See, passirte am 29. Morgens Greifswalder Oie und am Nachmittag Stubbenkammer und Arcona. Bei östlichem Winde wurde auf Trelleborg zu gesteuert. Gegen 5 Uhr Abends erhob sich ein schweres Gewitter von SW mit heftigem Wind und Regen. Der Wind sprang sodann mehr nach NW und fing an, hart zu wehen. Beim Herunterfieren des Schoonersegels zerriss dasselbe, der Klüver flog fort. Man wollte das Grosssegel reffen, musste dasselbe aber festmachen, weil das Schiff nicht aus dem Winde zu halten war. Dasselbe fing an schwer zu arbeiten und lag stets unter Wasser, wobei die Schanzkleidung weggeschlagen wurde. In den Pumpen wurden 9 Zoll Wasser gepeilt. Man suchte das Schiff soviel wie möglich gegen den Wind zu halten und mit allen Kräften lens zu pumpen. Das Wasser stieg jedoch mehr und mehr im Schiff. Am 30. Morgens beschloss man, wenn möglich Bornholm zu erreichen. Die See brach gewaltig über das Schiff. Trotz des Pumpens war dasselbe gegen 5 Uhr Morgens voll Wasser und wollte dem Ruder nicht mehr gehorchen. Das Boot wurde fortgeschlagen, Schiffsraum und Kajüte waren unter Wasser und sämmtlicher Proviant verdorben. Nachdem die Nothflagge aufgeheisst war, wurde die Besatzung gegen 8 Uhr Morgens von der dänischen Brigg »Christine« etwa 8 Seemeilen SO von Trelleborg an Bord genommen und nach Copenhagen gebracht. Der »Amandus« wurde später von Fischerleuten aus Beddinge gefunden und an der Küste auf den Strand gesetzt. Von hier wurde er demnächst, nachdem er durch Trelleborger Taucher flott gemacht war, durch einen Schleppdampfer nach Trelleborg geführt, und demnächst als Wrack verkauft.

Nach diesen, der Verklarung entnommenen und von dem Kapitän Brüdgam in der mündlichen Verhandlung vor dem Seeamte zeugeneidlich bestätigten Feststellungen war es nicht zweifelhaft, dass die Ursache des Seeunfalles des Schooners »Amandus« in dem Leckwerden desselben zu finden ist. Wodurch der Leck entstanden ist, war nach Lage der Sache nicht festzustellen. Die Ermittelungen über die Seetüchtigkeit des Schiffes haben Folgendes ergeben.

Dasselbe ist ausweislich des Schiffsregisters im Jahre 1847 erbaut worden und nach Aussage des Kapitäns im Jahre 1874 einer gründlichen Reparatur unterworfen und seitdem jedes Jahr, zuletzt im Frühjahr 1879 sorgfältig nachgesehen und abgedichtet worden. Letzteres ist auch durch die zeugeneidliche Aussage des Schiffsbaumeisters Sieg aus Stettin bestätigt worden, welcher in den letzten Jahren das Schiff wiederholt auf seiner Werft untersucht und reparirt hat. Nach einem von dem Konsular-Agenten Smith in Trelleborg über die Beschaffenheit des Wracks abgegebenen Gutachten sind die Hölzer des Kiels, Vor- und Hinterstevens gesund gewesen; die Bodenzimmer waren recht gut, die Garnirung im Boden und die Bodenplanken gut, dagegen waren die übrigen Hölzer zum Theil verfault.

Die Beladung des Schiffes ist nach Angabe des Befrachters und des Stauers in ordnungsmässiger Weise erfolgt.

Versichert war das Schiff zu $^4/_5$ seines Werthes mit 2 400 ℳ. bei dem rügenschen Schiffs-Versicherungs-Verein.

Da sonach keine Anhaltspunkte für die Annahme, dass das Schiff in nicht seetüchtigem Zustande gewesen ist, vorlagen, auch aus dem Verlassen des Schiffes dem Kapitän ein Vorwurf nicht gemacht werden kann, so ist der Antrag auf Konzessionsentziehung seitens des Reichskommissars nicht gestellt und der Spruch des Seeamts demgemäss, wie geschehen, abgegeben worden.

225. Spruch des Seeamts zu Stralsund vom 10. Dezember 1879, betreffend den Seeunfall des deutschen Schooners „Heinrich" von Barth.

Schiff in der Ostsee leck geworden und absichtlich auf den Strand bei Möensklint gesetzt.

Das Seeamt hat seinen Spruch dahin abgegeben:

dass der Seeunfall des Schiffes dadurch veranlasst worden ist, dass dasselbe auf eine nicht zu erklärende Weise leck gesprungen und demnächst auf den Strand gesetzt worden ist, und dass den Kapitän eine Schuld an dem Seeunfall nicht trifft.

Gründe. Der Schooner »Heinrich« — JLQN — von Barth, Kapitän J. Person, ging am 4. August 1879 mit Petroleum beladen von Geestemünde nach Ystadt in See. Nachdem derselbe am 6. August bei heftigem Sturm leck geworden und dadurch genöthigt worden war, im Hafen von Tönning Zuflucht zu suchen, wo er demnächst einer Reparatur unterworfen wurde, ging er am 10. September von neuem in See. Bis zum 25. September ging die Fahrt gut von statten, wenigstens war bis zu diesem Tage das Schiff trotz des am 23. und 24. September herrschenden heftigen Windes und hoher See, wie die Untersuchung der Pumpen ergeben hatte, durchaus dicht geblieben. Am 25. Abends passirte man Falsterbo-Feuerschiff, welches in NzO bei 8 Seemeilen Abstand gepeilt wurde, als plötzlich der Wind nach NNO umsprang und mit grosser Heftigkeit zu wehen anfing. Das Schiff stampfte heftig gegen die hohe See. Eine Peilung der Pumpen ergab 11 Zoll Wasser. Die Pumpen wurden in Gang gesetzt, trotz aller Anstrengungen nahm aber das Wasser fortwährend zu. Am Morgen des 26. September stand das Wasser 2 Fuss hoch. Man kreuzte vor Möensklint. Der Wind war flau, meist ganz still, dabei aber hohe See aus NO. Am Abend gegen 8 Uhr hatte das Wasser trotz des Pumpens bis auf 4 Fuss zugenommen. Das Schiff lag zum Sinken und lief bei jeder See

Gefahr zu kentern. Da man keinen Nothhafen erreichen zu können glaubte und der Wind aus NO sowie die See stark zunahm, so wurde im Schiffsrath beschlossen, das Schiff vor die See zu bringen und dasselbe, um Schiff, Ladung und Menschenleben zu retten, auf den Strand zu setzen. Man peilte Möensklint in SWzS bei etwa 10 Seemeilen Abstand, hielt vor die See ab und steuerte SWzS. Das Schiff wollte jedoch dem Steuer nicht recht gehorchen und lief mehrere Male Gefahr zu kentern. Gegen 11 Uhr Nachts stiess das Schiff etwa eine Kabellänge vom Lande entfernt auf Steingrund. Da die See quer über das Schiff brach und Hülfe vom Lande nicht erschien, so verliess der Kapitän am 27. September, Morgens 2 Uhr, das Schiff und gelangte mittelst seines Bootes an's Land.

Von der Untersuchungskommission, welche sich am 28. September an Bord des Schiffes begab, wurde dasselbe für völlig wrack erklärt. Die Ladung wurde geborgen.

Diese mit dem Schiffsjournal und der Verklarung übereinstimmenden Angaben sind von dem Kapitän Person und dessen Sohn, welcher als Bestmann an Bord des Schiffes gewesen ist, in der mündlichen Verhandlung vor dem Seeamt zeugeneidlich bestätigt worden.

Ueber die Ursache des Seeunfalls konnte nach Lage der Sache kein Zweifel sein. Derselbe ist dadurch veranlasst, dass das Schiff unterwegs leck geworden und demnächst auf den Strand gesetzt ist. Ein Verschulden des Kapitäns war nicht nachweisbar. Umstände, welche zu der Annahme berechtigen, dass das Schiff etwa in nicht seetüchtigem Zustande gewesen, liegen nicht vor, um so weniger, als feststeht, dass dasselbe erst vor kurzem in Tönning einer, wie es scheint, gründlichen Reparatur unterworfen worden ist. Eben so wenig kann dem Kapitän aus seinem Verhalten während des Unfalls und insbesondere daraus, dass er das Schiff auf den Strand gesetzt hat, ein Vorwurf gemacht werden. Da für ihn keine Möglichkeit vorlag, einen Nothhafen zu erreichen, so war es durchaus gerechtfertigt, dass er die Strandung herbeiführte, denn nur auf diese Weise konnte er unter den obwaltenden Umständen Mannschaft und Ladung retten.

Ein Antrag auf Konzessionsentziehung ist demgemäss gegen den Kapitän nicht gestellt worden und war daher der Spruch des Seeamts, wie geschehen, abzugeben.

226. Spruch des Seeamts zu Lübeck vom 12. Dezember 1879, betreffend den Seeunfall der deutschen Kuff „Rosalie“ von Stickelkamper Fehn.

Strandung und Verlust des Schiffes bei Damshöft an der schleswig-holsteinischen Ostseeküste.

Das Seeamt hat seinen Spruch dahin abgegeben:

dass die Strandung des Schiffes allein durch höhere Gewalt, Sturm, dicke Luft und Stromversetzung entstanden ist.

Gründe. Die Kuff »Rosalie« — KBJW — von Stickelkamper Fehn ist auf der Reise von Memel nach Norden am 13. November 1879, Morgens gegen 1 Uhr, bei Dahme, nördlich von Damshöft, gestrandet. Das Schiff, welches 1862 erbaut und vor 2 bis 3 Jahren für 2 400 ℳ. neu verzimmert worden ist und eine Ladungsfähigkeit von 126,2 cbm oder 44,51 Register-Tons hatte, soll zu Grossefehn zu 5 400 ℳ. versichert gewesen sein; die Ladung war bei der Norddeutschen Versicherungs-Gesellschaft in Hamburg versichert. Der Führer des Schiffes, Heinr. Hannes de Buhr, ist mit 7/8, der Holzhändler Albert Schack zu Grossefehn mit 1/8 an dem Schiffe betheiligt.

Am 31. Oktober ging die »Rosalie« mit einer Ladung von 3 115 tannenen Dielen, wovon 296 auf Deck waren, in See und lag vorn 6 Fuss, hinten 6 1/2 Fuss tief.

Wegen Sturmes von WNW und NW musste das Schiff mit anderen Schiffen in der Bucht von Wittmund bis zum 11. November liegen, von wo es des Morgens 2 Uhr an diesem Tage mit flauer Briese aus NO absegelte. Das Schiff passirte in SzW um 9 Uhr Arcona und um 8 Uhr Abends das Feuer von Darsserort. Zu dieser Zeit wehte eine starke Briese aus SW und SSW. Um 4 Uhr Morgens des 12. November war die »Rosalie« über Backbord unter der Küste von Falster und um 8 Uhr bei dicker Luft und Regen über das Gjedser Riff auf 4 Faden Wasser gegangen, um 3 Uhr Nachmittags passirte dasselbe über Backbord Röd Sund. Um 5 Uhr war strenge Briese aus NNW; es wurde lens gepumpt.

Um 7 Uhr Abends peilte der Führer des Schiffes ein Blinkfeuer in Süden bei muthmaasslich 8 Seemeilen Abstand. Das Schiff steuerte bei strenger Briese WNW auf 12 Faden Wassertiefe. Der Kapitän de Buhr war der festen Meinung, dass das Feuer vom Leuchtfeuer von Fehmarn (Ohlenburg-Huk) wäre. Er suchte das Feuer von Langeland vom Maste aus vergeblich, da inzwischen Sturm mit Hagel und Regenwetter eingetreten und die Luft dick schwarz und finster war; wegen des hohen Seegangs hatte auch schon ein Reff in's Grosssegel und zwei Reffe in die Besahn gesteckt werden müssen. Um 12 Uhr Nachts war das Blinkfeuer ausser Sicht. Der Bestmann befand sich vorn an Deck und der Schiffer selbst am Steuerruder, plötzlich rief jener: Land unter Lee, worauf der Schiffer de Buhr das Kommando gab: Schiff über Stag (Ree) und das Ruder hart in Lee legte. Das Schiff, welches in den Wind lief, drehte nicht durch den Wind, fiel vielmehr über Backbord. Auf Kommando des Schiffers fielen die Grosssegels-Piek, sowie die Besahns-Piek nieder; das Steuerruder wurde hart Steuerbord gebracht. So fiel das Schiff vor dem Winde ab und sass nach mehreren schweren Stössen zwischen Steinen auf Grund. Die Segel waren alle nieder und wurden so gut als möglich fest gemacht, die Anker wurden fallen gelassen, die Sorrings vom Boote gekappt, die Hinterpumpe probirt, wodurch indess nicht lens erzielt wurde. Die Kajüte stand voll Wasser und erst am 14. November, Morgens 8 Uhr, wurde die Besatzung durch die Zeugen Puck und Langbehn vom Schiffe gerettet, da sie wegen der starken Brandung, welche über das Schiff ging, selbst sich zu retten nicht im Stande gewesen waren. Die Mannschaft des Schiffes betrug einschliesslich des Führers drei Mann, eine für die Grösse des Schiffes angemessene Besatzung.

Die Verklarung und die Aussage des Zeugen Eggerstedt, sowie der Zeugen Kitzerau, Puck und Langbehn haben obigen Thatbestand festgestellt und haben namentlich die letzteren sich dahin ausgesprochen, dass die fragliche Nacht sehr stürmisch, die See sehr hoch gegangen und ihrer Meinung nach die Strandung ohne Schuld des Kapitäns oder Steuermanns geschehen, vielmehr in der durch den Sturm hervorgerufenen Stromversetzung zu suchen sei, da am Tage vorher südliche starke Winde und sodann plötzlich nordöstlicher Sturm eingetreten war. Dieser Ansicht trat auch der Sachverständige Thiel, sowie das Seeamt bei. Das Schiff ist von dem Führer de Buhr aufgegeben und wrack.

Das Seeamt sah sich daher genöthigt, auszusprechen, dass an der Strandung der »Rosalie« weder der Führer des Schiffes noch der Steuermann Schuld habe, dass auch weder Mängel in der Bauart, Beschaffenheit, Beladung oder in der Bemannung des Schiffes den Unfall herbeigeführt haben, noch Mängel des Fahrwassers oder der für die Schifffahrt bestimmten Hülfseinrichtungen, namentlich der Seezeichen vorhanden gewesen sind, welche als Ursache für die Strandung angesehen werden könnten.

227. Spruch des Seeamts zu Emden vom 13. Dezember 1879, betreffend den Seeunfall des deutschen Schooners „Bettje Pronk“ von Papenburg.

Schiff leck gesprungen und bei Domesnees von der Besatzung sinkend verlassen.

Das Seeamt hat folgenden Spruch verkündet:

Der Verlust des Schiffes »Bettje Pronk« — KGDQ — von Papenburg ist auf die stürmische Witterung am 5. und 6. Oktober 1879 zurückzuführen.

Thatbestand. Das zu Papenburg heimathberechtigt gewesene Schiff »Bettje Pronk« — KGDQ —, einer Papenburger Rhederei, bei welcher der Führer des Schiffes C. H. Lindeboom mit $^{27}/_{60}$ betheiligt war, gehörig, ist am Abend des 6. Oktober 1879 unweit Domesnees von seiner Mannschaft in sinkendem Zustande verlassen.

Das genannte Schiff war im Jahre 1855 zu Hoogezand erbaut und ursprünglich in Delfzijl heimathberechtigt, im Jahre 1877 jedoch von der Rhederei, welche es bis zu seinem Verluste besass, käuflich erworben. Im Jahre 1878 war es beim Germanischen Lloyd klassifizirt und hatte Klasse B I auf drei Jahre erhalten; sein Netto-Raumgehalt war bei der stattgehabten Vermessung auf 385,0 cbm oder 135,90 Register-Tons festgestellt und hatte die letzte Reparatur des Schiffes in der Zeit vom 10. bis 23. Juni 1879 in Emden stattgehabt. Versichert war es bei den drei Papenburger Assekuranz-Kompagnien, und zwar für im ganzen 11700 ℳ. Nachdem das Schiff im Monate September 1879 in London eine für Riga bestimmte Ladung von 180 Tons Kreide eingenommen hatte, mit welcher es bei einer Auswässerung von 28 bis 30 Zoll einen Tiefgang von 9 bezw. 10 Fuss hatte, wurde am 21. September mit einer Besatzung von 6 Personen die Reise angetreten und verlief dieselbe bis zum 5. Oktober ohne besondere Vorkommnisse. Am 4. Oktober hatte man Morgens 4 Uhr Bornholm passirt, am 5. trat dann jedoch stürmisches Wetter mit hohem Seegange ein und brachen am Nachmittage jenes Tages in kurzen Zwischenräumen drei schwere Sturzseen über das Schiff, die das Leckspringen desselben zur Folge hatten. Alle Bemühungen, den Leck aufzufinden, blieben erfolglos, auch durch das Werfen eines Theiles der Ladung besserte sich die Lage nicht und wollte es eben so wenig trotz angestrengten Pumpens gelingen, des Wassers im Raume Herr zu werden. Am Abend des 6. Oktober wurde der Wasserstand im Raume, obgleich man während des ganzen Tages und der vorhergehenden Nacht beständig gepumpt hatte, mittelst Peilstange auf 7 1/2 Fuss ermittelt und entschloss sich nunmehr die Besatzung, die übrigens, weil angeblich fremde Schiffe überall nicht in Sicht gekommen waren, Nothsignale nicht gezeigt hatte, die »Bettje Pronk« in dem Boote derselben zu verlassen. Dies geschah denn auch Abends 8 Uhr 7 Meilen SSO von Domesnees, und ist sodann nach Verlauf von etwa zwei Stunden die »Bettje Pronk« gesunken, die Besatzung aber am Nachmittage des 7. Oktober in ihrem Boote in Bolderaa angekommen.

Wegen der Witterungsverhältnisse in der Zeit vom 4. bis 6. Oktober 1879 wird schliesslich auf den von der deutschen Seewarte in Hamburg eingezogenen Witterungsbericht verwiesen.

Entscheidungsgründe. Vom Seeamte ist sodann Folgendes erwogen:

1. Nach der stattgehabten Verhandlung ist als erwiesen anzunehmen, dass die »Bettje Pronk« sich bei ihrer Ausfahrt am 21. September 1879 in seetüchtigem Zustande befunden habe und ist daneben auch nicht bloss die nachgewiesenermaassen aus 6 Personen bestehende Besatzung für eine völlig ausreichende zu erachten, sondern fehlt es auch an allen thatsächlichen Gründen, welche die Annahme zu rechtfertigen vermöchten, dass Mängel in der Beladung des Schiffes, insbesondere eine Ueberladung desselben die Ursachen des eingetretenen Seeunfalles gewesen sein könnten.

2. Daneben ist ferner erwiesen, dass die »Bettje Pronk« am 5. und 6. Oktober in der Ostsee zwischen Bornholm und Domesnees ein schweres Unwetter zu bestehen hatte, welches einerseits das Leckspringen des Schiffes erklärt und nach welchem andererseits auch die schliessliche Aufgabe des letzteren ihre Rechtfertigung finden würde, falls anders nur von der Mannschaft zur Rettung von Schiff und Ladung alles in ihren Kräften Stehende wirklich aufgeboten ist.

3. In solcher Beziehung ist nun aber festgestellt, dass die

Mannschaft der »Bettje Pronk« sowohl durch angestrengtes Pumpen das mit Gewalt in das Schiff eindringende Wasser zu bewältigen, als auch durch Aufsuchen des Lecks und Werfen eines Theiles der Ladung der Nothlage des Schiffes abzuhelfen versuchte, indessen mit ihren desfallsigen Bemühungen einen Erfolg überall nicht zu erzielen vermochte. Dagegen ist

4. freilich auch konstatirt, dass es versäumt ist, irgend welche Nothsignale zu zeigen, auf der anderen Seite fehlt es aber doch wieder an jeglichen Anhaltspunkten dafür, dass dieselben dem Schiffe zu einer Assistenz hätten verhelfen können, welche dessen Verlust zu verhindern, oder auch nur aufzuhalten im Stande gewesen wäre und ist weiter auch dem Schiffer, wenn er in der Meinung, seinen Bestimmungshafen noch erreichen zu können, das Anlaufen eines Nothhafens unterliess, daraus um so weniger ein Vorwurf zu machen, als nicht vorliegt, dass jene vom Schiffer gehegte Meinung als eine unbedingt fehlsame hätte angesehen werden müssen.

5. Endlich ergeben die stattgehabten Erhebungen, dass der Wasserstand im Raume der »Bettje Pronk« in dem Augenblicke, als sie von der Mannschaft verlassen wurde, bereits bis auf reichlich sieben Fuss gestiegen war, das Schiff unter solchen Umständen dem Ruder nicht mehr gehorchte und endlich nach Verlauf von zwei Stunden gesunken ist. Danach kann es denn aber auch einem Zweifel nicht unterliegen, dass das Verlassen des Schiffes zur Rettung des Lebens der Besatzung wirklich geboten war und ist daher so, wie geschehen, erkannt worden.

228. Spruch des Seeamts zu Emden vom 13. Dezember 1879, betreffend den Seeunfall der deutschen Galiote „Union“ von Grossefehn.

Strandung und Verlust des Schiffes auf Sommaroe im finnischen Meerbusen.

Das Seeamt hat den folgenden Spruch verkündet:

Der Verlust des Schiffes »Union« — KBSW — von Grossefehn ist auf die durch Schnee und Nebelwetter gestörte Feuersichtigkeit am Abend des 18. Oktober 1879 zurückzuführen und liegen keine genügende Gründe vor, dem Schiffer Klein die Konzession zur ferneren Ausübung seines Gewerbes zu entziehen.

Thatbestand. Das zu Grossefehn heimathberechtigt gewesene Schiff »Union« — KBSW —, einer Rhederei, bei welcher der Führer desselben, Schiffskapitän Geerd Harms Klein zu Grossefehn mit 1/4 betheiligt war, gehörig, ist am 18. Oktober 1879 auf Sommaroe gestrandet.

Das genannte Schiff war im Jahre 1866/67 zu Aurich-Oldendorfer Fehn erbaut, beim Büreau Veritas klassifizirt, zu einem Netto-Raumgehalte von 282,3 cbm oder 99,66 Register-Tons vermessen und bei einem Versicherungswerthe von 18255 M. bei zwei verschiedenen Assekuranzen zu im ganzen 16430 M. versichert.

Die »Union« befand sich zur Zeit des hier fraglichen Seeunfalles mit ihrer regelmässigen Besatzung von im ganzen fünf Personen mit einer Ladung Roggen auf der Reise von St. Petersburg nach Kiel, die ganze Ladung betrug 75 bis 76 Last und hatte das Schiff mit derselben bei einer Auswässerung von 15 Zoll einen mittleren Tiefgang von 9 1/4 Fuss.

Am Morgen des 18. Oktober 1879 kam man von Cronstadt aus in See und hatte anfänglich gutes Wetter. Am Nachmittage stellte sich jedoch bei östlichem Winde Nebelwetter mit Schneegestöber ein und kam Abends 9 1/2 Uhr, während der Kapitän mit einem Matrosen und dem Koche die Wache hatte, das Feuer von Sommaroe in Sicht. Der Kapitän, welcher selbst am Ruder stand, schätzte dessen Entfernung auf 5 bis 6 Meilen, bemerkte bald darauf jedoch plötzlich Brandung in Lee und stiess unmittelbar nachher das Schiff heftig auf den Grund.

Wiederabbringungs-Versuche erschienen von vornherein nicht möglich, die sowohl während der Nacht, als auch nach Wiederanbruch des Tages gegebenen Nothsignale blieben erfolglos und entschloss sich darauf die Besatzung am Morgen des 19. Oktober das Schiff mit dem eigenen Boote zu verlassen. Sie traf mit demselben auch glücklich auf Sommaroe ein, übrigens ist sowohl das Schiff, welches sich, wie sich später herausstellte, zwischen zwei Klippen eingeklemmt hatte, wie auch die gesammte Ladung vollständig verloren gegangen.

Wegen der Witterungsverhältnisse am 18. Oktober 1879 ist auf den von der deutschen Seewarte in Hamburg eingezogenen Witterungsbericht zu verweisen und schliesslich noch der Antrag des Reichskommissars zu erwähnen, dass dem Schiffer Klein, falls ihn nach der Annahme des Seeamts ein Verschulden an dem Verluste seines Schiffes treffe, zugleich die Konzession zur ferneren Ausübung seines Gewerbes entzogen werde.

Entscheidungsgründe. Vom Seeamte ist sodann Folgendes erwogen:

1. Aus dem vom Schiffer bei der öffentlichen Verhandlung vorgelegten Klassifikations-Certifikate des Büreau Veritas ergiebt sich, dass die »Union« am 1. Juni 1879 durch einen Experten der genannten Gesellschaft revidirt ist, derselben danach Klasse 3/3, G. 1. 1. auf die Dauer von 5 Jahren ertheilt wurde und lässt sich danach die Seetüchtigkeit des Schiffes bei dessen Ausfahrt von St. Petersburg bezw. Cronstadt um so weniger bezweifeln, als überall nicht vorliegt, dass in der Zwischenzeit irgend welche Ereignisse eingetreten wären, durch deren Einfluss das Ergebniss der am 1. Juni 1879 stattgehabten Besichtigung hätte alterirt werden können.

2. Bezüglich der Beladung ist festgestellt, dass die »Union« nach Einnahme einer durch Querschotten gehörig gesicherten Ladung von 75 bis 76 Last Roggen bei einem Tiefgange von 9¼ Fuss noch eine Auswässerung von 15 Zoll hatte und ist die letztere für ausreichend zu erachten.

Daneben erscheint auch die Besatzung von im ganzen fünf Personen, wenngleich sich unter denselben zwei Jungen von nur 15 bezw. 14 Jahren befanden, nicht geradezu ungenügend und liegt überdies auf der Hand, dass die Ursache des der »Union« widerfahrenen Seeunfalles in Mängeln ihrer Beladung oder Bemannung überhaupt nicht gesucht werden kann.

3. Im übrigen sind die nach den Angaben der Zeugen bezw. den Eintragungen des Journales gesegelten Kurse an sich als richtig anzuerkennen und findet der der »Union« gleichwohl zugestossene Unfall nur dadurch seine Erklärung, dass der Schiffer bezüglich seiner Distanzschätzungen der von ihm gesehenen Feuer sich im Irrthume befand. Da indessen die Aussagen der Zeugen bezw. die Angaben des Journals über das am 18. Oktober herrschende Nebel- und Schneewetter durch den von der deutschen Seewarte eingezogenen Witterungsbericht noch eine weitere Bestätigung erhalten, so kann dem Schiffer auch jener Irrthum nicht zum Verschulden angerechnet werden und ist vielmehr der in Frage stehende Seeunfall lediglich auf jenes Nebel- und Schnee-

wetter, welches zwar die Feuersichtigkeit nicht völlig aufhob, doch immerhin dieselbe störte und eine zuverlässige Distanzschätzung verhinderte, zurückzuführen. Ein rechtzeitiges Erkennen seines Irrthums wäre dem Schiffer aber auch beim Gebrauche des Lothes um desswillen nicht möglich gewesen, weil sich aus der Karte ein gleichmässiger sehr erheblicher Wasserstand bis unmittelbar vor Sommaroe ergiebt und wird unter solchen Umständen denn auch aus dem unterlassenen Gebrauche des Lothes ein Grund zu einem Vorwurfe für den Schiffer nicht entnommen werden können.

4. Eben so wenig scheint das Verhalten des Schiffers nach erfolgter Strandung zu einer Bemängelung Veranlassung zu bieten. Im Gegentheil ist vielmehr zunächst das Festmachen der Segel sogar als eine völlig richtige Maassregel zu bezeichnen, da, wie sich auch später wirklich herausgestellt hat, ein Wiederabkommen der »Union«, wenn überhaupt, nur rückwärts, nicht aber vorwärts, möglich gewesen wäre. Im übrigen war von einem Gebrauche der Pumpen bei der erheblichen Beschädigung der »Union«, die bereits nach sehr kurzer Frist einen Wasserstand von vier Fuss im Raume herbeigeführt hatte, ein Erfolg überall nicht zu erwarten. Dasselbe gilt von einem etwaigen Werfen der Ladung, wenn eine solche überhaupt thunlich gewesen wäre und würde überdies auch beim etwaigen Loskommen des schwer lecken und noch dazu seines Ruders beraubten Schiffes vermuthlich dessen sofortiges Sinken auf tiefem Wasser zu befürchten gewesen sein.

5. Schliesslich bleibt bezüglich der Journalführung zu bemerken, dass, wenn sich ein Vermerk über das Anbringen von Schotten im Journale nicht vorfindet, die bezüglichen Bestimmungen des Handelsgesetzbuchs denselben nicht ausdrücklich verlangen. Auch bezüglich der sonst vermissten Eintragungen über den Gebrauch des Loggs kurz vor der Strandung bezw. das Festbinden des Ruders nach derselben ist anzuerkennen, dass es sich dabei um Thatsachen handelt, bezüglich deren Vermerkes das subjektive Ermessen des Einzelnen selbst nach den Vorschriften des Handelsgesetzbuchs mehr oder weniger berechtigt erscheint und bleibt endlich zu berücksichtigen, dass die Zusammenstellung der Journal-Eintragungen für den 18. Oktober erst nach dem Verluste des Schiffes und unter dem Einflusse der durch letzteren bewirkten Erregung erfolgte.

6. Nach den vorstehenden Ausführungen liegen also keine Gründe vor, dem Schiffer Klein ein Verschulden an dem Verluste

seines Schiffes beizumessen und war demselben daher auch die Befugniss zur ferneren Ausübung seines Gewerbes zu belassen.

229. Spruch des Seeamts zu Danzig vom 15. Dezember 1879, betreffend den Seeunfall der deutschen Brigg „Nummer Eins“ von Elbing.

Schiff auf einer im Dezember 1877 angetretenen, von Minatitlan nach London bestimmten Reise verschollen.

Das Seeamt hat seinen Spruch dahin abgegeben:

dass die Ursachen des Seeunfalls, von welchem das am 20. oder 22. Dezember 1877 von Minatitlan in Mexiko nach London ausgegangene und seitdem verschollene Schiff »Nummer Eins« voraussichtlich betroffen ist, nicht zu ermitteln gewesen sind, dass insbesondere keine Mängel in der Bauart, Beschaffenheit oder Ausrüstung des Schiffs festgestellt worden sind, welche den Seeunfall herbeigeführt haben könnten, sondern dass die Ursachen des Seeunfalls, von welchem das Schiff voraussichtlich betroffen ist, auf die Gefahren der Schifffahrt zurückzuführen sind.

Gründe. Die Brigg »Nummer Eins« von Elbing, Kapitän Domanski, hat am 20. oder 22. Dezember 1877 mit einer Ladung Mahagoniholz den Hafen Minatitlan in Mexiko verlassen, um nach London zu segeln, ist aber an dem Bestimmungsorte nicht eingetroffen und als verschollen zu erachten. Auf Anordnung des Herrn Reichskanzlers ist die Untersuchung der Ursachen des Seeunfalles, von welchem das Schiff voraussichtlich betroffen ist, eingeleitet und zwar hat die Untersuchung bei dem Mangel aller Nachrichten über den Seeunfall selbst sich lediglich auf die Prüfung der Seetüchtigkeit des Schiffes beschränken müssen.

In dieser Beziehung hat die Untersuchung folgendes Resultat ergeben:

Inhalts der Schiffsregister-Akten des Königlichen Kreisgerichts zu Elbing ist das Schiff im Jahre 1858 auf einem eichenen Kiel von Grund aus neu aus Eichenholz mit Ausnahme des Decks und der Schanzkleidung, welche aus Kiefernholz gefertigt sind, erbaut, und sind dazu gute und tüchtige Baumaterialen von der gehörigen Stärke und Proportion nach der Grösse des Schiffs genommen. Das Schiff war in Veritas-Klasse $^5/_6$, 1. 1. bis Mai 1877 und beim Germanischen Lloyd bis zum Jahre 1880 klassifizirt. Der Korrespondent-Rheder des Schiffs, Konsul Mitzlaff in Elbing, hat nach seiner eidlichen Aussage das Schiff zum letzten Male im Jahre 1875 bei dessen Anwesenheit in Danzig gesehen, und dasselbe damals in gutem Zustande befunden. Das Schiff ging damals von Danzig nach Gloucester und gerieth auf dieser Reise bei Helsingör in Kollision mit einem britischen Dampfschiffe, infolge deren es in Helsingör mit einem Kostenaufwande von ungefähr 30000 ℳ. reparirt wurde. Die Haverei betraf vorzugsweise den Bug, das Bugspriet und den Fockmast. Nach der Reparatur hat der Kapitän Domanski dem Korrespondent-Rheder Mitzlaff berichtet, dass sich das Schiff in einem guten seetüchtigen Zustande befinde. Als das Schiff gegen Ende des Monats Juli 1877 in Newcastle eintraf, ergab sich, dass der Grossmast schlecht war, und ist damals nach den beigebrachten Schreiben des Kapitäns Domanski an den Korrespondent-Rheder Mitzlaff vom 25. und 28. Juli und 2. August 1877 ein neuer Grossmast von Pitchpine-Holz eingesetzt worden. Es ist nicht gelungen, den Schiffszimmermeister zu ermitteln, der den Mast eingesetzt hat; nach der amtlichen Auskunft des Kaiserlich deutschen Konsulats zu Newcastle sind Anfragen bei verschiedenen in der Nähe ansässigen Schiffsbaumeistern fruchtlos gewesen, und ergiebt auch die dem Konsul Mitzlaff vom Kapitän Domanski eingesandte Rechnung über die Kosten des neuen Grossmastes den Namen des Schiffsbaumeisters nicht.

Das Schiff ging im August 1877 mit einer Besatzung von neun Personen nach Madeira und versegelte von dort im September 1877 nach Minatitlan, wo es gegen Ende November 1877 eingetroffen ist. Der Kapitän Domanski meldete seine Ankunft in Minatitlan dem Korrespondent-Rheder Mitzlaff in einem Schreiben vom 28. November 1877. In Madeira ist ein Mann der Besatzung, der Koch und Steward Stoll, entlassen und ist es gelungen, denselben hier zu ermitteln, und zwar befand sich derselbe im hiesigen Gerichtsgefängnisse und war wegen vierten Diebstahls zu sieben Jahren Zuchthaus verurtheilt.

Der Koch Stoll ist in Newcastle angemustert und erst auf das Schiff gekommen, als dasselbe beladen und segelfertig war; er weiss darüber nichts, dass das Schiff in Newcastle reparirt ist. Nach seiner nicht beeidigten Aussage hat das Schiff auf der ganzen

Reise von Newcastle nach Madeira viel Wasser gemacht und hat fortwährend gepumpt werden müssen und zwar sowohl bei gutem als bei stürmischem Wetter; er sagt, das Schiff habe an vielen Stellen faule Holztheile gehabt, insbesondere an der Regeling und auf Deck und habe der Zimmermann fortwährend zimmern und dichten müssen, auch sei das Tauwerk höchst mangelhaft gewesen und beim Segelaufziehen wiederholt gerissen, desgleichen seien die Segel schlecht gewesen und habe ein Matrose und ein Bootsmann fast fortdauernd Segel flicken müssen; auf dem Schiffe haben sich zwei Boote und zwei Rettungs-Bojen nach seiner Aussage befunden. Der Koch Stoll ist nach seiner Mittheilung in Madeira um deshalb entlassen, weil er mit dem Kapitän Domanski einen Streit gehabt hat.

Der Vater des ebenfalls in Newcastle angemusterten Schiffsmannes Otto Luis, welcher mit dem Schiffe die Reise nach Minatitlan mitgemacht hat und ebenfalls verschollen ist, Comptoirbote Luis in Hamburg, hat ferner bei seiner eidlichen Vernehmung einen Brief seines Sohnes aus Madeira eingereicht, in welchem derselbe klagt, dass das Schiff verrottet und so stark leck sei, dass sie sich bei schlechtem Wetter nur eben über Wasser halten können.

Das Seeamt hat der Aussage des zu vieljähriger Zuchthausstrafe verurtheilten Kochs Stoll keinen Glauben beimessen können und würde diese Aussage durch deren Beeidigung nach der Ansicht des Seeamts an Glaubwürdigkeit nicht gewinnen. Eben so wenig hat das Seeamt auf die briefliche Mittheilung des Otto Luis ein so grosses Gewicht legen können, dass aus derselben im Widerspruche mit den sonstigen Ermittelungen die Seeuntüchtigkeit des Schiffs gefolgert werden könnte.

Die Mutter und andere Verwandte des Kapitäns Domanski waren Miteigenthümer des Schiffs und der Kapitän Domanski hatte daher selbst ein nahes Interesse an der guten Beschaffenheit und Ausrüstung des Schiffes. Nach den zu den Akten gebrachten brieflichen Mittheilungen des Kapitäns Domanski, deren Echtheit und Wahrheit nicht zu bezweifeln ist, muss angenommen werden, dass das Schiff sich in einem völlig seetüchtigen Zustande befunden hat.

Nachdem der neue Grossmast in Newcastle eingesetzt war, schreibt der Kapitän Domanski unterm 2. August 1877 an den Korrespondent-Rheder Mitzlaff:

»Montag hoffe beladen zu werden und kann ich jetzt ohne Sorge nach See gehen ohne Havarie zu befürchten, wofür ich aus

Erfahrung grosse Furcht habe, Gott möge mich dafür bewahren; ich will wenigstens Alles thun, um diese vorzubeugen.«

Sodann schreibt er aus Madeira unterm 19. September 1877:

»Nachdem Sie sich überzeugt oder wenigstens die Sache beim rechten Licht besehen, gehe ich auf Ihre frühere Aussprache zurück, dass ich Parte der Nummer Eins kaufen möchte. — Nummer Eins muss, da die Klasse bald vorbei, klassifizirt und kleine Verbesserungen haben; ich wäre Willens ¼ der Nummer Eins zu kaufen, da ich weiss, dass auch im nächsten Jahre wenig Aussicht ist, viel zu verdienen, und es den Herren sehr unangenehm ist, wenn sie kein Geld bekommen. Aber bei den schlechten Zeiten und Aussichten bin ich nicht im Stande mehr als 5 250 ℳ. zu bezahlen«.

Endlich schreibt er aus Minatitlan unterm 28. November 1877:

»Ich schrieb Ihnen, dass ich Willens sei, noch ¼ von Nummer Eins zu kaufen. Sie können Sich wohl denken, dass ich dieses nicht aus Rhedereigelüste thue, sondern dass ich etwaigen unzufriedenen Rhedern Gelegenheit geben will, ihre Parte mittelmässig zu verkaufen. — Zugleich auch, um nicht in Verlegenheit zu kommen, wenn vielleicht die Mehrzahl der Rheder beschliesst, das Schiff zu verkaufen. — Das ganze Schiff würde jedenfalls nicht mehr holen, als den Preis, den ich zu zahlen gedenke. Kleinere Parte würde nicht gern kaufen. — Mir liegt daran, ein einigermaassen gesichertes Brod zu haben.«

Aus diesen Briefen geht deutlich hervor, dass der Kapitän Domanski das Schiff für seetüchtig gehalten hat, denn er würde wahrlich nicht einen Theil des Schiffes kaufen wollen, um sich die Führung des Schiffs zu erhalten und wie er sich ausdrückt, ein einigermaassen gesichertes Brod zu haben, wenn er die Seetüchtigkeit des Schiffs bezweifelt hätte.

Die Untersuchung hat hiernach nichts ergeben, was zu der Annahme berechtigen könnte, es sei der Seeunfall, von welchem das Schiff voraussichtlich betroffen ist, durch Mängel in der Bauart, Beschaffenheit oder Ausrüstung des Schiffs herbeigeführt worden, und ist hiernach der abgegebene Spruch gerechtfertigt.

230. Spruch des Seeamts zu Hamburg vom 17. Dezember 1879, betreffend den Seeunfall der deutschen Galeasse „Sophie“ von Hamburg.

Schiff durch Sturzseen beschädigt, leck geworden und von der Besatzung in der Nordsee aufgegeben.

Die in Hamburg heimathberechtigte deutsche Galeasse »Sophie« — KLJB —, Kapitän J. H. L. Henning, von 228,7 cbm oder 80,73 Register-Tons Netto-Raumgehalt, ist am 21. Juli 1879 in der Nordsee auf 57° 16′ N. B. und 6° 54′ O. L. von der Besatzung als Wrack und im sinkendem Zustande verlassen worden und als verloren zu betrachten.

Die Mannschaft, einschliesslich des Kapitäns, welcher zugleich Eigenthümer des Schiffes war, aus vier Personen bestehend, wurde, nachdem zwei andere Fahrzeuge das nothleidende Schiff passirt hatten, ohne Hülfe zu bringen, von dem französischen Schooner »Gaston & Lina« von Narbonne gerettet und nach neuntägiger Reise in Libau gelandet. Das Schiff war im Jahre 1878 vom Schiffer Henning zu Eigenthum erworben und hatte damals, nachdem es einer Hauptreparatur unterzogen war, bei »Veritas« die Klasse 5/6, P. 1. 1. erhalten. Erbaut war dasselbe in den Jahren 1859/60.

Nach Maassgabe der in Libau vor einem dortigen Notar belegten Verklarung und den Aussagen der Mannschaft, welche insgesammt vom Seeamte vernommen worden ist, hat der Unfall sich folgendermaassen ereignet.

Die »Sophie« hatte den Hafen von Hamburg mit einer aus Cement, Kaffee und Dividivi bestehenden Ladung, für Danzig bestimmt, am 2. Juli verlassen. Das Gewicht der Ladung betrug nach Aussage des Kapitäns 62 bis 63 Last zu 4000 ℔, während derselbe die Tragfähigkeit seines Schiffes auf ein viel höheres Maass geschätzt und angegeben hat, dass dasselbe bei früheren Reisen schon an 75 Last Kohlen geladen habe. Nachdem das Schiff am 13. Juli, Morgens, Cuxhaven passirt und in See gegangen war, verlief die Reise bis zum 20. Juli, ohne dass sich etwas Bemerkenswerthes zugetragen hätte. Am 20. Nachmittags nahm die Briese bei dicker Luft zu und trat hoher Seegang ein, so dass das Bramsegel festgemacht werden musste. Um Mitternacht wurden zwei Reffe in Besahn- und Grosssegel gesteckt und die Klüver wurden weggenommen. Das Schiff schlingerte bei dem hohen Seegange heftig. Am 21. Juli, Morgens 4 Uhr, zerriss das Topsegel. Dasselbe wurde so gut wie möglich geborgen und festgemacht. In der Folge wurde bei fortwährend wachsendem Sturm und Seegang das dritte Reff in die Besahn geschlagen, Stagsegel und Stagfock festgemacht und Sturmstagsegel gesetzt. Die See rollte fortwährend über das Schiff und hatten mehrere Sturzseen bereits einen Theil der Schanzkleidung weggenommen, als zwischen 11 und 12 Uhr Mittags eine Sturzsee mit solcher Gewalt über das Schiff wegbrach, dass mit einem Schlage Bugspriet, Vormast und der Rest der Schanzkleidung weggeschlagen, das Boot und die Wasserfässer losgerissen und über Bord gespült, kurz rein Deck gemacht wurde. Der gebrochene Mast fiel der Länge nach auf Deck und gelang es der Mannschaft erst nach langwierigen Anstrengungen, denselben von Deck los zu werden, worauf er auf Seite des Schiffes zu liegen kam und bei dem heftigen Arbeiten des Schiffes, fortwährend in dessen Seite hineinstiess. Der Kapitän verletzte sich bei diesen Arbeiten schwer am linken Arm. Als das Deck vom Mast frei war und die Pumpen angesetzt werden sollten, entdeckte man, dass der für die beiden aus Eisen konstruirten Pumpen gemeinschaftliche Bock zur Hälfte weggebrochen war. Obwohl nun ein an Deck befindlicher Galgen zu nothdürftigem Ersatz des Pumpenbocks hergerichtet wurde, versagten die Pumpen doch den Dienst und will der Kapitän bemerkt haben, dass die eine Pumpe einen etwa 1½ Fuss langen Riss hatte. Da auch der Peilstock von einer Sturzsee weggenommen war, öffnete man die Vorluke, um sich über den Wasserstand im Schiffe zu vergewissern und fand sich, dass 3 bis 4 Fuss Wasser im Raum waren; nach Schätzung des Kapitäns, dass das Schiff ungefähr zur Hälfte mit Wasser gefüllt war. Es wurde hierauf die Nothflagge geheisst und hielt, nachdem die Mannschaft noch einige Stunden auf dem lecken Schiff hatte ausharren müssen, ohne Hülfe zu erhalten, der schon genannte französische Schooner auf die »Sophie« zu. Da derselbe es verweigerte, in der Nähe des hülfsbedürftigen Schiffes zu bleiben, vielmehr verlangte, dass die Mannschaft behufs ihrer Rettung ohne weiteren Verzug zu ihm an Bord käme, so entschloss der Kapitän Henning sich, sammt seiner Mannschaft die »Sophie« zu verlassen und begab sich um etwa 4 Uhr Nachmittags mit Hülfe des längsseit der »Sophie« gekommenen Bootes der »Gaston & Lina« an Bord dieses Schiffes. Der Kapitän der »Gaston & Lina« liess sich dann auf vieles Zureden, und da der Sturm sich inzwischen etwas gemindert hatte, bewegen, noch bis zum Abend in der Nähe des verlassenen Schiffes zu bleiben, setzte auch einen Theil der Besatzung der »Sophie« (Kapitän und Bestmann) noch einmal mit seinem Boote an Bord derselben über. Es geschah das etwa um 8 Uhr Abends. Kapitän Henning barg dann noch seine Schiffspapiere und einen Theil der Effekten der Mannschaft, untersuchte auch vermittelst Oeffnen der Grossluke nochmals den Wasserstand im Schiff und fand, dass das Wasser im Raum noch um etwa einen Fuss gestiegen war, so dass das Deck ungefähr mit dem Wasser gleich lag. Auf heftiges Drängen des mit an Bord gekommenen Steuermannes des französischen Schiffs, welcher nicht länger warten zu wollen erklärte, musste man dann die »Sophie« wieder verlassen und verabsäumte es in der Eile, die Grossluke wieder zu schliessen.

Der französische Schooner setzte dann, mit der Mannschaft der »Sophie« an Bord, seine Reise fort, und hat letztere ihr Schiff nicht mehr sinken sehen; doch steht nicht zu bezweifeln, dass dasselbe bald darauf gesunken und total verloren gegangen ist. Hervorzuheben bleibt noch, dass eine auf dem Requisitionswege versuchte Vernehmung des vom Kapitän Henning als Steuermann der »Gaston & Lina« bezeichneten Seemannes, nicht hat bewerkstelligt werden können, da die »Gaston & Lina« sich nach den vom Gericht in Narbonne eingezogenen Erkundigungen auf unbestimmte Zeit in überseeischen Gewässern befindet.

Bei Beurtheilung des vorliegenden Seeunfalls konnte nur in Frage kommen, ob Kapitän Henning nach Lage der Umstände richtig und den an einen sorglichen Schiffsführer zu stellenden Anforderungen entsprechend gehandelt hat, wenn er mit seiner Mannschaft die »Sophie« am Nachmittage des 21. Juli verliess, um sich auf das französische Schiff zu flüchten, oder ob die Pflicht geboten hätte, noch länger als geschehen, auf dem wracken Fahrzeuge auszuhalten.

Das Seeamt musste das Verhalten des Kapitäns als ein gerechtfertigtes anerkennen. Nachdem der Hauptmast gebrochen und das Schiff somit nahezu manövrirunfähig, die Pumpen unbrauchbar geworden und das Schiff durch das immer noch steigende Wasser im Raum schon dem Sinken nahe gebracht war, würde ein Zurückweisen der nach langem vergeblichen Harren gebotenen Rettung, zumal auch das Boot weggeschlagen war und die Nacht hereinbrach, nahezu der freiwilligen Wahl des mit Sicherheit vorauszusehenden Todes gleich gekommen sein. Bei der äusserst geringen Chance, durch längeres Verharren an Bord des Wracks etwas zur Rettung von Schiff und Ladung beizutragen, konnte die damit verbundene Uebernahme äusserster Lebensgefahr der Mannschaft billigerweise nicht zugemuthet werden.

Das Offenlassen der Grossluke am Abend, als man nochmals an Bord der »Sophie« war, findet in der durch das Drängen des französischen Seemannes, welcher erklärlicherweise bei Einbruch der Dunkelheit sein Boot nicht länger längsseit des wegsinkenden Fahrzeuges halten wollte, bewirkten Hast und Ueberstürzung, wenn nicht die volle Entschuldigung, so doch eine genügende und durchaus unverdächtige Erklärung.

Hiernach giebt das Seeamt seinen Spruch dahin ab:

Der Untergang der deutschen Galeasse »Sophie« ist den Ereignissen der See zuzuschreiben und trifft Kapitän wie Mannschaft in Beziehung auf diesen Seeunfall ein Verschulden nicht.

231. Spruch des Seeamts zu Tönning vom 17. Dezember 1879, betreffend den Seeunfall der deutschen Schnigge „Christina Helene“ von Friedrichstadt.

Schiff in der Eidermündung auf Grund gestossen und leck geworden.

Das Seeamt hat seinen Spruch dahin abgegeben:

der Unfall ist nicht vom Schiffer oder Steuermann durch Handlungen oder Unterlassungen derselben, die denselben zum Vorwurf gemacht werden können, verschuldet. Derselbe ist auch nicht herbeigeführt durch Mängel in der Bauart, Beschaffenheit, Ausrüstung, Beladung oder in der Bemannung des Schiffes oder Mängel des Fahrwassers oder der für die Schifffahrt bestimmten Hülfseinrichtungen oder Handlungen oder Unterlassungen der zur Handhabung dieser Einrichtungen bestellten Personen.

Gründe. Es ist Folgendes als erwiesen anzunehmen:

Das Schiff »Christina Helene«, Kapitän Kruse, klassifizirt Klasse AI, erbaut im Jahre 1871, zuletzt verzimmert 1875, angekauft im Jahre 1875 für den Preis von 9 460 ℳ., versichert bei der Rendsburger Schiffergilde »Hoffnung« zum Betrage von 7 000 ℳ., von 94,9 cbm Ladungsfähigkeit, ging mit einer zum Theil versicherten Ladung, bestehend aus Stückgütern, Mais, Roggen und Kohlen, 1250 Centner schwer, und mit einer aus Kapitän und Bestmann bestehenden Mannschaft am 9. Oktober 1879 von Altona aus nach Friedrichstadt. Nachdem dasselbe sich unterwegs einige Tage in Cuxhaven wegen ungünstigen Windes hat aufhalten müssen, wurde die Fahrt nach der Eidermündung fortgesetzt. Wegen widrigen Windes und Ebbe konnte die Eidermündung nicht erreicht werden und ward, nachdem auf wiederholtes Lothen 5 Faden Wasser gefunden worden waren und die nach der Lage der Galiote vorgenommene Peilung und Gissung den Kapitän darauf schliessen liess, dass er sich bei der Tonne No. 1 in der Ausseneider befand, 12½ Uhr Nachts Anker geworfen. Um 1 Uhr Nachts lief der Wind nach SW mit starker Briese und hohem Seegang. Da der Wind und Seegang gegen Morgen an Stärke zunahm, so dass das Wasser fortwährend über das Deck ging, lichtete der Kapitän 5 Uhr Morgens die Anker, um zu verhindern, dass die Deckladung herabgespült wurde. Der Kapitän steuerte auf die Eidergaliote zu, während der Bestmann die Segel setzte. Ehe diese Arbeit noch beendigt war und bevor eine Lothung vorgenommen werden konnte, stiess das Schiff fünf Mal nach einander heftig durch. Nachdem die Pumpen gleich angesetzt waren, fand sich Wasser im Raum, welches während der Weiterfahrt so stark zunahm, dass Kapitän und Steuermann mit Anstrengung pumpen mussten, um das Schiff flott zu halten. Von Tönning aus wurde die Reise nach Friedrichstadt, unter Assistenz zweier Personen, welche an Bord genommen waren, fortgesetzt. Das Schiff langte dort mit einer theilweise beschädigten Ladung an und musste behufs Vornahme einer Reparatur auf die dortige Helling gebracht werden. Der Unfall ist dadurch herbeigeführt, dass der Kapitän irrthümlich annahm, bei der Tonne No. 1 unterhalb des Eiderfahrwassers Anker geworfen zu haben, während das Schiff thatsächlich ungefähr zwei Kabellängen nördlich des Eiderfahrwassers zwischen Tonne No. 2 und No. 3 vor Anker gelegen hatte. Der Irrthum des Kapitäns in der Berechnung ist, wie angenommen werden kann, herbeigeführt durch die starke Strömung, Umspringen des Windes, zunehmende See und die Unmöglichkeit, bei der gleichmässigen Tiefe des Fahrwassers an jener Stelle der Eidermündung eine genügende Lothung vorzunehmen und ist es danach erklärlich, dass bei der Verankerung des Schiffes, welche nach eingetretener

Dämmerung stattfand, dieser Irrthum eintrat. Der Kapitän wie der Steuermann haben bei und nach dem Unfall nichts vorgenommen, was ihnen zum Vorwurf gemacht werden kann und nichts unterlassen, was zur Rettung von Schiff und Ladung dienlich war. Ein Mangel in der Bemannung des Schiffes kann auch dem Kapitän deswegen nicht zum Vorwurf gemacht werden, weil Schiffe von der Grösse des in Rede stehenden regelmässig nur zwei Mann führen und weil nicht allein er selbst ein kundiger und mit dem Fahrwasser bekannter Seemann ist, sondern auch der Bestmann von Jugend auf das Seemannsgewerbe betrieben hat.

232. Spruch des Seeamts zu Emden vom 20. Dezember 1879, betreffend den Zusammenstoss der deutschen Schoonergaliote „Hiskelina" von West-Rhauderfehn und des dänischen Dampfschiffes „Odin" von Copenhagen.

Das auf dem Humber vor Anker liegende Segelschiff wurde von dem Dampfer angerannt und beschädigt.

Das Seeamt hat folgenden Spruch verkündet:

Die Ansegelung des Schiffes »Hiskelina« — KGLJ — von West-Rhauderfehn durch den Dampfer »Odin« von Copenhagen ist auf die am Nachmittage des 27. März 1879 im Humber herrschende starke Strömung zurückzuführen.

Eine Uebertretung der Vorschriften der Kaiserlichen Verordnung vom 23. Dezember 1871 fällt weder dem Führer der »Hiskelina« noch demjenigen des »Odin« zur Last.

Thatbestand. Die im Jahre 1878 zu Oldersum neu erbaute, zu West-Rhauderfehn heimathberechtigte Schoonergaliote »Hiskelina« — KGLJ — welche zu einem Netto-Raumgehalt von 204,3 cbm oder 72,12 Register-Tons vermessen ist und im Alleineigenthum des Schiffers Weert Franzen von West-Rhauderfehn steht, ist am Nachmittage des 27. März 1879, um 2 Uhr, während sie im Humber vor Anker lag, von dem Dampfer »Odin« aus Copenhagen angesegelt.

Die »Hiskelina« befand sich damals mit einer Ladung Hafer und einer Bemannung von im ganzen 4 Personen auf der Reise von Halmstadt nach Wisbeach, war am 23. März wegen Ost-Sturmes Schutz suchend den Humber eingelaufen und hatte sich hier unweit des Leuchtthurmes etwa in der Mitte des Flusses etwas abseits des Fahrwassers vor Anker gelegt, wofür dem Kapitän Franzen von einem Lootsen auch ein Liegegeld abgefordert und von ihm der Anforderung gemäss bezahlt wurde.

Ausser der »Hiskelina« lag noch eine grössere Anzahl Segel- und Dampfschiffe gleichfalls im Humber vor Anker, darunter etwas weiter aufwärts auch der Dampfer »Odin« von Copenhagen, und wollte letzterer am Nachmittage des 27. März wieder in See gehen. Es war gerade Ebbe mit einer starken Strömung, übrigens klare Luft, und rannte nun der »Odin«, während sich der Steuermann und Koch der »Hiskelina«, die jedoch den Dampfer nicht beachteten, auf der »Hiskelina« an Deck befanden, so heftig gegen die letztere an, dass deren Klüverbaum und Bugspriet zerbrachen, auch der Bug der »Hiskelina« und deren Pumpspill nicht unerheblich beschädigt wurden. Der »Odin«, welcher backbordseits gegen die »Hiskelina« anlief, hatte gleichfalls geringe Beschädigungen erlitten, liess aber, als die beiden Schiffe wieder frei waren, sofort stoppen und kam darauf dessen Führer an Bord der »Hiskelina«, indem er sich erbot, die letztere nach Hull einzuschleppen. Der Schiffer Franzen nahm diese Offerte an und wurde die »Hiskelina« demgemäss vom »Odin« in's Schlepptau genommen, später jedoch an einen Schleppdampfer abgegeben und von diesem Abends in Hull binnen gebracht.

Die Ladung der »Hiskelina« ist bei dem fraglichen Unfalle völlig unbeschädigt geblieben; wegen des Schadens am Schiffe, welches inzwischen reparirt ist, ist zwischen dem Schiffer Franzen und der Rhederei des »Odin« eine gütliche Vereinbarung getroffen und die bedungene Entschädigungssumme auch dem Franzen ausbezahlt.

Entscheidungsgründe. Bei dieser Untersuchung hat nun einzig und allein nur in Frage kommen können, ob und eventuell welchem der beiden Schiffsführer etwa eine Uebertretung der in der Kaiserlichen Verordnung vom 23. Dezember 1871 sanktionirten Vorschriften über das Strassenrecht zur See zur Last falle, und ist diese Frage zunächst bezüglich des Schiffers Franzen zweifellos zu verneinen, da durch die stattgehabte Verhandlung festgestellt ist, dass die »Hiskelina« vor Anker lag, und sich übrigens aus dem ferner festgestellten Thatumstande, dass im Augenblicke der Kollision der »Hiskelina« mit dem »Odin« sich zwei Personen von der Besatzung der ersteren auf Deck befanden, zu ersehen ist, dass es der Schiffer Franzen auch an der Beaufsichtigung seines Schiffes seinerseits nicht hat fehlen lassen.

Andererseits stimmen aber auch die Aussagen der sämmtlichen über den fraglichen Seeunfall vernommenen Zeugen dahin überein, dass am Nachmittage des 27. März 1879, als der »Odin« wieder in See zu gehen beabsichtigte, eine starke Strömung im Humber lief, während dagegen die Angaben des Führers des »Odin« über beengtes Fahrwasser allerdings einer weiteren Unterstützung entbehren, und scheint es vorliegenden Umständen nach einem Zweifel nicht wohl unterliegen zu können, dass eben in jener starken Strömung und einer unrichtigen Schätzung der Stärke derselben seitens des Führers des »Odin« die Ursache der stattgehabten Kollision gesucht werden müsse. Dieser Irrthum in der Schätzung der Strömung würde noch weiter dadurch dokumentirt werden, wenn die Angabe des Führers des »Odin«, dass er, um die Strömung zu überwinden, vollen Dampf habe geben lassen, richtig sein sollte; in diesem Falle wäre jedoch auch zugleich ein weiterer Anhaltspunkt dafür gegeben, dass derselbe es in der That an einer pflichtmässigen Abwägung der von ihm bei der beabsichtigten Ausfahrt in Betracht zu ziehenden Verhältnisse nicht habe fehlen lassen.

Jedenfalls aber liegt nicht vor, dass der Führer des »Odin« bei grösserer Aufmerksamkeit seinen Irrthum über die Stärke der Strömung habe erkennen können, oder erkennen müssen, und wird ihm somit auch jener Irrthum, abgesehen von den hier nicht interessirenden und bereits erledigten Civilansprüchen, zu einem weiteren Verschulden nicht angerechnet werden dürfen.

Endlich ist das Verhalten des Führers des »Odin« nach erfolgter Kollision für völlig korrekt zu erachten und war daher so, wie geschehen, zu erkennen.

233. Spruch des Seeamts zu Stralsund vom 20. Dezember 1879, betreffend den Seeunfall des deutschen Schraubendampfschiffes „Carl" von Kiel.

Strandung unweit Goor auf der Halbinsel Wittow.

Das Seeamt hat seinen Spruch dahin abgegeben:

dass die Strandung des Schiffes allem Anscheine nach dadurch herbeigeführt ist, dass dasselbe in aussergewöhnlicher Weise durch die Strömung versetzt wurde, und dass eine Schuld den Kapitän und Steuermann an dem Unfall nicht trifft.

Gründe. Das Dampfschiff »Carl« — LCGT — von Kiel, Kapitän P. Krützfeldt jun., ging am 5. April 1879 mit 3700 Zentnern Getreide und 10 Last Holz beladen von Danzig bezw. Neufahrwasser nach Kiel bestimmt in See. Am 6. April, Morgens 3 Uhr, passirte das Schiff Scholpin und steuerte WNW. Die Luft war dick. Um 12 Uhr Mittags hatte man nach Schätzung Bornholm zur Seite und steuerte WNW. Nachmittags 6³/₄ Uhr wurde Jasmund bei einer Entfernung von etwa 16 Seemeilen in WSW gepeilt. Abends 7 Uhr war die Luft dick von Nebel. Das Schiff ging mit halber Kraft. Als man sich um 7³/₄ Uhr zum Lothen anschickte und der Maschinist eben stoppen wollte, gerieth das Schiff auf Grund. Wie sich herausstellte, war dasselbe unterhalb Arcona bei Goor aufgelaufen.

Diese dem Schiffstagebuche und der Verklarung entnommenen Angaben sind von dem Kapitän Krützfeldt und dem Steuermann Krützfeldt, einem Neffen des ersteren, bei der mündlichen Verhandlung vor dem Seeamt zeugeneidlich bestätigt und folgendermaassen ergänzt worden.

Kapitän Krützfeldt hat die Reise zwischen Danzig und Kiel, seiner Angabe nach, mit dem Dampfer »Carl« seit zwei Jahren und überhaupt seit sieben Jahren jeden Monat durchschnittlich zweimal gemacht und stets ohne Unfall. Auf seinen Fahrten von Danzig nach Kiel wurde stets, wie auch dieses Mal, der Kurs WNW gesteuert und dabei Arcona in einem Abstand von mehreren Seemeilen glücklich passirt. Die Strandung glaubt der Kapitän daher nur durch die an jenem Tage angeblich herrschende überaus starke Strömung erklären zu können. Die etwa eine Stunde vor der Strandung erfolgte Peilung von Jasmund bezeichnet er als eine irrthümliche, vermuthlich sei es eine Nebelbank gewesen, welche für Jasmund gehalten wurde. Bei der Strandung ist das Leuchtfeuer auf Arcona infolge des dicken Nebels nicht sichtbar gewesen. Auch das Nebelsignal ist auf dem Schiffe nicht gehört worden. Erst als der Steuermann das hohe Ufer von Arcona betrat, vernahm er den Ton. Auf ihren früheren Fahrten haben dagegen Kapitän und Steuermann stets das Signal gehört, gleichgültig von welcher Seite sie Arcona passirten. Offenbar ist dieses Mal das hohe Ufer Arcona's, unter welchem das Schiff, von Osten kommend, gestrandet ist, die Ursache gewesen, weshalb der Ton auf dem Schiffe nicht gehört wurde.

Zur Beurtheilung der Navigirung haben Erhebungen darüber stattgefunden, ob und in welcher Weise die Deviation des Schiffskompasses ermittelt und festgestellt worden ist. Nach amtlicher Auskunft der deutschen Seewarte in Hamburg ist die Regulirung des Kompasses an Bord des Dampfers zuletzt am 20. Januar 1878 erfolgt. Die damals aufgestellte Deviationstabelle hat der Kapitän bei seinen Fahrten, wie er versichert, benutzt und in neuerer Zeit nach den von ihm gemachten Erfahrungen auch angeblich verbessert.

Die Ursache der Strandung hat unter den obwaltenden Umständen mit Bestimmtheit nicht festgestellt werden können, doch liegt die Vermuthung nahe, dass eine Stromversetzung die Veranlassung gebildet hat.

Anträge auf Konzessionsentziehung sind weder gegen den Kapitän noch den Steuermann gestellt worden, und war demgemäss der seeamtliche Spruch, wie geschehen, abzugeben.

234. Spruch des Seeamts zu Stralsund vom 20. Dezember 1879, betreffend den Seeunfall des deutschen Schooners „Auguste“ von Barth.

Schiff, durch Entzündung der Ladung in Brand gerathen, nach Ausstossen der Ladepforte brennend verlassen und unweit Ystad gesunken.

Das Seeamt hat seinen Spruch dahin abgegeben:

dass der Seeunfall dadurch herbeigeführt ist, dass das Schiff — vermuthlich infolge Selbstentzündung der Hanfladung — in Brand gerathen und demnächst von der Mannschaft zum Sinken gebracht worden ist, den Kapitän aber eine Schuld an dem Untergange des Schiffes nicht trifft.

Gründe. Der Schooner »Auguste«, — JPBH — von Barth, Kapitän E. Borgwardt, ging am 21. September 1879 mit einer aus Hanf, Hanföl, Tauwerk, Segeltuch, Pottasche und anderen Waaren bestehenden Ladung, nach Lübeck bestimmt, von Petersburg in See. Die Fahrt war anfangs eine gute, nur dass das Schiff bei zeitweise eintretendem Sturm und heftigem Seegange stark stampfte. Am 3. Oktober hatte man einen schweren Sturm zu bestehen, bei welchem das Schiff heftig arbeitete. Beim Pumpen wurde, wie bereits einige Tage zuvor, auffallend viel Oel wahrgenommen. Bei stürmischem Wetter und konträrem Winde wurde die Reise fortgesetzt. Am 15. Oktober, Abends 6½ Uhr, wurde plötzlich Feuer im Schiff bemerkt. Man legte sofort über Steuerbord-Bug dem Lande zu und versuchte durch Abdichtung der Luken das Feuer zu dämpfen. Da dies nicht gelang, suchte man vom Deck einen Zugang zum Laderaum zu gewinnen und mit Wasser zu löschen. Auch diese Anstrengungen waren jedoch vergeblich. Da der Wind inzwischen von NW auf NNO umsprang, musste man um dem Lande näher zu kommen, das Schiff über Backbord-Bug legen. Das Feuer verbreitete sich währenddess immer weiter und ergriff das Achterschiff, die Kajüte und das Ruderhaus, so dass nicht mehr gesteuert werden konnte.

Am 16. Oktober, Morgens 1 Uhr, kam ein Lootsenboot von Ystadt und bot die Hülfe eines Dampfers an, welche seitens des Kapitäns Borgwardt angenommen wurde. Um zu verhindern, dass das Schiff sich vom Lande entferne, wurde ein Anker ausgebracht. Inzwischen war das Achterschiff trotz aller Löscharbeiten bis zum Wasserspiegel abgebrannt. Da das Lootsenboot sich entfernt hatte und keine Hoffnung auf nahe Hülfe vorhanden war, wurde beschlossen, das Schiff zum Sinken zu bringen und in Ermangelung von Werkzeugen hierzu die Kabelgatsluke aufgebrochen und die Ladepforte herausgestossen. Das Feuer schlug inzwischen bereits zu der grossen Luke heraus, so dass jede Hoffnung auf Rettung von Schiff und Ladung schwand und man genöthigt war, dasselbe zu verlassen. Dies geschah des Morgens kurz nach 5 Uhr; etwa 10 Minuten später sank das Schiff. Die Mannschaft gelangte demnächst mit Hülfe von Lootsen nach Ystadt. Ein Theil der Ladung ist später geborgen worden.

Dieses mit dem Inhalte der Verklarung übereinstimmende

Sachverhältniss ist in der mündlichen Verhandlung vor dem Seeamt durch die zeugeneidliche Vernehmung des Kapitäns Borgwardt, des Bestmannes Mietzner, des Jungmannes Martens und des Koches Brüdgam festgestellt worden.

Was die Entstehung des Feuers anlangt, so ist aller Wahrscheinlichkeit anzunehmen, dass dasselbe durch Selbstentzündung der Hanfladung hervorgerufen ist. Die Ladung ist nach Aussage der Zeugen in der Weise gestaut gewesen, dass ein Theil der Oelfässer vorn, der übrige Theil hinten im Raume sich befunden hat, während die übrige Ladung, insbesondere der Hanf dazwischen gepackt war. Augenscheinlich sind, wie sich aus dem Erscheinen des Oels in den Pumpen ergiebt, einige Fässer mit Oel entzwei gegangen oder haben geleckt, und ist infolge davon der Hanf mit dem Oel in Berührung gekommen. Der auf diese Weise mit Oel angefeuchtete Hanf hat sich demnächst, wie dies erfahrungsmässig sehr leicht geschieht, entzündet.

Eine Schuld an dem Untergang des Schiffes trifft nach Lage der Sache den Kapitän nicht, am wenigsten kann ihm das Versenken des Schiffes zum Vorwurf gemacht werden. Diese Maassregel bot unter den obwaltenden Umständen vielmehr die einzige Möglichkeit, wenigstens einen Theil der Ladung zu retten.

Anträge auf Konzessionsentziehung sind nicht gestellt und war demzufolge der seeamtliche Spruch, wie geschehen, abzugeben.

235. Spruch des Seeamts zu Stralsund vom 20. Dezember 1879, betreffend den Seeunfall der deutschen Schaluppe „Julius" von Altwarp.

Strandung und Verlust des Schiffes an der Nordwestspitze der Insel Hiddensee.

Das Seeamt hat seinen Spruch dahin abgegeben:

dass der Seeunfall dadurch herbeigeführt worden ist, dass das Grosssegel infolge des heftigen Sturmes unterwegs riss und das Schiff, dadurch direktionslos geworden, an der Küste von Hiddensee strandete,

dass aber eine Schuld an dem Unfall den Schiffer nachweisbar nicht trifft.

Gründe. Die Schaluppe »Julius« — JDMT — von Altwarp, dem Schiffer Joachim Benter gehörig, ging unter dessen Führung am 18. Oktober 1879 von Stralsund mit Kartoffeln beladen nach Copenhagen in See. Die Besatzung bestand ausser dem Kapitän aus dem Matrosen Woller und dem Sohn des Kapitäns, dem 14jährigen Schiffsjungen Benter. Um 5 Uhr Nachmittags passirte man Barhöft und steuerte WNW. Gegen 7 Uhr Abends erhob sich ein heftiger Sturm aus NNW und wurde infolge dessen der Kurs nach NNO geändert. Bei anhaltendem orkanartigen Sturm segelte das Schiff längs der Westküste der Insel Hiddensee, als plötzlich gegen 12 Uhr Nachts das Grosssegel zerriss und vom Winde fortgenommen wurde. Direktionslos trieb nunmehr das Schiff vor dem Winde und wurde gegen 1 Uhr Nachts an der Nordwestspitze von Hiddensee auf den Strand gesetzt. Schiff und Ladung, welche nicht versichert waren, sind vollständig verloren gegangen.

Auf Grund dieser vom Kapitän Benter und dem Matrosen Woller zeugeneidlich bekundeten Thatsachen war der Spruch, wie geschehen, abzugeben. Ein Antrag auf Konzessionsentziehung ist gegen den Schiffer nicht gestellt.

236. Spruch des Seeamts zu Emden vom 20. Dezember 1879, betreffend den Seeunfall der deutschen Galiote „Almuth Catharine“ von Leer.

Schiff auf der schwedischen Insel Södra Hertan im Kattegat gestrandet, wieder abgebracht und in Warberg kondemnirt.

Das Seeamt hat nachstehenden Spruch verkündet:

Die Strandung des Schiffes »Almuth Catharine« — KFHT — von Leer ist auf Stromversetzung und das am 24. und 25. Oktober 1879 im Kattegat herrschende neblige Wetter zurückzuführen.

Thatbestand. Das zu Leer heimathberechtigt gewesene Schiff »Almuth Catharine« — KFHT —, einer Rhederei, bei welcher der Führer desselben, Schiffskapitän H. E. Boumann aus Neuefehn, mit $^{3}/_{6}$ betheiligt war, gehörig, ist am Morgen des 25. Oktober 1879 bei Södra Hertan an der schwedischen Küste gestrandet.

Die »Almuth Catharine« war im Jahre 1873 neu erbaut, beim Germanischen Lloyd zur Klasse A I auf 10 Jahre eingeschrieben und ihr Netto-Raumgehalt bei der stattgehabten Schiffsvermessung, welche die Hauptmaasse auf 23,60 m Länge, 5,90 m Breite und 2,65 m Tiefe feststellte, zu 248,3 cbm oder 87,65 Register-Tons ermittelt. Bei einem Taxwerthe von 23 940 ℳ. war sie bei verschiedenen Assekuranz-Gesellschaften für im ganzen 21 540 ℳ. versichert.

Zu Anfang Oktober 1879 nahm die »Almuth Catharine« in Papenburg eine Ladung Kohlen ein, welche für Danzig bestimmt war und im ganzen aus 15 Doppel-Waggons bestand.

Bei der Uebernahme der 15 Waggons will nun der Kapitän bereits Bedenken wegen zu starker Belastung des Schiffes geäussert haben, auf Verlangen des Abladers ist jedoch gleichwohl auch die ganze Ladung dieser 15 Waggons eingenommen. Nach beendigter Ladung lag nun aber das Schiff auf dem Grunde fest und musste abgehievt werden, worauf es am 6. Oktober durch einen Schleppdampfer bis Leerort ausgeschleppt wurde. Von hier segelte man am folgenden Tage die Ems bis Oldersum hinunter und wurde hier, weil der Kapitän sich überzeugte, dass sein Schiff in Wirklichkeit zu schwer beladen sei, ein Quantum Kohlen von etwa 2 oder 3 Tons an fremde Schiffer verschenkt.

Bis zum 17. Oktober wurde die »Almuth Catharine« durch konträren Wind auf der Ems zurückgehalten, kam am letztgedachten Tage aber mit einer Besatzung von 4 Personen in See und gelangte unter fast beständig andauernder stürmischer Witterung, die wiederholt zum Orkan anwuchs, in der Nacht vom 23/24. Oktober in Sicht von Skagenriff-Feuerschiff, welches um 2 Uhr passirt wurde. Bald darauf trat nebliges Wetter ein, welches im Laufe des Tages noch mehr und mehr zunahm, und stiess dann am Morgen des 25. Oktober bald nach 4 Uhr die »Almuth Catharine« bei Södra Hertan auf den Grund und lief sofort voll Wasser. An den folgenden Tagen gelang es dann freilich durch Hülfe vom Lande, insbesondere unter Assistenz von Tauchern und eines Dampfschiffes, die »Almuth Catharine« zu leichtern, zu dichten und in den Hafen von Warberg einzubringen. Hier ist jedoch das Schiff auf's Neue gesunken, demnächst aber, nachdem es wieder gehoben und untersucht war, kondemnirt und einschliesslich des Inventars für 3 600 Kronen verkauft worden.

Die Ladung ist zum grössten Theile geborgen, wegen der Witterungsverhältnisse am 24. und 25. Oktober 1879 wird auf den von der Seewarte in Hamburg eingezogenen Witterungsbericht Bezug genommen.

Entscheidungsgründe. Vom Seeamte ist sodann Folgendes erwogen:

1. Nach den stattgehabten Verhandlungen ist für festgestellt zu erachten, dass die Ursachen des Seeunfalles der »Almuth Catharine« in Mängeln der Bauart, Beschaffenheit, Ausrüstung oder Bemannung derselben nicht gesucht werden können.

2. Eben so wenig würde derselbe mit einer etwaigen Ueberladung des Schiffes in ursächlichen Zusammenhang zu bringen sein, selbst wenn eine Ueberladung wirklich nachgewiesen wäre. Letzteres ist jedoch nicht der Fall, da keine genügenden Gründe vorliegen, die Angaben der Zeugen, nach welchen die »Almuth Catharine« nach ihrer unter Oldersum stattgehabten Leichterung bei einem Tiefgange von durchschnittlich 27 bis 28 Dezimeter einschliesslich des Loskiels mittschiffs noch eine Auswässerung von 15 Zoll gehabt habe, zu bezweifeln, desfallsige Zweifelsgründe auch nicht aus dem Umstande, dass die innere Tiefe des Schiffes bei der stattgehabten Vermessung auf nur 2,65 m festgestellt ist, zu entnehmen sind, und endlich das vorbezeichnete Verhältniss zwischen Tiefgang und Auswässerung für Schiffe von der Grösse der »Almuth Catharine« als völlig ausreichend angesehen werden muss.

3. Das am Mittage des 24. Oktober 1879 in der Peilung von Trindelen-Feuerschiff aufgemachte Besteck wird im wesentlichen zweifellos als richtig angesehen werden dürfen und fehlte es auch mit Rücksicht auf jene Peilung für den Schiffer zu einer weiteren Lothung um so mehr an Veranlassung, als das Anlothen jenes Feuerschiffes überhaupt nicht wohl thunlich ist. Ueberdies ist aber, wenn auch die Zuverlässigkeit der damaligen Distanzschätzung des Schiffers wegen der herrschenden nebligen Witterung nicht völlig unbedenklich erscheinen mag, eine etwaige geringe Ungenauigkeit in dem fraglichen Mittagsbestecke in keiner Weise geeignet, die erhebliche Versegelung zu erklären, welche die Absetzung der gesegelten Kurse im Vergleiche zu der Unfallsstelle ergeben hat.

4. Denn diese Versegelung ist allein als die Ursache des stattgehabten Seeunfalles anzusehen und für die Erklärung derselben der durch das Journal, die Aussage der Zeugen, sowie den Witterungsbericht der deutschen Seewarte nachgewiesene Thatumstand von besonderem Interesse, dass in der fraglichen Nacht südliche bezw.

südwestliche Winde wehten, welche erfahrungsmässig im Kattegat eine erhebliche Strömung nach NNO veranlassen.

5. Somit wurde die »Almuth Catharine« durch Stromversetzung der Küste zugetrieben und muss sich auch nach den Eintragungen des Journals über die zuletzt gesegelten Kurse schon lange in gefährlicher Nähe derselben befunden haben, bevor die Strandung wirklich erfolgte. Danach fragt es sich dann, ob seitens des Schiffers etwas versäumt worden sei, was ihn die Gefahr seiner Lage zeitig hätte erkennen lassen können, indessen ist das Seeamt der Meinung, dass den Schiffer in solcher Beziehung ein Vorwurf nicht treffen könne, da festgestellt ist, dass von der Mittagszeit des 24. Oktober an vom Lothe ein sehr fleissiger Gebrauch gemacht wurde und daneben durch das herrschende Nebelwetter, welches sowohl die Aussagen der Zeugen, als auch der Witterungsbericht der Seewarte nachweisen, die Aussicht gehindert bezw. ein zeitiges Erkennen der Küste unmöglich gemacht war.

6. Das Verhalten des Schiffers nach erfolgter Strandung bietet zu irgend welcher Bemängelung überall keine Veranlassung, ein Verschulden an dem Unfalle selbst oder den Folgen desselben ist ihm daher, wenngleich im übrigen sein Verfahren bezüglich des seiner Meinung nach die Tragfähigkeit seines Schiffes übersteigenden Quantums der Ladung, insbesondere das Verschenken desselben an dritte Personen als ein korrektes nicht angesehen werden mag und ferner auch ein Vermerk im Journale über Tiefgang und Auswässerung des Schiffes nicht hätte versäumt werden sollen, nicht beizumessen und war daher so, wie geschehen, zu erkennen.

237. Spruch des Seeamts zu Rostock vom 27. Dezember 1879, betreffend den Zusammenstoss der deutschen Brigg „Hertha“ von Rostock und der schwedischen Brigg „Minna“.

Zusammenstoss im Kattegat, infolge dessen das deutsche Schiff von seiner Besatzung aufgegeben wurde; der Führer und ein Junge desselben kamen beim Ueberspringen auf das schwedische Schiff um's Leben. Das aufgegebene Schiff strandete. Kaiserliche Verordnung zur Verhütung des Zusammenstossens der Schiffe auf See vom 23. Dezember 1871, Art. 12, 18 und 19.

Das Seeamt giebt seinen Spruch dahin ab:

1. dass die in der Nacht vom 28./29. August 1879 im Kattegat stattgehabte Kollision der »Hertha« mit der

schwedischen Brigg »Minna«, welche die demnächstige Strandung und den gänzlichen Verlust des ersteren Schiffes zur Folge hatte, dadurch verursacht ist, dass man von der »Minna« aus die »Hertha« zu spät bemerkt hat,

2. dass weder den Kapitän noch die Mannschaft der »Hertha« ein Verschulden an diesem Seeunfall trifft.

Gründe. 1. Die Rostocker Brigg »Hertha« — MBPN — ist in den Jahren 1848 und 1849 von dem Schiffsbaumeister Zeltz in Rostock für Rechnung des Schiffers D. H. Dade zu Daendorf aus Eichenholz erbaut und im Jahre 1874 in Wismar zu 662,2 cbm oder 233,75 Register-Tons Netto-Raumgehalt vermessen. Kapitän Dade hat dieselbe von Anfang an bis zuletzt geführt.

2. Am 23. August 1879 ging die Brigg von Alloa mit 359 Tonnen Steinkohlen nach Rostock in See. Die Besatzung bestand aus Kapitän Dade, dem Steuermann Johann Range, dem Zimmermann A. Kratius, dem Koch Conrad, den Matrosen J. Moritz, G. Schroeder und J. Paap, dem Jungmann K. Franck und dem Jungen Strübing. Der Verlauf der Reise ist von der Mannschaft bei ihrer Vernehmung vor dem Seeamt in Uebereinstimmung mit ihren Angaben zum Verklarungsprotokoll folgendermaassen dargestellt.

Bei gutem Wetter und westlichem Winde passirte das Schiff am 28. August, Morgens, Skagen und Abends 11 Uhr wurde Anholt-Feuerschiff bei etwa vier Meilen Abstand in West gepeilt. Um Mitternacht bezog der Steuermann mit dem Zimmermann, dem Matrosen Schroeder und dem Jungmann Franck die Wache. Der Wind wehte damals sturmartig aus WSW, die See ging hoch. Die Luft war jedoch rein und feuersichtig, der Himmel sternklar und nur in der Kimm (am Horizont) Gewölk sichtbar. Die Brigg lag mit S½W-Kurs am Winde, hatte ziemlich viele Segel bei und lief fünf Seemeilen in der Stunde. Kratius und Franck standen vorn in Lee zum Ausguck, der Matrose Schroeder am Ruder. Beide Seitenlaternen brannten hell. Gleich nach 2 Uhr wurde der Wind noch heftiger, so dass der Steuermann beide Marssegel fallen liess und gleich darauf Fockschote und Fockhals brachen. Nun kam auch Kapitän Dade an Deck. Derselbe hatte befohlen, noch mehr Segel wegzunehmen und die Leute in der Koje zu wecken, als plötzlich vier Strich an Backbord voraus ein grünes Licht auftauchte, welches sich schnell der Brigg näherte. Steuermann Range schätzt die Entfernung beider Schiffe in dem Moment, wo dasselbe zuerst gesehen wurde, auf 1 Seemeile. Kapitän Dade hielt, obgleich das fremde Schiff gerade auf die Brigg zukam, seinen Kurs fest und erst zuletzt, als dasselbe bereits bis auf zwei Schiffslängen nahe war, liess er das Ruder Backbord legen, worauf die »Hertha« noch etwa 1 Strich in den Wind lief. Dann erfolgte die Kollision. Das fremde Schiff, welches sich später als die schwedische Brigg »Minna«, Kapitän Petersen, auswies, traf die »Hertha« am Backbord-Bug beim Krahnbalken, drückte sie ganz in den Wind, und kam sodann Seite an Seite mit ihr zu liegen. Inzwischen waren auf letzterem Schiffe sämmtliche Leute aus der Koje an Deck gekommen und Kapitän Dade, welcher der Meinung war die »Hertha« müsse sinken, obwohl weder die Pumpen gepeilt worden, noch im Raum nach einem Leck geforscht war und die Brigg sich nicht tiefer gelegt hatte, befahl seiner Mannschaft, auf das fremde Schiff über zu klettern. Seiner Aufforderung folgend liefen alle nach vorn; da aber in diesem Augenblick die Schiffe sich mit den Köpfen von einander entfernten, so eilte die Mannschaft nach hinten und versuchte von dort aus an Bord des schwedischen Schiffes zu kommen, was auch allen bis auf den Jungen Strübing gelang, welcher später vermisst ward und somit beim Ueberspringen in das Wasser gefallen und ertrunken sein wird. Der Kapitän aber versuchte vorn den Sprung, fiel dabei indess, wie der Koch Conrad gesehen, ebenfalls in das Wasser und ist auch er ein Opfer der Wellen geworden. Von Bord der »Minna« aus wurde den Verunglückten sofort, jedoch vergeblich, ein Tauende zugeworfen, auf weitere Rettungsversuche musste aber bei der Dunkelheit und der hoch gehenden See verzichtet werden.

Nach etwa 5 Minuten kamen beide Schiffe von einander frei und trieben längere Zeit, da die »Minna«, welche das Bugspriet verloren und grosse Beschädigungen an Segeln und Takelage erlitten hatte, nicht recht steuern wollte, neben einander her. Am andern Tage steigerte sich der Wind zum Sturm und verweigerte daher Kapitän Petersen von der »Minna« der Mannschaft der »Hertha« sein Boot, mit welchem diese zu ihrem noch immer neben ihnen treibenden Schiffe hinüber fahren wollte, um ihre Effekten zu retten. Um 6 Uhr Abends sah man von der »Minna« aus die »Hertha« unweit Falkenberg an der schwedischen Küste stranden. Gleich darauf wurde die Mannschaft derselben von einem Lootsenboote aufgenommen und an das Land befördert. Zur Bergung der »Hertha«, welche kaum eine halbe Meile vom Ufer entfernt auf der Seite lag, konnte des hohen Seeganges halber nichts geschehen. Die Mannschaft kehrte daher, nachdem sie am 3. September vor dem Rathhausgericht zu Falkenberg Verklarung abgelegt, auf Ordre des Korrespondent-Rheders in die Heimath zurück.

3. Bei ihrer Verklarung zum Protokoll des Rathhausgerichts zu Malmö vom 3. September 1879 haben Kapitän und Mannschaft der Brigg »Minna« über den in Rede stehenden Seeunfall die nachstehenden Angaben gemacht.

Die »Minna« habe sich am 29. August 1879, Abends, auf der Reise von Oporto nach Stockholm im Kattegat befunden, Nachts 12 Uhr, nachdem Killians-Feuer SzW, in 16 Seemeilen Abstand, gepeilt worden, habe man den Kurs zum N. u. W. genommen.

Der Wind habe aus WSW geweht, die See sei hoch gewesen, beide Seitenlaternen hätten gebrannt. Gegen 2½ Uhr Morgens sei plötzlich dicht am Steuerbord-Bug ein rothes Licht aufgetaucht. Vergeblich hätten sie dem fremden Schiffe zugerufen, es möge abhalten, hätten dann selbst versucht, über Stag zu gehen, allein ihre Brigg habe nicht stagen wollen und unmittelbar darauf sei der Zusammenstoss erfolgt, wobei die »Minna« das andere Schiff mit dem Steuerbord-Bug vor den Fockwanten getroffen und ihrerseits Klüverbaum, Bugspriet, blinde Raa und Gallion verloren habe. Beide Schiffe seien nun längsseits zu liegen gekommen und 7 Mann von der Besatzung des fremden Schiffes, der Brigg »Hertha«, zu ihnen hinüber gesprungen. Davon, dass der Kapitän und der Junge verunglückt, hätten sie erst durch die übergesprungenen Leute gehört. Ein Boot zu ihrer Rettung auszusetzen, sei jedoch bei der Finsterniss und der hohen See unmöglich gewesen.

Als die Schiffe auseinander gekommen, sei gleich darauf der Fockmast der »Minna« gebrochen. Der Wind sei Tags über zum Orkan gewachsen und gegen 5 Uhr Nachmittags der Fockmast gestürzt. Um 6 Uhr Abends sei die »Minna« zu Anker gegangen und habe demnächst ein Falkenberger Lootsenboot die Mannschaft der »Hertha« aufgenommen.

Hätte die »Minna« abgehalten, so würde sie die »Hertha« voraussichtlich mittschiffs getroffen und stark beschädigt haben, während die letztere so anscheinend nicht erheblich beschädigt gewesen sei. Wenigstens sei sie den ganzen Tag nach der Kollision in Sicht geblieben und auf Falkenberg zugetrieben. Wäre die »Hertha« über Stag gegangen, so würde der Zusammenstoss wahrscheinlich vermieden worden sein und wäre die Besatzung derselben an Bord geblieben, so wäre ihr Schiff nicht verloren gegangen. Ein Versuch zur Bergung desselben sei in Anbetracht des schlechten Wetters ganz unmöglich gewesen.

4. Durch den Abtheilungs-Chef der Lootsen-Station zu Gothenburg ist bezeugt worden, dass die »Hertha« am 29. August, Abends 7½ Uhr, auf einem Riff ausserhalb der Rhede von Falkenberg gestrandet ist und dass damals ein harter Sturm aus WSW mit heftigen Schauern geweht hat.

5. Die »Hertha« ist, wie endlich aus einem zu den Akten des Seeamtes gekommenen Schreiben des Herrn J. H. Heden in Falkenberg vom 8. Oktober 1879 hervorgeht, und der Korrespondent-Rheder des Schiffes bestätigt hat, nach der Strandung von der See gänzlich zertrümmert und nur ein Theil der Takelage, Rundhölzer, Anker und Ketten geborgen worden, während man von Bergung des Wracks und der Ladung hat Abstand nehmen müssen.

6. Anlangend nun die Beurtheilung des vorliegenden Seeunfalles, so ist

A. Die Ursache desselben darin zu finden, dass man von der »Minna« aus die »Hertha« zu spät und erst dann bemerkte, als ein Ausweichen nicht mehr möglich war. Nach Artikel 12 der Kaiserlichen Verordnung zur Verhütung des Zusammenstossens der Schiffe auf See vom 23. Dezember 1871 musste die »Minna«, weil sie den Wind von Backbord hatte, der »Hertha«, welche ihn von Steuerbord hatte, aus dem Wege gehen und Kapitän Dade handelte den gesetzlichen Bestimmungen, insbesondere der Vorschrift der Artikel 18 und 19 der genannten Verordnung vollkommen gemäss, wenn er seinen Kurs festhielt und sein Schiff erst dann in den Wind schiessen liess, als die unmittelbare Gefahr des Zusammenstossens eingetreten war. Auch das Verfahren des Kapitäns Petersen, welcher mit der »Minna« ebenfalls zu stagen versuchte, kann nur als ein der Sachlage angemessenes bezeichnet werden. Denn da sich beide Schiffe bereits ganz nahe waren, als man auf der »Minna« die »Hertha« bemerkte, würde die erstere, wenn sie nach Steuerbord abgefallen wäre, mit Nothwendigkeit die letztere mittschiffs getroffen und ihr eine erheblich grössere Beschädigung verursacht haben.

B. Wie es gekommen, dass man auf der »Minna« die »Hertha« erst so spät bemerkte, hat durch die Untersuchung nicht aufgeklärt werden können. Dass auf der »Hertha« die Seitenlichter hell brannten, steht nach den beeidigten Aussagen der Mannschaft derselben fest, und so kann nur angenommen werden, dass man auf der »Minna«, mit dem Bergen der Segel beschäftigt, keinen Mann auf dem Ausguck hatte und deshalb das rothe Licht der »Hertha« übersah. Jedenfalls ist weder dem Kapitän noch der Mannschaft des letzteren Schiffes in dieser Beziehung ein Verschulden beizumessen.

C. Dass die »Hertha« durch die Kollision keine erhebliche Verletzungen erlitten hatte und insbesondere nicht leck geworden war, geht schon aus dem Umstande hervor, dass dieselbe nicht sank, sondern fast 17 Stunden lang neben der »Minna« hertrieb, bis sie am Abend des 29. August bei Falkenberg strandete. Es darf daher für unzweifelhaft erachtet werden, dass es gelungen sein würde, sie zu bergen, wenn die Besatzung anstatt auf die »Minna« überzuspringen, an Bord ihres Schiffes geblieben wäre. Das Seeamt will indess daraus, dass letzteres nicht geschah, niemandem von der Besatzung einen Vorwurf machen; dem das sofortige Verlassen der Brigg anordnenden Kapitän nicht, weil derselbe sich über die Gründe, welche ihn zu seiner Handlungsweise bestimmten, nicht hat aussprechen können und deshalb von ihm, der als erfahrener und umsichtiger Schiffer bekannt war, angenommen werden muss, dass er in einem entschuldbaren Irrthume befangen, von der Nothwendigkeit derselben überzeugt war; der Mannschaft nicht, weil sie nur ihre Pflicht that, wenn sie den Anordnungen ihres Kapitäns Folge leistete. Daneben ist zu erwägen, dass, wenn die Schiffe erst wieder von einander frei gekommen wären und sich nun nachher ein schwerer Leck auf der »Hertha« herausgestellt und das Verlassen derselben vernothwendigt hätte, alsdann die Rettung der Besatzung mittelst der eignen Boote bei dem schweren Wetter nahezu unmöglich gewesen wäre.

D. Es bedarf keiner weiteren Ausführung, dass der beklagenswerthe Tod des Kapitäns Dade und des Schiffsjungen Strübing lediglich als Unglücksfall zu bezeichnen ist. Sie stürzten beim Ueberspringen in das Wasser, geriethen zwischen beide Schiffe und sind wahrscheinlich von ihnen zerdrückt worden, ehe sie noch Hülferufe ausstossen konnten. Rettungsversuche mussten aber bei der Dunkelheit der Nacht und der hochgehenden See, welche das Aussetzen eines Bootes nicht gestattete, von vorn herein als völlig aussichtslos erscheinen und so ist es nicht zu tadeln, wenn sie auf das Auswerfen von Tauenden beschränkt blieben.

E. Das Verhalten der Mannschaft der »Hertha« endlich, nachdem dieselbe an Bord der »Minna« gegangen war, giebt zu keinen Ausstellungen Anlass. Als sich herausstellte, dass ihr Schiff nicht oder doch nicht schwer leck geworden, wollte sie auf dasselbe zurückkehren, musste jedoch hiervon abstehen, weil Kapitän Petersen ihr sein Boot nicht anvertrauen wollte. Demnächst an das Land gesetzt, hat der Steuermann Range sofort seinen Korrespondent Rheder von dem Unfalle benachrichtigt und mit der übrigen Mannschaft Verklarung abgelegt und alle haben die inmittelst bei Falkenberg an den Strand getriebene Brigg erst dann verlassen, als sie von dem Korrespondent-Rheder in die Heimath zurückberufen waren.

238. Spruch des Seeamts zu Emden vom 27. Dezember 1879, betreffend den Seeunfall der deutschen Kuff „Anna Catharina" von Karolinensiel.

Schiff in der Nordsee leck gesprungen, bei Lemvig an der jütischen Westküste absichtlich auf den Strand gesetzt und wrack geworden.

Das Seeamt hat folgenden Spruch verkündet:

Der Verlust des Schiffes »Anna Catharina« — KBHW — von Karolinensiel ist auf das Alter des Schiffes in Verbindung mit der stürmischen Witterung in der Zeit vom 3. bis 5. Oktober 1879 zurückzuführen.

Gründe, dem Kapitän Hook die Befugniss zur ferneren Ausübung seines Gewerbes zu entziehen, liegen nicht vor.

Thatbestand. Das zu Karolinensiel heimathberechtigt gewesene Schiff »Anna Catharina« — KBHW —, welches im Alleineigenthum seines Führers, des Schiffers Dirk Mainers Hook zu Karolinensiel, stand und bei einem Taxwerthe von 2 200 ℳ. beim Kompakte zu Karolinensiel und der ersten Assekuranz-Kompagnie zu Emden für im ganzen 1 900 ℳ. versichert war, ist am 4. Oktober 1879 unter der jütischen Küste leck geworden und am folgenden Morgen unweit Lemvig auf den Strand gesetzt.

Die »Anna Catharina« war im Jahre 1841 zu Papenburg erbaut und deren Netto-Raumgehalt bei der stattgehabten Vermessung, welche die Hauptmaasse auf 20,15 m Länge, 4,72 m Breite und 1,98 m Tiefe feststellte, zu 139,8 cbm oder 49,35 Register-Tons ermittelt.

Die letzte Reparatur derselben hatte im Juli 1878 auf der Haakschen Schiffswerft in Karolinensiel stattgehabt, nach derselben übrigens die »Anna Catharina« im Monat Juni 1879 auf dem Watt unweit Neuharrlingersiel auf dem Grunde gesessen und war dann im Juli unter Grossensiel von der Mannschaft selbst das Schiff getheert und eine schadhafte Naht kalfatert.

Gegen Ende des Monats September hatte die »Anna Catharina« zu Frederikstad eine für Rüstersiel bestimmte Ladung Bretter eingenommen, die nach Schätzung des Kapitäns Hook sich im ganzen auf 48 bis 49 gemessene Last belaufen haben soll, und wurde davon ein Quantum von 4 bis 500 Brettern als Decklast geführt. Der Tiefgang des Schiffes nach eingenommener Ladung wird auf etwa 7 bezw. 6 Fuss mit einer Auswässerung von 2 Fuss angegeben.

Am 30. September wurde mit der regelmässigen Besatzung von 3 Personen die Reise angetreten und war am ersten Tage gutes Wetter. In den folgenden Tagen verschlechterte sich dasselbe jedoch immer mehr und mehr und machte dann am Vormittage des 4. Oktober die »Anna Catharina« so viel Wasser, dass eine halbe Stunde gepumpt werden musste, bevor die Pumpen lens schlugen. Als die letzteren am Mittage wieder probirt wurden, zeigte sich nichts Auffälliges, Nachmittags um 3 Uhr purrte jedoch der auf Wache befindliche Matrose Holter die übrige Besatzung aus, weil er allein die Pumpen nicht mehr lens zu halten vermochte, und wurde schon nach Verlauf von einer weiteren halben Stunde in der Kajüte Wasser vorgefunden. Bis zum Morgen des folgenden Tages hatte nun das Wasser im Schiffe, des angestrengtesten Pumpens ungeachtet, so stark zugenommen, dass das Schiff dem Ruder nicht mehr gehorchte, und wurde daher beschlossen, dasselbe auf den Strand zu setzen. Dies geschah denn auch am 5. Oktober, Morgens gegen 8 Uhr, die Mannschaft rettete sich mittelst einer ihr vom Strandvogte zugeworfenen Leine, das Schiff aber wurde im Verlauf weniger Stunden von den Wellen völlig auseinander geschlagen. Nur wenige Inventar- und Wrackstücke wurden geborgen, die an den Strand gespülte Ladung übrigens zum grössten Theile in Sicherheit gebracht.

Wegen der Witterungsverhältnisse wird auf den von der Agentur der deutschen Seewarte in Emden eingezogenen Witterungsbericht verwiesen und übrigens noch der Antrag des Reichskommissars hervorgehoben, dem Schiffer Hook die Befugniss zur ferneren Ausübung seines Gewerbes zu entziehen.

Entscheidungsgründe. Vom Seeamt ist hiernächst Folgendes erwogen:

1. Aus den Aussagen des Schiffers Hook bezw. den Akten zum amtlichen Schiffsregister ergiebt sich, dass die »Anna Catharina« im Jahre 1841 erbaut war, mithin zur Zeit des hier fraglichen Seeunfalles bereits ein Alter von 38 Jahren hatte. Daneben ist durch die vernommenen Zeugen, sowie den von der Agentur der deutschen Seewarte in Emden eingezogenen Witterungsbericht festgestellt, dass die »Anna Catharina« auf ihrer letzten Reise in den ersten Tagen des Monats Oktober schweres Wetter zu bestehen hatte, und kann es einem Zweifel nicht wohl unterliegen, dass das Schiff bei seinem hohen Alter der Gewalt des letzteren nicht mehr gewachsen war und auf das Zusammentreffen dieser beiden Thatumstände das Leckspringen desselben zurückgeführt werden müsse.

2. Dass auf das Leckspringen des Schiffes auch die Beladung desselben von irgend welchem Einflusse gewesen sein sollte, ist dagegen mit Rücksicht auf die Beschaffenheit der Ladung nicht anzunehmen, und zwar um so weniger, als keine Thatumstände nachgewiesen sind, durch welche die Angaben des Schiffers sowie des Matrosen Holter, dass die »Anna Catharina« nach eingenommener Ladung bei einem Tiefgange von etwa 7 Fuss noch eine Auswässerung von etwa 2 Fuss gehabt habe, widerlegt würden.

3. Eben so wenig liegen Anhaltspunkte dafür vor, dass Mängel in der Ausrüstung oder Bemannung der »Anna Catharina« mitwirkende Ursachen des Seeunfalles derselben gewesen sein könnten.

4. Im übrigen würde nun freilich, wenn dem Vorstehenden zufolge die mit dem Alter der »Anna Catharina« zusammenhängende Beschaffenheit derselben für deren Verlust von wesentlicher Bedeutung gewesen ist, den Schiffer auch eine Verantwortlichkeit für den letzteren treffen, falls der mangelhafte Zustand des Schiffes sich bereits vor dem 30. September 1879 in einer Weise dokumentirt hätte, welche den Antritt der Reise von vornherein als bedenklich hätte erscheinen lassen müssen.

In dieser Beziehung liegt jedoch nur vor, dass die »Anna Catharina« schon seit mehreren Reisen nach Inhalt des Journals nicht mehr völlig dicht gewesen zu sein scheint, nicht jedoch, dass sie mehr Wasser gemacht habe, wie solches bei älteren Schiffen regelmässig der Fall zu sein pflegt, und kommt daneben insbesondere in Betracht, dass nach den Aussagen der Matrosen Holter und Pauls das Wassermachen des Schiffes jedenfalls einen auffälligen Karakter nicht gehabt hat. Zu einem Vorwurfe für den Schiffer liegt daher in der angegebenen Richtung eine Veranlassung nicht vor, eben so wenig ist eine solche aber auch in den übrigen vom Reichskommissar bezeichneten Richtungen anzuerkennen.

5. Zunächst würde nämlich das Werfen der Decklast unter allen Umständen nur eine geringe Erleichterung bewirkt haben, so dass davon ein wesentlicher Erfolg nicht erwartet werden konnte, andererseits hätten dagegen auch wieder beim Werfen der Decklast die treibenden Bretter das Leben der Mannschaft selbst gefährdet und ist es unter solchen Umständen nur zu billigen, dass, wie geschehen, das Werfen der Decklast unterblieben ist.

6. Sodann war das Anlaufen eines Nothhafens, insbesondere das Einsegeln in den Limfjord schon um deswillen nicht mehr thunlich, weil nach Inhalt des Journals in der Nacht zum 5. Oktober Bovenbergen bereits SO gepeilt war und das stürmische Wetter aus NW ausweislich Journals eine Abtrift von 7 bezw. 5 Strichen zur Folge hatte. Ueberdies hatte die »Anna Catharina« nach den Aussagen des Schiffers Hook sowie des Zeugen Pauls sich bereits so stark mit Wasser gefüllt, dass sie dem Ruder nicht mehr gehorchte, und bleibt überdies zu berücksichtigen, dass der in den Limfjord führende Thybo-Rön-Kanal nur eine geringe Wassertiefe bietet, deren Zulänglichkeit für die »Anna Catharina« mindestens nicht zweifellos erschien. Unter solchen Umständen wäre aber von einem desfallsigen Versuche eine ernste Gefährdung des Lebens der Besatzung zu befürchten gewesen und hätte der Schiffer daher schon deshalb von einem solchen Versuche absehen müssen, selbst wenn derselbe nicht schon aus den vorstehend hervorgehobenen Gründen überhaupt unthunlich gewesen wäre.

7. Endlich erscheint der Vorwurf, dass der Schiffer voreilig auf den Strand gesetzt habe, deshalb hinfällig, weil, wie bereits bemerkt, die »Anna Catharina« sich schon so stark mit Wasser gefüllt hatte, dass dieselbe dem Ruder nicht mehr gehorchte und eben so wenig auch noch auf fremde Hülfe gerechnet werden konnte.

8. Hiernach ist dem Schiffer Hook ein Verschulden bezüglich des Seeunfalles der »Anna Catharina« bezw. seiner Folgen überhaupt nicht zur Last zu legen und fehlt es somit auch an jedem Grunde, demselben die Befugniss zur ferneren Ausübung seines Gewerbes zu entziehen.

239. Spruch des Seeamts zu Hamburg vom 30. Dezember 1879, betreffend den Seeunfall der deutschen Galeasse „Catharina“ von Elmshorn.

Strandung und Verlust des Schiffes bei Cimbrishamn an der schwedischen Küste.

Die in Elmshorn heimathberechtigte deutsche Galeasse, »Catharina« — LFHW — ist am 16. November 1879 an der schwedischen Küste in unmittelbarer Nähe der kleinen Stadt Cimbrishamn gestrandet und total verloren gegangen. Das zu 143,7 cbm oder 50,74 Register-Tons Netto-Raumgehalt vermessene, vom Eigner, Kapitän Johann Kröger, geführte und ausser dem Schiffer mit zwei Leuten, einem Bestmann und einem Koch, bemannte Fahrzeug war mit einer aus Roggen bestehenden Ladung auf der Reise von Libau nach Rendsburg begriffen. Die nach Angabe des Schiffers in Cimbrishamn belegte Verklarung ist nicht zu den Akten gelangt, befindet sich vielmehr nebst den sonstigen Haverei-Papieren nach Aussage des Kapitäns in Stockholm behufs Aufmachung der Dispache.

Nach Maassgabe des dem Seeamte zur Beurtheilung dieses Seeunfalls zu Gebote stehenden Materials: des vom Kapitän Kröger eingereichten Schiffsjournals und der Aussagen der zur Verhandlung herangezogenen und eidlich vernommenen Kapitän Kröger und Bestmann Kölln hat der Unfall sich folgendermaassen zugetragen:

Das Schiff trat seine Reise am 13. November, Morgens, an und wurden dann bei nördlichen, an Heftigkeit zunehmenden, Winden westliche bis westnordwestliche Kurse gesteuert. Da das Wetter stürmisch wurde, schlug Kapitän Kröger im Verlauf der Reise zwei Reffe in Grosssegel und Besahn, ja sah sich zeitweise sogar genöthigt, die letztere ganz wegzunehmen. Uebrigens hat Kapitän Kröger die Segelführung je nach der Stärke des Windes wechseln lassen. Man hatte fortwährend bedeckte, dicke Luft, abwechselnd Schnee, Regen und Hagel und war Kapitän Kröger somit infolge der Unmöglichkeit, astronomische Observationen zu machen, bei Fortführung seines Bestecks lediglich auf Kompass, Logg und Loth angewiesen. In Rücksicht auf die flache Bauart seines Schiffes, durch welche Kapitän Kröger sich bewogen gesehen haben will, beigedreht 6 bis 7 Striche Abtrift zu rechnen, hat derselbe ausweise des Journals auch auf der hier fraglichen Reise eine sehr beträchtliche Abtrift in Rechnung gestellt und zwar auf der überwiegenden

Mehrzahl der gesegelten Kurse eine solche von 5 Strich. Uebrigens will Kapitän Kröger eine sehr grosse Abtrift auf dieser Reise nach dem Kielwasser wirklich gepeilt haben. Die Folge war, dass Kapitän Kröger bei Rechnung seines Bestecks den jeweiligen Standort seines Schiffes um Vieles südlicher schätzte, als er sich nach Maassgabe der von ihm angelegenen Kurse unter Anrechnung einer geringeren Abtrift hätte befinden müssen. So will er sich um 11 Uhr a. m. am 15. November nach Besteck an der nördlichen Kante von Stolp-Bank vermuthet haben. Zu dieser Zeit hat Kapitän Kröger zuletzt gelothet und bekennt er, damals mit 25 Faden Leine noch keinen Grund gefunden zu haben, obwohl er nach seiner Karte an der Stelle, an welcher er sich zu befinden glaubte, mit 16 Faden Leine Grund hätte treffen müssen. Ebenso räumt Kapitän Kröger ein, dass dieser Umstand Zweifel an der Richtigkeit seines Bestecks in ihm erregt habe, doch will er bei Fortrechnung desselben von der Hoffnung ausgegangen sein, in der darauf folgenden Nacht die Feuer von Christiansö oder Bornholm in Sicht zu bekommen, um dann auf Grund von Peilungen dieser Feuer sein Besteck berichtigen zu können.

Diese Hoffnung, welche als eine berechtigte anerkannt werden muss, da Kapitän Kröger, wenn er sich nördlicher schätzte, als sein Besteck auswies, annehmen durfte, bei einigermaassen sichtigem Wetter, beide oder doch eines jener Feuer zu Gesicht zu bekommen, ist aber nicht in Erfüllung gegangen. Seit der erwähnten Lothung am Vormittage des 15. November, welche nach Aussage des Kapitäns die letztvorgenommene Lothung gewesen ist, wurden dann zwischen NWzW und WNW variirende Kurse angelegen. In der Nacht vom 15. auf den 16. um 12 Uhr übernahm der Bestmann die Wache und ging der Kapitän, welcher bis dahin auf der ganzen Reise kaum von Deck, jedenfalls nicht zur Ruhe gekommen sein will, zu Koje, um sich etwas Ruhe zu gönnen. Der vom Kapitän Kröger dem Bestmann ertheilte Befehl lautete dahin, beim Winde zu segeln und gut aufzupassen, auch ihn, den Kapitän, sobald er etwas Verdächtiges wahrnehme, herauszurufen.

Der Bestmann, ein junger Mensch von 18 Jahren, hatte die Wache allein, indem der Koch mit zur Kapitänswache gehörte und mit diesem zu Koje gegangen war. Das Ruder war festgemacht, und nahm Kölln seinen Standort hinter dem Roof, um sich sowohl in nächster Nähe des Ruders zu befinden, wie auch zu gleicher Zeit thunlichst gut Ausguck halten zu können. Er will von seinem

Standort aus zwar einen freien Ueberblick über das Schiff und zu beiden Seiten desselben gehabt haben, das Vordergeschirr aber nicht vollständig haben sehen können. Nach den bezüglichen Angaben des Kapitäns entsprach das Festlegen des Ruders dem auf der »Catharina«, zum mindesten beim Amwindesegeln, üblichen Verfahren, und steht nach den Umständen, da Kölln, wie hervorgehoben, die Wache allein hatte, auch anzunehmen, dass der von letzterem gewählte Standort auf dem Schiffe der auch von Kapitän Kröger gebilligte, wie er auch der nach Sachlage angemessenste war. Als der Kapitän zu Koje ging, hatte zwar der Wind etwas abgenommen, doch ging die See noch sehr hoch und blieb die Luft bei wechselnden Schnee- und Hagelböen fortwährend ziemlich dick. Um 3 Uhr Morgens stiess das Schiff plötzlich auf, und wurde der Kapitän vom Bestmann, der an die Kajüte lief, durch den Ruf »Land vorut« geweckt. Der Kapitän, welcher sich Vorsichts halber in voller Kleidung niedergelegt hatte, kam auf diesen Ruf sofort an Deck und will dann den Strand und die darauf befindlichen Häuser ziemlich deutlich haben sehen können. Der Bestmann behauptet dagegen seinerseits, vor dem Auflaufen des Schiffes weder etwas vom Lande gesehen, noch Brandung gehört zu haben. Kapitän wie Bestmann bekunden übereinstimmend, dass eine Rettung des Schiffes, welches in unmittelbarer Nähe des Landes — etwa zwei Schiffslängen davon entfernt — auf eine Klippe gerathen war und gleich nach der Strandung voll Wasser lief, zu den Unmöglichkeiten gehörte. Die Mannschaft ist dann vom Lande aus vermittelst eines Raketenapparates gerettet worden. Journal und Karte, welche in einem kleinen Schrank am Hintersteven dicht unter Deck verwahrt wurden, blieben infolge der hinten höheren Lage des Wracks unversehrt und wurden nebst den sonstigen Schiffspapieren, mit Ausnahme des verloren gegangenen Certifikats mehrere Tage nach der Strandung, als das Wetter eine Annäherung an das Schiff erlaubte, geborgen. Mit Bergung der Ladung konnte erst etwa acht Tage nach der Strandung, nachdem der Wind westlich geworden war, begonnen werden und gelang die Rettung theils in Booten, zum grösseren Theil mittelst einer vom Ufer aus nach dem Wrack hinübergeschlagenen Brücke. Das Schiff selbst ist als Wrack kondemnirt worden.

Gestrandet ist die »Catharina« auf 55° 33′ N. B. und 14° 22′ O. L., während Kapitän Kröger sich nach seinem Besteck unter Einrechnung der von ihm angenommenen Abtrift zur Strandungszeit auf einem etwa 5 Seemeilen in SOzO von der Südspitze der Insel Bornholm entfernten Punkt befunden haben müsste. Der Strandungsort liegt somit 45 Seemeilen in nordwestlicher Richtung vom Besteckort entfernt.

Kapitän Kröger hat sich also nach Besteck sowohl in der Länge wie in der Breite geirrt. Der Irrthum in der Länge erklärt sich daraus, dass vermuthlich bei den stürmischen nördlichen Winden ein nach Westen setzender Strom auf das Schiff gewirkt haben wird und somit die geloggten Distanzen hinter dem vom Schiffe wirklich zurückgelegten Weg zurück blieben. Das Schiff hat laut Journal auf seinen wechselnden Kursen in gerader Entfernung 215 Seemeilen Fahrt gemacht, während die Entfernung von Libau bis Cimbrishamn in gerader Linie 232 Seemeilen beträgt. Der Irrthum in der Breite ist einmal auf den Umstand zurückzuführen, dass Kapitän Kröger die von seinem Schiffe gemachte Abtrift um durchschnittlich etwa einen Strich zu hoch geschätzt hat, daneben aber auch auf eine Ueberschätzung der in Rechnung gebrachten Missweisung um im Durchschnitt fast einen viertel Strich.

Aus den hervorgehobenen Fehlern in der Besteckrechnung, welche in Anbetracht der wechselnden Segelstellung und der geringen Fahrt des Schiffes entschuldbar erscheinen, ist Kapitän Kröger aber ein Vorwurf um so weniger zu machen, als er hoffen konnte, entweder durch die zahlreichen in dortiger Gegend befindlichen Feuer (Christiansö, Bornholm, schwedische Küste) sein Besteck rechtzeitig berichtigen zu können, oder wenn er dazu, da er den fraglichen Feuern überall oder doch in Rücksicht auf das unsichtige Wetter zu fern blieb, nicht im Stande sein sollte, doch annehmen durfte, dass er die Küste bei dem überall bis dicht unter Land tiefen Wasser, zumal in Rücksicht auf den geringen Tiefgang seines Schiffes, rechtzeitig wahrnehmen würde, um sich von derselben auch noch bei irrigem Kurse freihalten zu können. Auf das Zutreffen einer von diesen beiden Voraussetzungen durfte Kapitän Kröger insbesondere auch dann rechnen, als er um Mitternacht zu Koje ging und dem Bestmann allein die Wache überliess. Ob dieser Mann, welcher zugestandenermaassen vom Kapitän zu besonderer Vorsicht ermahnt worden ist, die schwedische Küste wirklich erst wahrnehmen konnte, als er sich nur noch ungefähr zwei Schiffslängen von derselben entfernt befand und das Schiff schon auf die Klippen lief, oder ob derselbe es an der gehörigen

Achtsamkeit hat fehlen lassen, kann mit Bestimmtheit nicht entschieden werden. Die Vermuthung spricht allerdings für das letztere, zumal der Bestmann zuvor das grüne Licht eines Gegenseglers auf Steuerbord-Seite erkannt haben will, das Wetter also in so überaus hohem Grade unsichtig nicht gewesen sein wird.

Wenn Kapitän Kröger dem Bestmann allein die Wache überliess, so wird ersterem nach den Umständen und in Rücksicht auf die geringe Bemannung seines Schiffes auch hieraus ein Vorwurf nicht gemacht werden können. Die Grösse der Mannschaft entsprach aber dem, was für Schiffe von der Grösse und Takelung der »Catharina« allgemein üblich ist, wenn auch anerkannt werden muss, dass dieselbe für eine sichere Navigation, zumal unter gefährlichen Verhältnissen, nicht ausreichend erscheint.

Das Verhalten des Kapitäns nach der Strandung giebt zu Ausstellungen keinen Anlass.

Das Seeamt musste auf Grund dieser Erwägungen seinen Spruch dahin abgeben:

> Die Strandung der »Catharina« ist einer irrigen Besteckrechnung, vorzugsweise dem Umstande zuzuschreiben, dass der Kapitän die von seinem Schiff gemachte Abtrift überschätzt hat, und hätte vermieden werden können, wenn der zur Zeit der Strandung auf Wache befindliche Bestmann die schwedische Küste rechtzeitig wahrgenommen hätte.
>
> Dem Kapitän, welchen das dicke und unsichtige Wetter an einer Berichtigung seines Bestecks durch Observation verhinderte, kann ein Verschulden in Bezug auf diesen Seeunfall nicht beigemessen werden.

Inhalt (Fortsetzung von Seite 2 des Umschlags).

(Fortsetzung folgt auf der vierten Seite des Umschlags.)

Inhalt (Fortsetzung von Seite 3 des Umschlags).

— Schluss des ersten Bandes. —

Eine chronologische Uebersicht der im ersten Bande enthaltenen Entscheidungen nebst alphabetischem Sachregister etc. wird dem demnächst erscheinenden ersten Hefte des zweiten Bandes der »Entscheidungen des Oberseeamts und der Seeämter des deutschen Reichs« beigegeben werden.

Kolibri 360 GmbH
Ferdinand-Jühlke-Straße 7
99095 Erfurt, Deutschland
produktsicherheit@kolibri360.de